THE FOURTH AGE

BYRON REESE

バイロン・リース　古谷美央 訳

人類の歴史とAIの未来

Discover

Published by agreement with Folio Literary Management,

LLC and Tuttle-Mori Agency, LLC Inc.

目次

第五部 ここからの道

ジャン＝リュック・ピカードの物語 368

明日は今日より良い日だと
信じる理由を毎日くれる
サラ、マイケル、ジョン、ピーターへ

序文

（読んで！よくあるつまらないのとは違うから）。

ロボット。仕事。自動化。人工知能。意識を持つコンピュータ。スーパーインテリジェンス。豊かさ。仕事のない未来。「役に立たない」人間たち。「不足」の終焉。創造するコンピュータ。あふれるロボット。無限の富。永遠なる下層階級。

インターネットの記事で最近、こういう類いの言葉が踊るニュースを目にしたことはないだろうか。その筋書きは、未来への希望に満ちたポジティブな場合と、恐怖に満ちた暗い場合がある。なぜこのような両極端な話になってしまうのだろうか。様々な分野の豊富な知識を持つ優秀な専門家たちの未来予測は、ちょっとどころでは大幅に異なり、ときに真っ向から対立することとすらある。

なぜビル・ゲイツやスティーブン・ホーキングやイーロン・マスクは人工知能（ＡＩ）を恐れ、近い将来、人類の生存を脅かす存在になると警告するのだろうか？　そしてなぜ、同じように大物のマーク・ザッカーバーグ、アンドリュー・エン、ペドロ・ドミンゴスらは、そういった主張がばかげていて反論するまでもないと一蹴するのだろうか？　ザッカーバーグは未来の最悪のシナリオを吹聴する人々が「すごく無責任」だと言うし、ＡＩの権威アンドリュー・エンは、「火星の人口過密」を心配しているようなものだと言う。イーロン・マスクの「ＡＩは人類の文明の存続を脅かす大きなリスクだ」という発言が取り上げられたときには、ＡＩ研究の第一人者ペドロ・ドミンゴスは「ため息しか出ないよ」とツイートした。それぞれの派閥に属するメンバーは自分たちの主張に揺らがぬ自信を持っていて、もう一方の派閥を軽蔑している。

ロボットと自動化にまつわる状況も同じだ。専門家同士の距離がここまで離れていることもそうないだろう。あらゆる仕事が自動化されて失われる、あるいは少なくとも私たちは永遠に続く大恐慌時代に足を踏み入れつつあって、勝ち組の人間はハイテクで未来的な仕事に就いて贅沢な生活を送れるが、負け組の人間はロボットに仕事を奪われておしまい、と考える人もいれば、こうした懸念をあきれ顔で聞き、自動化がこれまで労働者の生産性向上と賃金引き上げに貢献してきた歴史を引き合いに出して、むしろ人間の労働力が不足することのほうが大問題になる、と予測する者もいる。彼らが殴り合いをすることはないにせよ、互いを見下すような罵りあいは日常茶飯事だ。

また、コンピュータが意識を持つ、すなわち命を吹き込まれる日が来るのかという問いに関しても、専門家たちは再び意見を異にする。コンピュータが意識を持つようになるのは当然で、それ以外の考えはありえないと考える向きもある。また、これに断固として反対し、コンピュータと生き物は全く異なる存在であって、「生きている機械」という言い方自体がおかしいと考える者たちもいる。

この論争の全てに根気よく付き合ったとしても、そこから得られるのは、混乱とフラストレーションくらいだろう。きっと多くの一般の人々はいがみ合う視点から生じる不協和音に音を上げてこうつぶやく。「何が起こるか専門家の間でもこれほど意見が割れているような未来に、希望なんか持てるだろうか？」。そして未来に恐怖と不安を覚え、こんな手に負えない問いに答えられるわけがないと結論づけてしまうだろう。

この状態を脱することはできるだろうか？　私は、きっとできると考えている。まず、専門家の意見が大きく食い違うのは、それぞれが知っていることが違うのではなく、信じていることが違うためであることを理解しよう。

例えば、意識を持つコンピュータは実現できると主張する人たちは、意識についてほかの人が知らない何かを知っているわけではなく、人間は機械だと根本的に信じているだけなのだ。人間が機械ならば、いつか機械の人間も作りだせるという考えは理にかなっている。一方で、機械が意識を持つ日は絶対に来ないと予想する人々は、人間が機械だとは信じていないのだ。

そんなわけで、この本ではロボットや仕事、ＡＩ、意識に関する様々な意見の根本にある信条をかみ砕いて説明する。私の目標は、あなたがこの困難ないばらの道を無事に通りぬけるためのガイドとなって、専門家の情熱的かつ自信満々な主張のベースとなっている全ての前提条件をつまびらかにすることだ。

ただし、この本は、私自身の意見を声高に述べるものでは全くない。意図的に自分の意見を隠そうとも思わないが、読者がこの本を読み進めるとき、私の意見がどうであるかにはたいした意味はないだろう。私のゴールは、この本を読み終えたあなたが、この本で取り上げる問いにあなた自身の信条がどういう答えを導くか十分に理解できていることだ。そうすれば、シリコンバレーの巨人たちや著名な教授、はたまたノーベル賞受賞者がロボットや仕事やＡＩについて自信に満ちたコメントするのを聞いたときも、彼らが何を信じているからそう発言するのかすぐに見抜けるようになる。

さて、この旅はどこから始まるだろう？　実は、はるか昔、言語が発明された頃まで遡る必要がある。私たちがこの本で取り組む問題はトランジスタやニューロンやアルゴリズムではない。現実、人間性、心の本質に関する問いなのだ。「人間とは何か？」と問う前に「ロボットはどの仕事を人間から奪うのか？」と問うから、おかしなことになる。最初の質問に答えられない限り、２つ目の問いに意味のある答えを出すことはできない。

そこで、私はあなたを、10万年にわたる人類史を眺める旅に招待し、旅の途中で様々な問いについて論じながら、来るべき未来について思いをはせようと思う。

この本は、旅そのものだ。あなたが私と共に旅をしてくれることをうれしく思う。

バイロン・リース
テキサス州オースティン

はじめに

19〜20世紀が他の時代と際立って違う点は、そのあいだに途方もなく大きな変化が起きたことだ。私たちの暮らしは、数々の技術革新によって劇的に変わった。自動車、飛行機、テレビ、パソコン、インターネット、携帯電話。変化はあらゆるところで起こった。私たちは原子を操り、宇宙に飛び出し、抗生物質を発明し、天然痘を撲滅し、ゲノムを解読した。

しかし、人類史という大きな枠組みの中でとらえると、実は過去5000年の間に変わったことはそう多くない。5000年前に生きていた人間と同様、私たちにも父や母や子があり、学校や政府、宗教や戦争や平和がある。出産を祝い、死を悼む習慣も変わっていない。スポーツ、結婚式、踊り、宝石、入れ墨、ファッション、ゴシップ、社会の階層、そして恐怖や愛、喜び、幸福、歓喜はあらゆる文化で普遍的にみられるし、永遠に私たちと共にある。こういった見方をすれば、人類は昔からさほど変わっていないというわけだ。私たちは相変わらず朝になれば仕事に行く。単に、職場まで行く方法が変わっただけだ。古代アッシリアの子どもも、車輪がついた小さな木馬のおもちゃをひもで引いて遊んでいた。古代ギリシャの少年たちも、綱引きをしていた。古代エジプトは化粧品で有名だったし、数千年前のペルシアでは、誕生日になればパーティーを開き、プレゼントを渡して特別なデザートを食べる、つまり今とほぼ同じ方法で祝っていた。

そう、私たちの時代について注目すべきことは、すでに起こった変化ではなく起こらなかった変化のほうなのだ。本当に驚くべきなのは、私たちが祖先にそっくりなことだ。古代ローマの剣闘士は広告塔であって、スポンサーである有力者から金をもらい、戦いの前にスポンサーの宣伝文句を唱えていた。「アンティノオスの剣は最高だ。いくら金を出してもこれよりいい剣は手に入らない」と。それから、愚かな破壊行動に走る人間はいつの時代にも存在した。紀元前356年7月21日にはヘロスタトスという男が、なにかでかい事をして有名になり、自分の名を後世に残そうと考え、世界七不思議の1つ、エフェソスにあるアルテミス神殿に放火し全焼させた。これを受けて彼の思い通りにはさせまいと、ヘロスタトスの名を口にすることは犯罪だとする法律が可決されたが、明らかに彼の願いは叶ったようだ。

それから、例えばあなたが古代の友人宅に遊びに行ったなら、その家のドアには客がノックして来訪を告げるための、輪っかを咥えた真鍮製のライオンの顔がついていただろう。あなたが5000年前の結婚式に参列したら、新婚カップルに向けて幸運を願い、ライスシャワーを浴びせただろう。今日、考古学者が「捕ってみろ」と刻まれた古代のスリングショットの弾を発掘したことがニュースになれば、現代に生きる私たちにもその冗談は通じる。

古代の人々は、本当に私達とそっくりだったのだ。人間の中身が不変であることを実感したければ、ギリシャのテオプラストスが2300年前に著した『人さまざま』（森進一訳、岩波文庫）という本を読んでみればよい。その中でテオプラストスは皮肉たっぷりに、人の性格を「へつらい」、「粗野」、「おしゃべり」などのタイプに分類している。食事の写真を撮ってはSNSに投稿してばかりいるあなたの知り合いは、テオプラストスの時代の「まずは自分の妻をほめちぎり、昨晩自分が見た夢について語り、夕飯に何を食べたかを逐一説明」し、「今の私たちは過去の私たちとはまるで違う」とか言い出す、「無駄口」にそっくりではないか？テオプラストスはまた、「上の空」という性質について、「劇場で芝居を見ると、自分一人だけが居眠りをしながら居残っている。また、夕食をとりすぎ、夜中に起きて戸外の便所へゆこうとして、隣家の犬にかみつかれる」と述べている。

時代背景は変われど、私たちはごくわずかしか変化していない。それどころか、私は真の変化は人類史の中でたった3度しか起きなかったと考えている。どれも、技術がもたらした変化だ。1つの技術ではなく、互いに関連する技術の集まりが、根本的かつ恒久的に、そして生物学的にさえも、私たちを変えた。たった3つの大きな変化。それが全てだ。

そしてこの本は、4つ目の変化についての話だ。

第一部
今日に至る、長く険しい道
プロメテウスの物語

プロメテウスの物語は古い。作られたのは3000年前とも、それ以上前ともいわれている。あらすじは以下のとおりだ。ティターン（オリュンポスの神々に先行する古の神々の子）のプロメテウスと弟エピメテウスは、地球上の全ての生き物を創造するよう命じられた。兄弟はさっそく粘土を使って仕事にとりかかった。エピメテウスは手当たり次第粘土をくっつけ、動物を次から次へと作っては、ゼウスから託された性質を1つずつ与えていった。ずる賢い動物、カモフラージュできる動物、鋭い牙を持つ動物、空を飛べる動物……。一方、思慮深いプロメテウスは、与えられた時間のほとんどを費やしてただ1つの生き物を作り上げた。神と見た目がそっくりで、直立歩行をする……そう、人間だ。作り終えたプロメテウスは、弟がゼウスから託された贈り物を全て動物たちに与えてしまったことに気づく。すっかり空になった、ゼウスからの贈り物が入っていた箱を呆然と見つめ、弟に「おい、マジかよ？」と言っているプロメテウスが目に浮かぶようだ。そんなわけでプロメテウスは、禁じられていたあることをした。火を人間に与えたのだ。この罪を咎めたゼウスにより、プロメテウスは岩にくくりつけられ、ワシに肝臓を引き裂かれるというひどい代償を支払うことになった。彼の肝臓は毎晩再生しては、翌日また引き裂かれた。この拷問はプロメテウスが後にヘラクレスによって解放されるまで、長きにわたり繰り返されたという。

1　第一の時代：言語と火

火が脳にもたらした恩恵

個々に孤立して存在していた人間がいつ火を利用し始めたのか、正確なところを知る者はいないが、10万年前にはすでに広範囲で使いこなされていたことを示す証拠が見つかっている。その頃からみればかなり新しい時代になってから作られたギリシャ神話のプロメテウスの話には、火が劇的に私たちを変えたという古からの記憶が刻まれている。火は史上初の多機能技術だった。火は光源となり、また動物が火を恐れるので安全を提供した。火は持ち運び可能なため、寒い地域にも暖をとりながら移動することができた。しかし、火の最大の功績は、食物を加熱調理できるようにしたことだ。

なぜこの使い途が最も重要だったのだろうか？　加熱調理できるようになったことで、摂取できるカロリーが大幅に増大したのだ。例えば肉を加熱すると、噛み切るのが簡単になるだけでなく、肉に含まれるたんぱく質がほどけて消化しやすくなる。また、火を使うことで難消化性のセルロースやでんぷんを分解できるようになり、それまで食べられなかった多くの植物が突如として食材に変わった。つまり、火は私たちの体内で行われる消化プロセスの一部を「アウトソーシング」できるようにした、というわけだ。生の食材を摂取しても大部分が未消化のまま体内を通過してしまう。そのため、今日の人間が生きるために必要とするカロリーを生の食材だけでまかなうことは極めて難しい。

では、こうして得た大量のカロリーを、私たちの祖先は何に使ったのだろう？　脳だ。彼らは、類を見ない複雑な脳を作りあげるためにこのエネルギーを投入した。人間は短い間に、ゴリラやチンパンジーが持つ3倍の数のニューロンを手に入れた。この脳はしかし、イタリア製のスーパーカーのようなものだ。止まった状態から時速60㎞まで一瞬で加速できる代わりに、大量のガソリンを消費する。実際、私たちはぜいたくにも総消費カロリーの20％をこの高度化した脳を支えるためだけに使っているのだ。この半分の量のエネルギーでさえ、知性の維持に費やす生き物はほとんどいない。生存という観点からは、これはかなり大胆な賭けだった。ポーカー用語を借りれば、人類は脳に「オールイン」したわけだ。そしてその行為はめでたく報われ、私たちはもう1つの新たな技術である言語の創造に至った。言語はまさに大きな飛躍であり、歴史家ウィル・デュラント曰く、言語が「私たちを人間にした」。

そのようなわけで、火こそが、私たちと技術が今も織りなす長い長い物語の出発点だったということになる。では、技術とはいったい何だろう？　この本で私が「技術」という語を使うときには、知識を物やプロセス、あるいはテクニックに応用することを意味する。それでは、技術は何のためにある？　主として人間の能力を高めるためだ。技術によって、私たちはそれまでできなかったことをできるようになり、それまでできていたことはより上手に、より楽にできるようになる。

もちろん、私たちの祖先は火の前にも単純な技術を使っていた。200万年以上も前のことだ。しかし、火は特別だった。今でも火は何かの魔法のように思える。キャンパーたちは夜な夜な焚火を囲んで炎を見つめ、この世のものではないような揺らめきに魅入られる。

もっと強大な技術である言語は、私たちが情報を交換することを可能にした。言語を使えば学んだことを要約し、人から人へと効率よく広めることができる。例えばトラに噛まれて右腕を失った人が経験から得た「トラは、しっぽを引っ張られるのが好きではない」という知識を、彼を直接知らない多くの人も得られるわけだ。さらに、言語は人間が持つ特殊能力の1つともいえる協力を可能にした。言語を持たないヒトが1ダース集まってもマンモス1頭には太刀打ちできないが、言語を使って協力し合えれば彼らはほぼ無敵だ。

私たちの大きな脳が言語をもたらし、言語を用いて思考することで脳がより大きくなる、という好循環が生まれた。言葉を使わなければできない種類の思考があるからだ。言葉とはつまるところ考えを表す記号であり、私たちは話すという技術がなければどうやればよいかも見当もつかない形で考えを組み合わせたり変化させたりできる。

言語のもう1つの贈り物は、物語だ。物語とは私たちが進歩するために最初に必要だった想像力に形を与えるものであり、人間に最も重要なものだ。今日ある物語歌（バラッド）、詩、はたまたヒップホップの原型といわれる詠唱（チャント）は、話すことを覚えた私たちの祖先が最初に創作したものであろう。そのままでは覚えられないような物事も韻を踏むと覚えやすくなるのはなぜか？　1ページ分の散文よりも歌の歌詞のほうが覚えやすいのと同じ理由だ。私たちの脳がそのように作られているからこそ、「イーリアス」と「オデュッセイア」は、文字が発明されるずっと前から長きにわたり口伝で受け継がれていた。私も、もう何十年と見ていない「ギリガン島」「じゃじゃ馬億万長者」「ゆかいなブレディ家」といったテレビドラマのオープニング曲を、いまだに口ずさむことができる。そして、そういった歌はみな物語仕立てになっていて、歌詞に「物語」や「お話」といった言葉まで出てくるという点は注目に値する。ギルガメシュ叙事詩に代表される人類最古の物語も、「書く」という技術が発明されるまでの間、数千年にわたり口承で伝わってきたのだろう。

言語はどこで生まれたのか？

人類最古の言語については、今日使われている言語から類推することくらいしかできない。人類が最初に話した言葉、そしてそれに続く私たちの祖先が使っていた様々な言葉はみな、とうの昔に失われてしまった。現代の言語は、理論的に再建された共通祖語に由来する語族にグループ分けされている。例えば印欧祖語からは、ヒンディー語、英語、ロシア語、ドイツ語、パンジャーブ語など、今日存在する445の言語が派生した。

言語学者は、言語間にみられる単語の類似性に基づいて祖語を研究する。2013年にはイギリス・レディング大学の研究者がこの手法を用いて、私たちが現在使っている言葉の中で最も古い単語を同定した。彼らの研究から、23の「超高度に保存された」、すなわち1万5000年間ほぼ同じように発音されてきたと考えられる単語が明らかになった。つまりこれらの単語は、印欧祖語より前に存在した祖語にまで遡れる可能性がある。23個の中には「男(man)」、「母(mother)」、「2(two)」、「3(three)」、「5(five)」、「聞く(hear)」、「灰(ashes)」、「虫(worm)」などが含まれている。そして、中でも最も古い言葉は「ママ」のような単語だった。様々な言語で、母親を指す単語はmの音、つまりだいたいの赤ちゃんが最初に発音できるようになる音で始まるからだ。

さらに興味深いのは、言語学的祖先が見つからない、どこから出現したのかわからない出生不明の言語があることだ。そういった孤立した言語の代表例ともいえるバスク語は、スペインとフランスの間の山間部に住む人々によって話されている。多くの研究者はバスク語が印欧祖語よりも古いと考えており、バスク人の間には、エデンの園にいたアダムとイブもバスク語を話していたという伝説まで残っている。

言語の汎用性と複雑さは驚異的だ。英語を構成する語は最近100万語を突破したが、私たちの多くは日々2万5000語ほどを使ってやりくりしている。だんだんとペースは落ちてきているものの、およそ1時間に1つの割合で新しい英単語が作り出されているそうだ。その昔、シェイクスピアなどは朝食前に新しい単語を3つ作るのが日課だったという。新たな単語が作られる速度の低下は、そのような洒落を許さない、文書作成ソフトのスペルチェッカー機能が原因だという説が有力だ。赤い波線だらけのメールを送りたくなければ、自分が作り出した新しい単語など使わず、おとなしくスペルチェッカーのリストに掲載済みの表現を使うしかないからだ。

ところで、第一の時代（狩猟採集民族として言葉と火を操りながら生活していた10万年間）に住んでいた私たちの祖先の生活は、どのようなものだったのだろうか。その頃の世界人口はおよそ20万人、絶滅危惧種とまではいかないが、人類の存続が確約されているとはとても言い難い時代だ。多くの人間は社会主義（集産主義）的であって、その実践形態には様々なバリエーションがあったに違いないが、ほぼ階層化されていない社会生活を送っていた。西暦１７００年ごろまでは地球上に５０００万人を超える狩猟採集民族がいたため、私たちには「近代の」狩猟採集民族について直接知ることができた事実が多くある。今日でも、私たちが接触できていない狩猟採集民族が１００以上は存在し、その総人口は1万人を超えるといわれている。

今日の狩猟採集民族の暮らしぶりから農業を始める前の人類の生活を類推すると、生きるために必要な食料を確保することはそう簡単ではなかったようだ。また、数日病気をすれば誰もがたちまち生命の危機にさらされたであろう。そのような状況下では自然に、純粋に利己的な要因から集産主義が生じたはずだ。集団内で最も力がある者も、いつか他者の助けを必要とするときが必ず来るからだ。皆で分け合うことを知っている集団は、分け合わない集団よりもうまく生き抜くことができたであろう。だいたい、富を独占してため込む意味もなかった。富といえばその日に捕まえた、貴重な栄養源であるカブトムシの幼虫くらいのものだったし、それ以外に何かあったとしても保管する手段もなかったからだ。人間は1日1日を辛うじて生き延びる、ただ1度の厳しい冬やたった1頭の凶暴なマンモスによってあっという間に死に絶えてしまうような存在だった。

現代のルソー信奉者はロマン主義という名のバラ色のメガネを通してこの時代を振り返りがちであり、現代社会の虚飾によって破壊される前の、人類が美しい自然と調和して生きていたシンプルな時代だと考えたがる。だが、もし私たちがいま突然その時代に放り込まれたら、おそらく古き良き時代だなどと思うことはないだろう。そもそも、その時代は暴力的だった。ハーバード大学の心理学者スティーブン・ピンカーによれば、古代人の骨の分析結果は、その時代の狩猟採集民のおよそ6人に1人が別の人間の暴力によって生涯を終えていたことを示しているそうだ。2度も世界大戦が起きた「血塗られた」20世紀でさえ、そのような死に方をした人間は30人に1人だ。つまり、古代の狩猟採集民の人生は短く、苦痛に満ちた、厳しいものであったことは間違いない。しかしその時代は人間を試す場でもあった。そして、言語とともに、私たちの祖先は今日へと続く道を歩み始めたのだ。

2　第二の時代：農業と都市

農業が生んだ都市と分業

私たちの祖先は、おしゃべりしながら狩りや採集をする生活を10万年ほど続けた末に、劇的な変化を経験した。農業を発明したのだ。それにより、人類そのもの、そして社会が根本的に変わった。この第二の時代が始まったのはわずか1万年前だ。このとき地球上の総人口は400万人ほど、現在のロサンゼルスの人口より少し多いくらいであった。その前の9万年間で私たちの祖先は4〜5回ほど人口を倍増させるのがやっとであった。それは極めて貧弱な成長と言わざるを得ず、当時の人類がどれほど脆弱な存在であったかを示している。

農業は言語と同じく技術であって、これまた言語と同じく他の多くの進歩をもたらした。まずは都市の誕生だ。農業をするには1つの場所に定住する必要があるから、都市が発達した。これは全く新しい試みであった。チャタル・ヒュユク、エリコ、アブ・フレイラなどの最古の都市はだいたいが水と肥沃な農地にアクセスしやすい川沿いに作られ、そこには市場、家、寺院などがあった。人類があへんを使ったり、サイコロを使った賭け事をしたり、化粧をしたり、金の装飾品を身に着けたりし始めたのもこの時代だ。

都市は交易やアイデアの交換を活発化させたが、同時に私たち人類を完全かつ決定的に動けなくした。家は永住するためのものだった。私たちは堤防や高台を作って地形を変え、塀や柵を立てた。また、あとからお参りできるよう、死者を埋葬した場所に特別なしるしをつけたりもした。このような多くの要因によって、私たちの祖先の放浪癖は封じられたのだ。もう後戻りはできなかった。

農業と共にもたらされた2つ目の技術的進歩は、分業だ。これはさして重要な出来事のように見えないかもしれないが、分業は人類史の中でも最も重要なマイルストーンとなった。分業をすると、自分の生存のために必要なすべての仕事を自分だけで担う必要がなくなり、狭いタスクに特化できるようになる。これは効率化につながり、爆発的な経済成長を可能にする。分業化は、交易や技術の進歩と共に、誰の労働も増やすことなく全体の富を増やせる3つしかない方法（経済学用語で「フリーランチ」と呼ぶ）のうちの1つであった。

農業が直接分業をもたらしたわけではない。農業は都市をもたらし、都市が分業をもたらした。というのも、分業はたくさんの人が狭い範囲に住んでいるときに一番うまくいくからだ。隣人から遠く離れてぽつんと暮らす農民は何かに特化して生きることは難しく、必然的によろず屋（しかしどれもマスターするまではいかない）のような働き方をしなければならない。今の仕事ではなく、自分の服を縫ったり石鹸を作ったりといった身の回りのことすべてをしなければならなかったとしたらどれほど非生産的か、想像してみてほしい。最古の都市から得られた考古学的証拠は、第二の時代の始まりの頃から多くの職業があったことを示している。人類はたくさんの人と寄り集まって暮らすようになって、専門化がもたらす莫大な経済的恩恵を受けられるようになった。

分業し始めると、人間同士の協力は任意ではなく必須となった。経済学者レオナルド・リードが書いた有名なエッセイ「私は鉛筆」には、鉛筆の作り方を最初から最後まで知る者は1人もいないにもかかわらず、何百もの分野で働く何千もの人々が、互いに顔を合わせることは決してないままに、それぞれに鉛筆作りの工程の一部分を担うことで鉛筆は作られ続けると書かれている。私たちが今日手にしているあらゆるものは分業のたまものだ。分業がなければ私たちは滅びてしまうだろう。

都市がもたらしたもう1つの技術は、組織的な戦争で使用される武器だ。武器は、富が集中するようになった都市を守るため、必要に迫られて発明された。初期の都市は壁に囲まれた作りをしていた。壁を作るには多大な労力と費用が必要であったことから、襲撃されるリスクは十分にありうることとして認識されていたのは確かであろう。

農業と都市の出現により、人類は歴史上初めて、土地を所有することになった。人類はもともと縄張り行動を示す生き物であるから、それまでも自分たちのものだと主張するエリアはあったに違いない。ただ、領土の境界線がきっちり決められていたことを示す考古学的証拠は、第二の時代初期から見られるようになった。哲学者ジャン＝ジャック・ルソーはこれを近代の始まりとみなし、次のように述べた。「ある土地に囲いをして『これは俺のものだ』と宣言することを思い付き、それをそのまま信じるほどおめでたい人々を見付けた最初の者が、政治社会の真の創立者であった」。

格差社会への突入

農業や個人所有の土地によって、第一の時代にみられた経済的平等は終焉を迎えた。能力、生まれ、運といった自然に生じる不平等さが、富の不平等な蓄積につながるようになったのだ。近代的な意味での貨幣はこの時点で存在していなかったが、富という概念は確かにあった。人々は土地、家畜、穀物貯蔵用のサイロなどを所有することができた。それらは無制限に蓄積できるものであったため、人間はいくらでも豊かになれた。耕作できる土地や繁殖させられる牛など、そのころの富は収入源でもあった。そのため、富はどんどん増やすことができた。世代を超えて代々受け継がせることができる富は、世代を経るごとに蓄積し、複利的に増えていったわけだ。

それから、悲しいことだが奴隷制度が始まったのも第二の時代だった。富が存在しない、存在したとしてもせいぜい1日か2日しかもたないような狩猟採集民の世界では奴隷制度はほとんど意味をなさないしくみであった。しかし、都市、土地の所有権、富のたくわえを得たことで、人類が生来もつ所有欲に火がつき、窮乏していた時代の記憶がさらにそれに拍車をかけた。100回生まれ変わっても使い切れないほどの富をすでに保有していると自覚しているのにさらに富を得ようとする億万長者がいるように、富への渇望には（少なくともある種の人間においては）限度がないようだ。

人権や個人の自由といった概念がなかった世界では、奴隷制度は何ら倫理的問題を引き起こさなかった。そのしくみの不道徳さがあらわになったのは、ずっと後になって文明が進歩してからのことだ。

時間がたつにつれ、ほかの人よりも多くの土地や資産を蓄えた人々が出現した。豊かになった社会はだんだんと複雑化した。貿易のしくみはより高度化し、技術は進歩し、都市はさらに大きくなっていった。これらすべてのことによって、1人の人間が蓄積できる富の総量の上限は引き上げられた。

ところで、農業革命により思わぬ副作用が生じた。食料の生産量が増大するかたわらで人々に食料が行きわたらなくなったのだ。狩猟採集社会では不可能なことだったが、都市と農業が合わさったことで、権力者は対抗勢力を黙らせるために食料を渡さないとか、服従を示したものに報酬として食料を与えるというようなやりかたを編みだした。今でも世界の一部で行われていることだ。

このような背景のもと、人は支配者と被支配者に分かれていった。貴族や王族が出現したのも第二の時代だ。支配者はよく、彼らだけが身に着けたり食べたりできるものを定めては、被支配者が同じことをするのを禁止した。アステカでは、ある種の花の香りをかぐことすらも禁じられたという。

自由と平等の緊張関係があらわになったのはこの頃であろう。歴史家ウィル・デュラントがいったように、人は自由と平等を両方とも得ることはできず、どちらかを選択することになる。人を自由にすると不平等が拡大する。平等を求めるなら自由を犠牲にしなければならない（訳注）。この自由と平等の間の綱引きは、今日にいたってもまだ続いている。

先ほど、人類が進歩するための1つ目の必要条件は想像力だったと書いた。そして、2つ目に必要だったものは農業によってもたらされた。穀物を植え育て収穫するには、狩猟採集生活をしている間は全く無縁だった「計画力」が必要だったことから、農業の発明とは、未来という概念の発明でもあったのだ。それこそが、人類の進歩に必要だった2つ目の要件だ。

訳注：このあたりは原文のニュアンスと厳密にいえば違うが、ここで言及されているデュラントの『歴史の対局を見渡す』の内容と原文のニュアンスが違うので、デュラントに従い訳出した

3 第三の時代：文字と車輪

外部記憶としての文字

火を使って食物が調理できるようになったことで私たちは大きな脳を獲得し、その脳が言語を生み出し、その言語によって私たちは協調して働いたり、抽象的な思考をしたり、物語を作ったりできるようになった。1万年前、農業は私たちを定住させ、その結果都市ができ、富が蓄積するようになった。都市は、経済成長と技術革新をもたらす分業が発達するのに最適な場だった。

そして、第三の時代はわずか5000年前、現在のイラク南部に住んでいたシュメール人が文字を発明したことで幕を開けた。エジプトや中国でも同じころに独立して文字が発明されたようだ。そのため、最初に文字を発明した栄誉は中国に与えられるべきだと論じる学者もいる。また、のちに現在のメキシコでも独立して発明された。文字の出現は人類を変えた。1人の人間が生きているうちに知りえたことを、本人の死後も完璧に保存できるようになったのだ。知識は完璧にコピーされ、世界中に運搬されうるものになった。ついに、アイデアは人間の心の外でも生きられるようになったのだ！

ところで、こうした利点のどれ1つとして、文字を発明する原動力だったわけではない。初期の文字はもともと、資産や取引を記録するために生み出されたのだ。それがやがて、法的記録、法典、宗教にまつわる文言を書き記すのにも利用されるようになった。演劇や詩といった創作に使われるようになったのはさらに後のことだ。

当然ながら、最初に文字を読むことができたのは地球上に暮らしていた1000万の人々のうちごくわずかだった。そのころは書くことにかかるコストが高すぎたため、読み書きはなかなか広まらなかったのだ。読み書きの能力を得るために莫大な時間を投資する必要があったのはもちろんのこと、書き残すためのメディアである「紙」はその当時、パピルス、粘土、大理石などとんでもなく高価なものだったからだ。

しかし、すぐに文字はその圧倒的な利便性により生活のあらゆる場面で使われるようになり、そのことによって世界を変えた。この技術がなかったら、今日の世界はどんなものになっていただろう？　文字は、人類史における極めて大きな分岐点であった。第一の時代と第二の時代は定義上、先史時代にあたる。歴史は、5000年前の第三の時代から始まったのだ。

ところで、誰もが文字で書くことを良いアイデアだと思っていたわけではない。

プラトンはその著書に、偉大な王が文字を発明した神を戒める様子を綴っている。

人々がこの文字というものを学ぶと、記憶力の訓練がなおざりにされるため、その人たちの魂の中には、忘れっぽい性質が植え付けられることだろう……。あなたが発明したのは、記憶の秘訣ではなくて、想起の秘訣なのだ。また他方、あなたがこれを学ぶ人たちに与える知恵というのは、知恵の外見であって、真実の知恵ではない。(『パイドロス』藤沢令夫訳、岩波書店)

プラトンは正しかった。書くことは確かに、私たちの記憶力を弱める。火を使うことで消化の一部分をアウトソーシングしたように、書くことで私たちは記憶をアウトソーシングしているというわけだ。文字が生まれる前は、何か知っておきたいことがあれば、書き残す手段がなかったのだから覚えておくより他に方法はなかった。私はキャッシュカードの暗証番号を思い出すのにも四苦八苦する有様だが、古代史はその頃の人類が優れた記憶力を持っていたことを教えてくれる。とはいえ、私たちの記憶力は文字が発明されたとたんに劣化したわけではなかった。本はまだ一般的ではなかったからだ。ただし、今やほとんどの知識はGoogle検索で手に入るので、私たちの記憶力はこれからますます崩壊していくのかもしれない。

文字が法をつくり、車輪が人々へ広げた

ここまで論じてきた重要な技術と同様、文字の出現の裏には、それを生み出しさらなる有効活用を可能にする新技術があった。その1つが、同じく5000年前頃に発明された車輪だ。車輪と文字は、ピーナッツバターとジャムのように相性が良い(訳注)。この2つがタッグを組むことで商業は発展し、情報の流れができ、人は旅をするようになった。文字ができたことで

支配者は法典を作れるようになったわけだが、それを広い地域に行き渡らせることを可能にしたのは車輪だった。

初期の法典はごく短いもので、支配者になるためには全ての法律を記憶しなければならないというルールをもつ文化も少なからずあった。「法の不知はこれを許さず」という金言はこの頃生まれた。そもそも法律がほんのわずかしかなかったので、知りませんでしたなどという言い逃れはありえなかったのだ。未だに私たちはこの金言が正しいと信じているが、実際問題、現実はその正反対だろう。数百万ページにも及ぶ法律を抱える国家では、不知はそれなりに良い口実のように思える。4000年前のウル・ナンム法典を始めとする初期の法典は殺人、強盗、誘拐、強姦、偽証、暴行、所有地に対する様々な犯罪（隣人の土地を水没させたり、借りている畑を耕作するのを怠ったり、他人の畑で密かに耕作したりするなど）に対して1つずつ罰則を規定していた。その数世紀後に作られたハンムラビ法典ではそれら全てが282の法律にまとめられ、さらに契約の履行、製造物責任、相続についての法律が追加されている。

貨幣が登場したのも第三の時代だ。現在みられるような鋳造硬貨の出現には時代がかなり下るのを待たなければならないが、金、銀、貝、塩といった形の貨幣は第三の時代の早い段階から世界中に存在していた。金属は誰もがその価値を認め、分割することができ、耐久性もあり、持ち運び可能なことから、理想的な通貨だと見なされていた。冶金自体は第三の時代の黎明期

訳注：ピーナッツバターとジャムのサンドイッチは欧米の子どもの定番おやつ

にはすでに始まっており、すぐに人間は錫と銅を混ぜればどちらよりも優れた性質をもつ青銅ができることを学んだ。

文字、車輪、貨幣が世の中に同時に出現したことで、国民国家と帝国を作るために必要な基本材料が揃ったのだ。ここで初めて、大規模文明が世界中で同時に花開いた。大きく豊かで団結した国家が中国、インダス、メソポタミア、エジプト、中央アメリカに出現した。これらの文明が互いに遠く離れた場所でほぼ同時に出現した理由はまだわかっていない。文字もしかりだ。5万年とか2万年とか前に世界のどこかで文字と車輪と農業が生まれなかったのはなぜだろう？　誰にもわからない。

何はともあれ、私たちの祖先はこの時点で、言語、想像力、分業、都市、そして未来に関する感覚を手に入れていた。文字、法典、車輪、契約書、貨幣もあった。これらが揃っていたおかげで、私たちは次の数千年で技術をスピーディーに発展させることができたのだ。

私たちの世界は最近まで第三の時代だった。その間に蒸気機関の開発、電力の活用、活字の発明など多くの革新的な進歩はあったが、これらは言語や農業や文字のように人間のありようを根本から変えるものではなかった。第三の時代の間に起きた主なイノベーションは、革命的ではなく、進化的なものだったといえる。とはいえ、それらが重要ではなかったわけではない。印刷は世界を劇的に変えた。しかし、私たちがすでに出来ていたことを、より安くより早くできるようにしただけに過ぎなかった。レオナルド・ダ・ヴィンチに複葉機の詳細な設計図を見せたら、彼も理解できただろう。私たちが真に新しい時代に入ったとみなすためには、私たちのあり方や生き方を大幅に、永久に変えるような何かが起きないとだめなのだ。私たちの種としての方向性や進化の軌道を変えるような何か。

かくして、私たちを第四の時代に突入させる物語は、第三の時代の最後の数世紀から始まる。

4　第四の時代：ロボットとＡＩ

「科学的方法」の始まり

私たちは今や、急速に発展する技術に慣れきってしまっているが、人類史のうち99・9％の時間はそうではなかった。人類最古の道具であるアシュール型握斧《あくふ》は100万年にわたり、その形をほとんど変えないままに使われ続けた。100万年も変わらなかったなんて！　想像できるだろうか？　今日の技術はもっと早いペースで進歩しているが、そうなったのは最近のわずか数世紀のことだ。歴史家の中には、万物を知った最後の人間はレオナルド・ダ・ヴィンチだと言う者がいる。もちろんこれはたとえ話だが、彼が生きた時代は確かに科学がまだ産声を上げたばかりで、1人の人間が世に知られている実用的な知識を全て身に付けることも不可能ではなかったかもしれない。

ただし、ダ・ヴィンチが1519年に没したときには、物事は既に変わり始めていた。同世紀中ごろには、ニコラウス・コペルニクスが著書『天球回転論』（高橋憲一、みすず書房）の中で、宇宙を再構築してみせた。その後まもなく現れた、フランスの哲学者ジャン・ボダンは、科学こそが前進する方法だと考えるタイプの人間であった。過去の黄金時代を信用していなかったボダンは、印刷の力が世界を前進させると考え、科学が「未来永劫、研究しつくせない宝物を秘めている」と信じていた。

1600年を迎えると、世界は本当に動き始めた。1609年にはヨハネス・ケプラーがガリレオ・ガリレイに向けた書簡で宇宙船のある未来について語っている。「天空の霊気に適合した帆船を作り出しましょう。そうすれば、見渡す限りの虚空を恐れない人がたくさん現れることでしょう」(『ケプラーとガリレイ』トーマス・デ・パドヴァ著、藤川芳朗訳、白水社)。1620年には、フランシス・ベーコンが『ノヴム・オルガヌム―新機関』(桂寿一訳、岩波文庫)を出版した。これこそ、今日私たちが「科学的方法」と呼ぶものの始まりだったと言われている。ベーコンは自分の手を使って自然を研究すること、そしてその過程で注意深く観察し、データを記録することの重要性を説いた。そのようにして得られたデータからのみ、結論を導くことができると。

これは、今日私たちが考える科学的方法と完全に一致するわけではないが、観察を通じた知識獲得の体系化やその方法を提案したという点でベーコンの功績は大きかった。世界を一変させる、偉大な考えだったといってよい。それまでの私たちの進歩は間欠的で非効率的で、例えば「車輪の再発明」は単なる比喩ではなく、車輪は実際、何度も発明された。科学的方法を使えば、誰かが集めたデータやそこから導かれた結論を別の人間が利用し、その知識をさらに発展させられる。つまり、私たちの科学知識は複利的に成長するようになり、そのおかげで今の私たちはここにいる。

今日の科学的方法は、知識を獲得するための誰もが合意する技術と、得られた知識を他人が検証し、そこにさらに上乗せできるようなやり方で公表する方法とで構成されている。この方法の対象となるのは測定可能な物や現象のみだ。このとき重要なのは客観的に測定できることだ。客観的な測定の結果なら他の研究者が再現できる（あるいは再現できないことがわかる）からだ。科学的方法には安価で安定した印刷技術が必要だった。だから、この時代より前には科学が発展しなかったのかもしれない。印刷に要するコストが下がるのに合わせて、科学の進歩は加速していった。

古代にも並外れた技術やブレークスルーはあったが、印刷技術もなければ、技術に関する情報を公開したり伝えたりする手段もなかったため、残念ながらすぐに忘れ去られてしまっていたのだ。その良い例が、ギリシャのアンティキティラ島の機械だ。２０００年前に作られたこの装置（実際はコンピュータそのものだ）は、天体の位置や日食がいつ起こるかを計算するために使われていた。私たちがなぜそれを知りえたかというと、辛うじて1台だけ現存していたこの装置を、難破船の中から見つけ出したからだ。もしこんな革命的な装置がいまの社会で作られたなら、装置の詳細を説明する記事が巷にあふれ、写真もうんざりするほど撮影されるであろう。世界中の大学はこの装置の改良にしのぎを削り、起業家は、アンティキティラの機械を小型化、高速化し、かつ安価に生産する方法を確立するための資金集めに奔走するだろう。

これが、技術が進歩するときのやり方だ。他人の仕事をもとに、段階的に改良を加えていく。ニュートンはこのプロセスのことを、「巨人の肩の上に立つ」と表現した。ニュートンは、私たちをその肩の上にいまだに乗せているわけだが、1687年に出版した著書『プリンシピア』の中で、運動と引力の法則について記述した。彼はたった数個の数式を使い、惑星すらも単純な力学の法則にしたがって動いていることを示した。

もちろん、これまでの技術的進歩の功績を科学的方法だけに帰するのは単純化し過ぎというものであろう。科学的方法は、難しいパズルの最後の1ピースに過ぎなかった。すでに述べたとおり、それ以外に私たちは少なくとも想像力、時間の感覚、文字を獲得している必要があった。いや、それだけではない。必要なもののリストには例えば、安価に知識を広める方法とか、皆がリテラシーを身に付けていることとか、法律とか、高すぎない税金とか、個人の自由とか、リスクを取ることを恐れない文化とかいったものもあげられるだろう。

なにはともあれ、印刷機が発明され普及したことでリテラシーが向上し、情報は自由に流れるようになった。これが、17世紀に現代が始まる主なきっかけであった。同じころ、はからずも現代社会の形成を後押しすることになったある変化がヨーロッパで起きた。それまで誰もが1日中飲んでいたビールが、当時最先端の飲料、コーヒーに置き換えられたのだ。しかし今やペットボトル入りの水がブームだから、私たちは西ローマ帝国滅亡後の暗黒時代のような新世界に足を踏み入れつつあるのかもしれない(訳注)。まぁ、脱水症状にならないで済むだけマシなのかもしれないし、スターバックスの逆襲によって世界が救われる可能性もないではない。

訳注：中世ヨーロッパのいわゆる「暗黒時代」にはまだビールは一般的な飲み物ではなかった

技術の進歩のスピードには法則がある

科学的方法によって技術開発がすさまじい勢いで進むようになると、すべての技術にみられる、不思議な性質が明らかになってきた。技術の性能はある期間をみると、一定間隔で繰り返し倍増し続けている、というものだ。

技術がもつこの深遠かつ不可思議な性質が発見されたのは、わずか半世紀前のことだ。インテル社の創設者の1人ゴードン・ムーアが、集積回路に乗せられるトランジスタの数が約2年おきに2倍になるという興味深い事実に気づいた。彼はこの現象がしばらく続いてきたことに着目し、少なくとも次の10年間は同じ傾向が続くだろう、と考えた。この予測は、ムーアの法則として知られるようになった。

集積回路に搭載されるトランジスタの数が倍増すれば、コンピュータの能力も倍増する。ただそれだけのことなら、たいして面白くない話だ。ところがそこにレイ・カーツワイルが登場し、驚くべきことを見出した。コンピュータは、トランジスタが発明されるはるか以前から、同じペースで能力を倍増させてきていたというのだ。

1890年に米国国勢調査で使用された単純な電気機械デバイスまでさかのぼってコンピュータの処理能力をグラフに描いてみると、基盤技術に関係なく、最初から処理能力は約2年おきに倍増してきていたことがわかった。これは実に奇妙なことだ。コンピュータの基盤技術は機械式に始まり、リレー式、真空管、そして集積回路へと変遷していったのに、その間にムーアの法則が破られたことはただの一度もない。なぜだろう？

実は、誰もその答えを知らないのだ。もしあなたがいつかその理由を解き明かしたら、すぐに私に教えてほしい。ノーベル賞の賞金を山分けしようではないか。しかし、コンピュータの速さの決め手となる処理能力が、どうしてこのような厳格な法則に従うのだろうか？　今は誰も本当のところを知らないだけでなく、仮説すらもほとんどない状況だ。ただ、どうやらこれがある種の宇宙の法則なのではないか、と考えられてはいる。あるゴールに到達するには一定量の技術が必要で、それが手に入ったあとは、その技術を使ってまた技術を2倍にできるというような。

ムーアの法則は、ムーア自身が当初予想していた10年をはるかに超えて、今日まで続いている。そして何年かごとに、「ムーアの法則も終焉間近か？」といった見出しの記事が出るものの、見出しにクエスチョンマークがついた記事の結論がたいがいそうであるように、その答えは毎回ノーだ。量子コンピュータ、単原子トランジスタ、新素材など、ムーアの法則を存続させる様々な材料が現在も生み出され続けている。

しかし、（ここからが本当に面白いところだ）驚くべきは、コンピュータだけでなくほとんどすべての技術が、それぞれに固有のムーアの法則に従っているらしいということだ。あらゆる技術の性能がいつも2年ごとに倍増するというわけではないが、技術を構成する何かしらはある決まった年数ごとに倍増する。ノートパソコンやデジカメやコンピュータのモニターを購入したことがある人はこの法則を肌で実感していることだろう。ハードドライブの容量も、カメラの画素数も、モニターの解像度もひたすら増大し続けている。

それどころか、多細胞生物も3億7600万年おきに複雑性を倍増させていると主張する人すらいる。遺伝学者リチャード・ゴードンとアレクセイ・シャロフが提唱したこの珍奇な仮説によれば、多細胞の生命体はおよそ100億年前に生まれていたはずなのだそうだ。地球の誕生よりもずっと前のことではないか！　このことが示唆するのは……まぁ、なんでもありだということだ。人類は宇宙のどこか違う場所から、なんらかの方法で地球にやってきた、とかなんとか。

技術の倍加（2のべき乗）というのは、最初に抱く印象よりもかなり重大な話だ。人間は倍加の恐ろしさを過小評価することにかけては定評がある。というのも、日常生活で倍加し続けるものにお目にかかることがないからだ。朝起きたら子どもが2人いて、次の日には4人いて、その次の日には8人いて、またその次の日には16人……なんていうことはない。銀行口座の残高が100ドルから200ドル、400ドル、800ドルと毎日増えていくこともない。

2のべき乗で増える数がどれほど短い間に驚異的な数になるかを理解するには、有名なチェスの発明者の話がうってつけだ。およそ1000年前、古代インドで数学者がチェスのゲームを発明し、王に実演してみせた。そのゲームをいたく気にいった王は数学者に、望むだけの褒美をとらせると言った。数学者は「私は謙虚な人間ですから、そんなにたくさんはいりません」と答えた。彼は、まずチェス盤の最初のマスに米を1粒おいてほしいと言った。そして、次のマスに2粒、3マス目に4粒、というように前のマスに置いた数の2倍の米を次のマスに置いていったとき、最後の64番目のマスに置かれる米だけをもらえればそれで充分です、と彼は言った。

さて、彼が欲しいといった米は実際どれくらいの量になるのだろうか？　話の流れからいって、かなり大きくなることは読者の皆にも予想がついているだろう。その量の米の見た目がいったいどのようになるか、想像してみてほしい。サイロ1つ分くらいだろうか？　倉庫1つ分くらい？　とんでもない。人類がこれまでの歴史で栽培してきた米の総量よりも多いのだ。ところで、くだんの王はこのことに気づいたあと、数学者を死刑に処したというから、この話には人生の教訓が2つ隠されているというわけだ。

もうひとつ、ドミノ倒しの話もある。ドミノの牌を立てて1列にならべ、端の牌を押して倒すとその牌が隣の牌を押して倒し、それがそのまた隣の牌を押して倒し……と続いていくあれだ。ここで、それぞれのドミノは、自分よりも50％背が高いドミノを倒すことができると仮定しよう。この、それぞれが前の牌よりも50％背が高いドミノ牌を32個並べるだけで、最後のドミノはエンパイアステートビルを倒せる高さにまでなる。この話は倍加ですらないことに注意してほしい。ここでの成長率はたった50パーセントである。

そんなわけで、もしもあなたが、最近の技術の進歩はすごいなぁ、と思ったことがあるなら気を付けたほうがいい。コンピュータに関して言えば、私たちはチェス盤の60マス目か61マス目にいる状況だ。ここからの倍加はかなり大きなインパクトをもたらすことになる。今持っているパソコンの性能がものたりないと感じたら、2年待てばその倍の性能をもつパソコンを手に入れることができる。人類は数千年かけて今あなたの机の上にあるパソコンを作り上げたわけだが、わずか2年後にはその倍の性能をもつパソコンを作っているはずだ。そのまた2年後にはさらに2倍の性能のパソコンが登場する。つまり、そろばんからiPadまで進歩するのにかれこれ5000年かかった私たちが今から25年後に作り出すものは、そろばんからみたiPadくらいiPadよりも高性能な何か、ということになる。もはやそれがどのようなものになるか、誰も想像も理解もできないだろう。

科学的方法とムーアの不思議な法則の組み合わせが、私たちの日常生活に不可欠な新技術の爆発的な発展をもたらした。ロボット、ナノテク、遺伝子編集技術CRISPR-Cas9、宇宙旅行、原子力、その他もろもろの驚異的な技術。実際、私たちがもはやその驚異に気づけないほどの速さで技術は進歩している。新技術が到来するスピードは速すぎて、ごく当たり前のことのように思えてしまう。私たちがポケットに突っ込んでいるのは、地球上のほとんどすべての人々と即座に連絡がとれるスーパーコンピュータだ。この機器は広く浸透していて、携帯電話会社と2年契約すればただ同然で入手可能、子どもだって持っている。私たちは、昔は神の領域だった力を手に入れようとしている。例えば、千里眼よろしく遠く離れた地で起きている事柄をリアルタイムに見る力。座ったままほんのわずかに指先を動かすだけで部屋の温度を変えることもできる。ほぼ音速で地上の1万メートル上空を飛ぶことだってできる。この移動手段は極めて安全で、統計学上は、毎日欠かさず10万年飛び続けて、やっと1回事故に巻き込まれる計算だ。こんなに便利な世の中なのに、私たちは機内食の七面鳥のサンドイッチが品切れでコブサラダしか選べない、というだけで不便さを感じてしまう。

古代では、難しい問題に直面していてその答えを知りたいと思ったら、神のお告げを得るためにデルファイの神託所などに巡礼しなければならなかった。苦難に満ちた長く骨の折れる旅の最後にやっと得られるのは、何らかの薬物の作用で意識がもうろうとしている巫女からの、なんとでも解釈できそうな難解な神託だ。これをGoogleと比べてみてほしい。知りたいことを検索窓に入力すれば1秒足らずで50億の関連ウェブサイトをランク付けして表示してくれ、あなたはそれらのサイトをじっくり読むだけでいい。

世界は数式でできている

第三の時代の終り頃に登場した技術のうちで圧倒的だったのはコンピュータだ。コンピュータは単なるガジェットではない。哲学的意義のある装置だ。どういう意味かって？　コンピュータはたった1つの特別な事、すなわち計算を行う。当たり前だ！　と突っ込まれそうだが、計算は宇宙の心臓の拍動、宇宙の時計の秒針なのだ。計算はあまりにも根本すぎて、もはや脳、宇宙、空間、時間、意識、生命そのもの、つまりあらゆるものが計算だと考える人もいる。博学者スティーブン・ウルフラムもそういった考えの持ち主で、２００2年に出版した１２００ページにも及ぶ大著『新しい種類の科学』で自説を展開している。彼は、１、２行からなる非常に単純なルールですら、とてつもない複雑性を生み出すことができることを示した。さらに彼は、宇宙全体を生成するために必要なコードも数行でかけるのではないかと推測している。かなり挑発的な説だが、多くの信奉者がいることもまた確かだ。

なんにせよ、宇宙の多くの部分は数式で表すことができる。ハリケーンやDNAは数式で記述できる。雪の結晶も砂丘もだ。そして、このことの何が素晴らしいかというと、物理世界で起きる物事のうち数式で表せるものは、切手サイズの計算機の中でモデル化できてしまうのだ。例えば、人類を月まで運ぶには、ロケットやブーストや重力といった、物理世界の物事に関する気が遠くなるほど複雑な計算が必要だ。しかしそれは同時に、小さなプロセッサの中で0と1を並べればシミュレーション可能だということでもある。このことが示唆する重要な真実とは、コンピュータでモデリングできるあらゆる物事は、現実世界でも数式に従って起こっている、ということだ。アポロ11号の打ち上げは、数式で記述できた。単に数式が使われていた、ということではない。打ち上げそのものが、数式に従っていたのだ。アポロ計画そのものが、数式でできていた。

その先を考えるとかなり面白くなってくる。私たちは、数式で記述できるのだろうか？　私たちの心は、アポロ11号が従ったのと同じ基本ルールに従う、巨大なぜんまい仕掛けの機械なのだろうか？　私たちがコンピュータの限界（もしそのようなものがあるならば）について理解しようとするならば、こういった問いに答えられなければならない。

だから私は、コンピュータが哲学的に重要な装置だと言ったのだ。ハンマーはクギを打つだけ、ノコギリは木を切るだけ。しかし、コンピュータは物理世界で起こる数え切れない物事を再現することができる。私たちはまだコンピュータの本質的な意味を理解できていないとすらいえる。コンピュータが巧妙かつ劇的に世界を変えたということだけは確かだ。しかし、見かけ以上の変化が起こっている。著名な教授かつ哲学者であるマーシャル・マクルーハンは数十年前に次のように述べた。コンピュータは「人類史上最高の、技術でできた衣服だ。私たちの中枢神経系を拡張させるものだ。これに比べたら、車輪などただのフラフープだ」。コンピュータは新しいものでありながら既にあらゆるところにあり、100年後どころか10年後のコンピュータが何をできるようになっているかも、想像の域を出ない。

コンピュータはいったいどこから来たのだろう？　どういういきさつで私たちはこんなものが作れると思いつき、作ろうと決めたのだろうか？　コンピュータの誕生から今日までの歴史はかなり短く、この本の目的に照らせば、バベッジ、チューリング、フォン・ノイマン、シャノンという4人の名を挙げるだけで十分だ。こう並べるとまるでハイテクな法律事務所の名前のようだが、とにかく彼らの主要な功績を1つずつ紹介していこう。全てをまとめると、現代の計算科学のエッセンスが見えてくる。

コンピュータを生みだした4人

物語は1821年のロンドンにいるチャールズ・バベッジから始まる。その頃は産業革命まっただ中で、科学や数学は大学の研究室から飛び出し、工場で使われ始めていた。計算機が発明される前は、計算手が担う複雑な計算を簡略化、迅速化するため、様々な値が記された数表をまとめた分厚い本が出版されていた。こういった本には対数や天文計算など様々なデータセットが含まれており、産業や科学の分野では必携だったといってよい。問題は、その本に書かれている数値自体がすべて手計算で求められていたために、山のように誤りが含まれていたことだ。しかも、たった1つの誤った数値によって、船が航路から外れたり、銀行の取引記録が消滅したり、動かない機械が作られてしまったりする。こうした間違いだらけの表をイライラしながらみていたバベッジは、「この計算を全部蒸気がやってくれていたらどんなによかったか！」と言った。含蓄のある、それでいてその時代としては極めて先進的なコメントだ。彼は、機械的なもののほうが有機的なものよりも一貫していて、信頼性が高いと考えていた。厳しい基準を満たすよう慎重に作り上げられる蒸気機関は、休みなくタスクを実行し、一定して質の高い製品を生産し続けることができる。バベッジが天才的だったのは、蒸気が歯車（cog）を作れるなら、対数（log）計算だってできるだろうとひらめいたところだ。

そこから彼は完璧な計算機を考案し、完成させようとした。彼はその機械の重要性をはっきりと理解しており、「解析機関が実現すれば、必ずや科学の進むべき道を示してくれる」と述べている。しかし不幸にも彼の資金は底をつき、その試みを全うすることはできなかった。今も昔もスタートアップの大半は似たような運命をたどっていたというわけだ。やがて時を経て、2002年にロンドンのサイエンス・ミュージアムがついに重さ4・5トンのバベッジの解析機関を完成させた。その機械は、完璧に機能したという。ここまでが、蒸気で計算機を動かせると考えたバベッジのお話だ。

さて、アラン・チューリングの話に移ろう。私たちの物語におけるチューリングの功績は1936年、私たちがチューリングマシンと呼ぶものを発表したことだ。チューリングは、複雑な数学的問題を解ける仮想機械を考案した。この機械は、理論上無限の長さをもつ細いグラフ用紙からなっている。このグラフ用紙には常に1つアクティブなセル（マス目）があり、そのセルの上に機械のヘッドが乗る。ヘッドはその用紙に書きこんだり、書かれていることを読みだしたりすることができ、そこで受け取る指示やあらかじめプログラムされた設定に応じて移動する。

チューリングマシンのポイントは、「これがコンピュータの作り方だ」と示したことではなく、「この想像上の機械はとてつもなく多様な、ほとんどあらゆる計算問題を解くことができる」と示したことだ。実際、今日のコンピュータができるすべてのことは理論上、チューリングマシンでも実行可能だ。しかもチューリングは、この機械を考案しただけでなく、完全に理解していた。この思考実験、このごくわずかな部品からなる単純極まりない機械について少し考えてみよう。アポロ11号を月に送って帰還させるために必要だったすべてのことはチューリングマシンにプログラム可能だ。あなたのスマートフォンができるあらゆることはチューリングマシンにプログラム可能だし、ＩＢＭのワトソンができる全てのこともチューリングマシンにプログラム可能だ。こんなちっぽけな装置にそんなことができるなんて、誰が予想しただろうか？　もちろん、チューリング本人だ。しかし彼以外の誰も、この並外れた考えにたどり着いた人間はいなかった。はい、チューリングについては終わり。

次はジョン・フォン・ノイマンだ。彼は現代コンピュータの父といわれ、1945年に「ノイマン型」と呼ばれるコンピュータ・アーキテクチャの構成法を開発した。チューリングマシンが純粋に理論上のもので、コンピュータが何をできるかを問う存在であったのに対し、ノイマン型アーキテクチャはコンピュータを実際、どうやって作るのかを論じるものであった。ノイマンが考案したのは、内蔵型のプロセッサと、プログラムとデータ両方を記憶するメモリからなる構成だ。内蔵メモリに加えて、今必要としないデータや情報を記憶させる外部ストレージがついていることもある。そこにインプット、アウトプットに必要な装置をくっつければ、ノイマン型コンピュータの出来上がりだ。もしここまで読んで、あなたが今もっているコンピュータのCPU、メモリ、ハードドライブ、キーボード、ディスプレイのことを思い浮かべられたなら上出来だ！

そして最後はクロード・シャノンだ。彼は1949年に、「チェスのためのコンピュータプログラミング」という論文を発表し、チェスという複雑なゲームを、コンピュータが実行可能な一連の計算へと還元する方法を示した。これだけだと、なぜコンピュータ界のマウント・ラッシュモアに刻まれるべき4人の偉人にシャノンを入れなければならないのか、といぶかしむ向きもあるかもしれない。しかし、このときはじめて、実用的かつ合理的な意味で、コンピュータがチェスはただ数字の計算をやるだけの存在ではなくなったのだ。シャノンは、コンピュータがチェスの駒を動かせる程度にまで抽象化された情報も扱えるようにした。考えてみてほしい。1949年までは、コンピュータは高校の物理の授業で使う関数電卓のような、プログラム可能な計算機に過ぎなかった。それが1949年を境に、コンピュータは将来、どの銘柄の株を買うべきか進言してくれる存在になる、と期待されるようになったのだ。チューリングを含め多くの人が、コンピュータに何ができるかを頭では理解していたが、それを具体化したのがシャノンだ。

ということで、物語は以上だ。バベッジが、機械は計算できるということを示した。チューリングが、機械は計算だけでなくプログラムも実行できることを示した。ノイマンはハードウェアの組み立て方を考案し、シャノンはソフトウェアを使えば一見数学的問題に見えないようなものも実行できるということを示した。

私たちが今いるのは、そういう場所だ。大きく変わったことがあるとすれば、コンピュータが劇的に速く、安くなったことくらいだ。このことを実感するため、1ギガフロップ（浮動小数点計算を1秒間に10億回できる）の性能をもつコンピュータの価格をもとに、ギガフロップあたりのコストを調べてみよう。1961年にはそんなコンピュータは存在していなかったが、アメリカの国民総生産（GNP）2年分で買える当時最速のコンピュータを全台つなげれば、1ギガフロップに近い性能になった。

1984年にはその金額は暴落し、1ギガフロップの性能を持つCray社の「スーパーコンピュータ」が、最高級のプライベートジェット機と同じくらいの価格で購入できるようになった。2年分のGNPに比べたら、ずいぶん安くなったものだ！　1997年にはさらに値下がりし、1ギガフロップの処理能力はドイツの高級スポーツカー1台分くらいで買えるようになった。2013年にはなんと1ギガフロップあたり25セントまで下落した。ちなみに、当時売られていたこのスパコンの名前はずばり、プレイステーション4だ。そして今はだいたい5セントくらいまで値下がりしている。今日、数百ドルで売られているパソコンがだいたい1万ギガフロップくらいの性能をもっているからだ。

ギガフロップあたりの価格はすぐに1セントを割り込むようになり、そこからさらに急激な下落を続けるであろう。今日のスパコンはもはやギガフロップなどという単位で測られてはいない。テラフロップ（1000ギガフロップ）ですらなく、ペタフロップ（100万ギガフロップ）だ。2018年1月の時点で処理速度が世界第1位と第2位のコンピュータは中国にあって、それらの処理速度は100ペタフロップ（1億ギガフロップ）に迫る。しかし、2018年の後半には、100ペタフロップを超える能力をもつコンピュータが米国や日本をはじめとして、多くの場所で作られているだろう。それどころか、5社以上の企業が、2020年までに1エクサフロップ（1000ペタフロップ）の性能を持つコンピュータを作ると宣言している。今のところ、この勢いが弱まる気配は全くない。

変化は、想像以上の速度で進む

いったいどうしてこんなことになってしまったのだろう？　どうして価格がそんなに下落し続けるのだろうか？　１９６０年には、１つのトランジスタがだいたい当時の１ドル、現在の８ドルくらいで購入できた。つまり12万５０００個のトランジスタが必要であれば、現在の１００万ドルくらい必要だったということだ。ただし、生産量が爆発的に増えたことで、価格が劇的に下がった。２００４年には、トランジスタの総生産数が地球上で生産される米粒の総数を上回った。そのわずか6年後の２０１０年には、１９６０年当時１００万ドルした12万５０００個のトランジスタが、米1粒分くらいの価格で買えるようになったのだ。

技術は歩みを緩めたりしない。絶え間なく、より高性能に、より安くなっていく。多くのコンピュータ科学者はこの事実に基づいて、この本の後ろのほうで論じる汎用人工知能や意識をもつ機械など、未来のコンピュータの性能について様々な主張をしている。

ところで、今の私たちの生活にコンピュータはどれほど深く入り込んでいるのだろう？　世界中で現在使われているコンピュータの総数が何十億になるのか、正確なところは誰にもわからない。ただ、世界中で作られている電力のうちおよそ10％はコンピュータが消費していると見積もられている。コンピュータは私たちの日常のあらゆるところに組み込まれているので、私たちがコンピュータなしに生きることはもはや不可能だろう。少なくとも、今のような水準の暮らしをすることは確実に無理だ。特に人口が過密な大都市では、コンピュータが姿を消すと、それまでコンピュータによって管理されていた物流や水処理などが滞り、あるいは失われ、人が滅びていくのは避けられないだろう。スティーブ・ウォズニアックはこう言った。「私たちは知らぬ間に、いろいろなことを自分ではコントロールできなくなっている。インターネットの常時接続をやめられないし、スマートフォンの電源も切れないし、パソコンの電源も落とせない。昔は、知りたいことがあったら周囲の賢い人に聞いていたものだ。今ならまずだれに聞く？　goで始まるが神（God）ではない、あれだろう」。

１９６０年から70年代にかけて私たちはたくさんのコンピュータを作ったので、それをすべてつないで1つの巨大なネットワークを作ろうとするのは理にかなった自然な流れだった。インターネットの始まりだ。１９８９年にティム・バーナーズ＝リーが、サーバーに保管されている文書に遠隔コンピュータでアクセスするためのプロトコル、ＨＴＴＰを開発した。ワールド・ワイド・ウェブ（www）だ。私たちは今や、パソコンのみならず、あらゆるデータ駆動型デバイスをインターネットに接続しようとしている。現在、３００億個くらいのデバイスが接続されていて、その数は２０３０年までに５０００億個に達すると見積もられている。

これが、終わりを迎えつつある第三の時代から、第四の時代の入り口までについての物語だ。それぞれの時代で私たちの先祖は、身体機能や精神機能の一部を技術でアウトソーシングするようになっていった。消化機能を助けるために火を使い始め、記憶力を拡張するために文字を使い始め、背中や足を酷使する代わりに車輪を使い始めたといった具合だ。そして時代は下り、私たちは機械仕掛けの脳を作り出した。この装置はとても多才で、私たちが課すあらゆる問いを無限に解けるようにプログラムされている。現在私たちは、デバイスが自律的に機能するよう指導する手段、すなわち人工知能を開発しつつある。そしてロボット工学の力を借りて、人工知能に自ら動き、物理世界と相互作用する力を与え始めたところだ。現在私たちは、デバイスが自律的に機能できるよう学習させる人工知能を開発しつつある。コンピュータとロボットが組み合わされば、私たちは思考や行動など、さらに多くのことをアウトソースするようになるだろう。これはものすごい変化だ。この変化こそが、第四の時代の幕開けを告げる。この変化が私たちに突きつける問いは難解だ。ヒトであるとはどういう意味か、ということに関わるからだ。機械は思考できるのか？　機械は意識を持てるのか？　人がやるあらゆることは、機械で再現可能なのか？　実は私たちも機械なのか？　この本の最終目的は、これらの問いについて思索することだ。人の物理的そして精神的な活動はどの程度機械に代行してもらえるのか、そしてこの変化は世界に対しどういう意味をもつのか。

もう我々は第四の時代にいるのかって？　そうだな、たとえば地球上の人間のうち2、3人が農業を知ったからといって、あるいは2、3か所で文字が発明されたからといって、それを新時代の始まりや古い時代の終わりと定義するだろうか？　どこに線を引くかは実にささいな問題だ。数十年前、クロード・シャノンがコンピュータにチェスをやらせるためのプログラミング法を示したときにすでに第四の時代に入っていたと考えても、この先何年かしてコンピュータが自然言語を使って人間と複雑な会話をできるようになったときを第四の時代の始まりだと考えても、それはわずかな違いで、たいした意味はない。とりあえず、第四の時代への移行は１９５０年より前には始まっていなかったし、２０５０年までには確実に終わっている、としておこう。どうしても区切りたいのであれば、そのあいだのお好きなところに線を引いてもらってかまわないし、その１００年全体を遷移期間だと考えてもいいだろう。

重要なのはいつ第四の時代が始まったかではなく、一度その時代に入ったら最後、変化は急激なものになると理解しておくことだ。車輪を発明してから月に行くまでには５０００年かかった（人間は面白いことに、スーツケースに車輪を付けることを思いつくよりも前に月に行ったのだ！）。しかしだからといって、２５００年前に月到達まであと半分のところにいたわけではない。程遠いところにいた。人類が初めて音速の壁を超えて飛行したのは、人類が初めて月の上に足を降ろした日のわずか20年前のことだ。そして人類が飛行機での初飛行に成功したのは月面着陸のわずか60年前だ。つまり、車輪を発明してから４９４０年もの間、私たちは地上に張り付いて暮らしていたのに、そこからわずか60年で、私たちは飛行できるようになっただけでなく、月まで行って帰って来られるようになってしまった。私たちが直面している第四の変化は、これくらいのスピード感で、次々に起こる劇的かつ革新的なブレークスルーとともにやってくることが予想される。そして、飛行機が着陸直前に最も揺れるように、これから私たちが経験する変化もかなりの揺れを伴うものと思われる。おそらく、過去５０００年間で起きたよりも多くの変化が、この先の50年で起きるだろう。ウラジーミル・レーニンがかつて言ったように、「10年間何も起こらないこともあれば、数週間で10年分の物事が起こることもある」のだ。第四の時代がスピードに乗れば、ＡＩやロボット工学の分野におけるブレークスルーはこれまでにない速さで起こるだろう。

私たちは、数百万年前から技術を使いはじめ、10万年前から言語を使いはじめ、数千年前に、宇宙やその中での自らの立ち位置などといった深遠な問いについて考えはじめた。数百年前、私たちは科学の方法論を確立し、それまで想像もできなかった繁栄を手に入れた。数十年前、私たちは機械でできた脳を作り始め、数年前、その脳を格段にパワーアップさせる新たな方法を知った。私たちは人類史上最も重要な変曲点に立っているのかもしれない。

私たちはいま第四の時代の扉の前に立っているわけだが、未だに自分たちが何を作り上げたのか、そしてこの先どこへ向かうのかについての統一見解は得られていない。今私たちが作っている技術は、太古からある問いに対する答えの再考を迫るだろう。

5　3つの大きな問い

さて、第四の時代を目前に控えた私たちは、ロボット、仕事、人工知能、意識を持つコンピュータなどについての課題に取り組む心構えはできているはずだ。まずは、読者の皆に3つの根源的な問いを投げかけたいと思う。この先、この本の中で何度も立ち返ることになる問いだ。これらは古典的な問いで、人類は数千年にわたり頭を悩ませ続けてきた。ここで「間違った答えなどない」というのは明らかな誤りで、間違った答えはたくさんある。ただ、どの答えが間違いなのかについての合意が得られていないだけだ。

これらの問いは非常に重要だ。なぜなら、私たちがこれから論じていくたくさんの事柄のよりどころになるからだ。ここからの話は、人工知能に何ができるかとか、コンピュータが意識を持つことはあるのかとか、ロボットがいつか私たちの仕事を奪うのかとかいったことになる。細かい技術的な話から始めようとする人もいるかもしれないが、それはこういった問題に取り組む場合、最善の方法とはいえない。意識を持つコンピュータ（思考する機械や、人のあらゆる能力を再現したロボット）が存在しえるなら、技術が順当に進歩するのを待っていればいつか手に入る。言い換えれば、技術的に可能でありさえすれば、その実現は避けられないということだ。問題は、ほんとうに存在しえるのか？　という点だ。この問題は未だに解決からは程遠く、ここで挙げる3つの問いに対する答えに完全に依存している。

この3つの問いは哲学的なもので、技術的なものではない。したがって、AIやロボット工学に関する専門知識がなくても答えられる。人類史上、こんな問いが現実世界に何か影響を及ぼしたことはなかった。学者が頭の体操に考えたり、大学生が友人と夜通し語り合ったりする類のものだった。そう考えると、時代はなんと大きく変わったものか！　第四の時代の夜明けに際し、これらの問いが突如としてこの上なく現実的な意味を帯びたものになってしまった。この3つの問いに対する答えが、私たち人類の未来と運命を本当に決めてしまうのだ。大事なことなのでもう一度言おう。数千年にわたり、ただの抽象的な問い、多くの人の人生には関係ない哲学的な問いだったものが、今や私たち全員にとって最も重要な問いになってしまっている。答えが得られた人は未来をよりクリアに見通せるだろう。もしあなたが、そんな偉大な哲学的難問に取り組むのなんてとても無理だとしり込みしているようなら……そうだな、いいことを教えてあげよう。3問とも、選択問題だ。

宇宙は何からできている？

最初の問いは私たちが生きる実世界の本質、すなわち宇宙を構成する成分についての問いだ。この問いにあなたがどう答えるかは、長い道のりを経て、コンピュータは意識を持てるのかとか、真の人工知能を作り上げることはできるのかといった問題に対する結論を決める。この問いに対する最も優れた考察は古代ギリシャ人によってなされた。2500年間も議論され続けている問いがあること自体が普通ではない。しかもその間の私たちは古代ギリシャ人による推論から大して進歩していないときた。ここはひとつ、古代の人々がどのように考えていたのか知ることから始めよう。

宇宙は何からできているかについては、2通りの考え方がある。

第一の学派は、宇宙を構成するあらゆるものはたった1つの物質、原子からできていると考える。これは一元論（monism、ギリシャ語で1を表すmonosに由来）として知られる。一元論者は、宇宙の全てのものが同一の物理学的法則に支配されていて、かつ私たちがその法則の大部分を知っていると考える。つまり、最終的に物理学に還元できない物事は宇宙では起こらない。あらゆるものの上位にあるのが物理学だ。物理学が化学を説明し、化学が生物学を説明し、生物学は生命を説明し、生命が意識を説明する。一元論は唯物論や物理主義とよばれることもある。

古代ギリシャでこの立場をとった有名人はデモクリトスだ。デモクリトスはこの世に存在するのは「原子」と「空虚」だけで、ほかのあらゆるものはただの思いに過ぎないと考えた。彼はこう述べている。

> 甘いといい、辛いといい、熱いといい、冷たいといい、また色彩といい、それらはすべて習慣、約束事に過ぎない。真実にはただ原子と空虚があるだけだ。感覚がもたらすものは真実であるは

ずだと、私たちは習慣的に考えているが、実際にはそうではない。原子と空虚のみが、真実なのだ。

現代を代表する一元論支持者はフランシス・クリックだ。彼は自身の「驚くべき仮説」において、「あなたも、あなたの喜びも、悲しみも、記憶も、志も、自我も、自由意志も、実のところ神経細胞、そして神経細胞と相互作用する分子が作る巨大な集合体のふるまいでしかない」と主張する。

多くの科学者はこの説を支持する。実際、ほとんどの科学者はこの説が正しいに決まっていると考えているのだが、彼らは同時にこの考え方が一般には浸透しにくい理由が3つあることも承知している。

まず、このような単純な原因と結果からなる世界に、自由意志という概念を持ち込むことが難しいこと。

次に、この説によれば、私たちは化学物質と電気信号が詰まったただの大きな動く袋に過ぎない、ということ。お母さんがあなたに何を言い聞かせて育てたかは知らないが、あなたに特別なことなんて何もない。あなたはiPhoneや蕪《かぶ》やハリケーンと何ら変わらない、ただの「モノ」なのだ。

最後に、この考え方では、人間が当然持つべき道徳観が失われてしまうこと。人を殺すことと岩を砕くことに道徳上の違いは何もないことになってしまう。

もちろん、これらの要因に対するもっともらしい説明はあるのだが、それを披露したところで同じくらいもっともらしい反撃にあうだけだ。そして、そこから論争が始まる。

さて、もう一方の学派は二元論という立場をとる。二元論者は、宇宙が2つ（あるいはそれ以上の）のものでできていると考える。原子はもちろんあって、それ以外にも何かがあると考えるわけだ。

この考え方をオカルト的だとし、一元論を理性的で現代的な考え方だとする風潮がある。たしかに、神や魂や幽霊や「生命力」を信じるものはまぎれもない二元論者だ。しかし、二元論者という呼び名が含むものは多種多様であり、スピリチュアルなものとは関わりたくないという立場をとる二元論者も大勢いる。無神論と有神論は神についての考え方、一元論と二元論は、現実世界の本質についての考え方だ。

それでは、原子以外のものというのはいったい何なのだろうか？　2つの説が考えられる。1つ目は、物理的なものの他にスピリチュアルなものがあるという説。例えば、原子と魂。これは、二元論の中でもかなり宗教よりの考え方といってよいだろう。一方で、2つ目の説には宗教は全く関係してこない。宇宙は、物理的なものと、精神的なものとでできている、という説だ。「精神的なもの」には、希望、後悔、愛情、憎しみなどが含まれる。これらは脳内で起こる物理的なプロセスによって生じるのかもしれないが、それを経験することは物理的なプロセスではない。わずかな違いではあるが、その差は重要だ。

古代ギリシャで二元論を提唱したとして有名なのはプラトンだ。彼の考えによれば、現実世界には円と呼ばれるものがあるが、どれ1つとして完璧な円ではない。ただし、理想的な、純粋なる円という形は存在し、その「円らしさ」は確かに実在するが物理法則には支配されない。そして人間は心の中で、たとえば哲学について熟考することで、純粋な形でできた世界を訪れることができる。ある意味で、高校の幾何学はプラトンの二元論を実践しているといえるだろう。幾何学的証明は完璧な図形についてのみ成り立つ。ところが、現実世界には真の円や線や平面など存在しない。つまり、幾何学的証明は、現実世界を大まかに近似しているに過ぎないのだ。

現代のプラトン主義者はこう言うだろう。「『アイデア』っていう言葉あるでしょう。これ、名詞でしょう？　『いいアイデアがある』って言いますね。つまり、アイデアって、モノなんです」。さあここで問題だ。アイデアは物理法則に従うのだろうか？　従う、と答える者は、「アイデア」とはすなわち脳のなかのニューロンのパターンだととらえている。脳内のエントロピーとして表されるものだ。一方、従わないと答える者は、「アイデア」なるものに物理法則は関与できないと考える。アイデアはあるときどこかで生まれ、伝播し、周囲に影響を与えたりもする。しかし、物理学はアイデアを支配しない。

現代の二元論派の言い分をよくまとめている話に「メアリーの部屋」問題というものがある。メアリーは仮想の人物で、色についてあらゆることを知っている。文字通り、何もかもだ。色そのものの科学にとどまらず、光子がどのように目にぶつかるか、そして錐体細胞や桿体細胞が何をしているかも知っている。何をしているかどころか、原子レベルで何が起きているかも知っている。要するに、メアリーは、色に関してこの世で知られていることはすべて知っているのだ。ところが、実は彼女は生まれてこのかた灰色の部屋から一歩も出たことがない。白黒画面で色についての記述を読んで生きてきた。つまり、メアリーは一度も色を実際に見たことはない。ただし、さっきも言ったとおり彼女は色についてあらゆることを知っている。

そんなある日、メアリーはついに部屋を出て、生まれて初めて色を見た。さあここで問題。メアリーは今、色について新たに何かを知っただろうか？　生まれて初めて色を見たことで、彼女はそれまで知らなかった何かを学んだだろうか？　あなたがもし、はいと答えるなら、つまり何かを経験することと何かを知ることは違う、と考えるなら、あなたは二元論者だ。もし彼女が何かしら新しいことを学んだというのなら、物事を経験するときには物理世界を超えた、物事をただ知識として知ること以上の何かが起こっているということになる。メアリーが色を初めて見たことで学んだものは、それがなんであれ、物理学の範疇を超えている。それはいったい何なのだろうか？　数式でどうやって表せばよいのだろう？　そもそも、言葉で表現できるだろうか？　こうした考え方は、コンピュータにできること、できないことについてのあなたの考えに大きな影響を与えることになる。

もう一人、近代における二元論支持者は、「我思う、故に我あり」で有名なルネ・デカルトだ（400年以上も前に生まれた男が「近代」とされている時点で、かなり古い問題に取り組んでいることがわかるだろう）。彼の考えをまとめるとこういう感じだ。デカルトは、あらゆることを疑うことから始めた。2＋2は4なのだろうか？　多分ね。ドブネズミはパンプキンパイのような味がするだろうか？　うーん、どうかな？　彼は、物質世界全体を、悪魔か何かが彼をだますために作り出したまやかしなのではないかと疑っていたのだ。そうやってあらゆることを疑ってかかった末に彼が得た結論は……結局、自分は、自分が全てを疑うということ以外、何も知らない、ということだった。それが彼の名言につながったわけで、むしろ「我疑う、故に我あり」としたほうがよかったかもしれない。デカルトは典型的な二元論者といえる。彼は心が意識の源で、脳は事実がある場所だと考えていた。すなわち、彼にとって意識は精神世界に属するもので、知識は物理世界に属するものだった。脳と心の違いについては、また後で考えることにしよう。

二元論には古典的な反論がある。もしこの世に物理世界と精神世界という全く違う2つの世界があるのならば、その2つの世界はどうやって相互作用するのだろうか？　サンドイッチを食べたい、という精神的な欲求があなたを実際に椅子から立ち上がらせ、サンドイッチを作らせるのはどういうしくみだろう？　食欲が体に影響を与えられるのなら、どちらも物理的なものであるはずだ。

こうした議論は揚げ足を取ってへりくつをこねているだけに見えるかもしれないが、この先コンピュータが例えば「痛み」を感じることができるようになるか、といった議論をするときにこういう考え方が非常に重要になってくる。コンピュータは温度を測ることができるが、痛みを感じることはできるだろうか？

そんなわけで、このあたりで1つ目の問いへのあなたの答えを聞かせてもらおう。あなたは一元論者ですか？　それとも二元論者ですか？（どちらでもない、と思うなら、とりあえず二元論者だと考えてもらってかまわない。ここで重要なのは、一元論者ではない、ということだ)。

私たちは何だ?

さあ、次の問いに移ろう。私たちは、結局、何なのだろうか? これも選択問題だ。選択肢は3つ。機械、動物、人間だ。

最初の選択肢、機械は最もシンプルでストレートな答えだ。私たちはただの部品の寄せ集めにすぎない。電源もあるし、排気系も持っている。自分自身を修理できるし、再プログラムして様々なタスクをこなすこともできる。

こう考える人々は「機械」という言葉に軽蔑的な意味を込めていないことを強調する。私たちは「ただの」機械かもしれないが、地球上で最もすごい機械なのだ。宇宙一すごいかもしれない。基本的な構成は時計付きラジオと変わらないかもしれないが、私たちの体はもっとずっと素晴らしく、純粋に学術的な意味以外では比べること自体がばかげている。

彼らは、私たちの体の中で起きるあらゆることは機械的だと考える。たしかにその通りだ。あなたの心臓を動かしているのは魔法でも奇跡でもない。私たちは自己持続型の化学反応の集合体だ。まだ完全には解明されていない脳にしても、その秘密は日々少しずつ暴かれていっている。人間の考えをある程度読みとれる画像装置も研究室では実現している。あなたと原子レベルで全く同一のコピーを作ったら、そのコピーは明日お弁当を持ってあなたの職場に出勤してくるだろう。そのコピーはあなたと全く同じように仕事してくれるので、あなたはこっそりオフィスを抜け出して釣りにでも行けばいい。いや、ひょっとするとコピーのほうが、あなたが出勤すると見越して休みをとり、釣りに行くかもしれない。

この話を聞いて、哲学者デレク・パーフィットによる思考実験を思い出す人がいるかもしれない。きっとあなたも、似たようなことを考えたことがあるのではないか。テレポーテーション装置が実用化されている未来の話だ。その装置に入ると、あなたは痛みを感じることなくバラバラに分解され、細胞一つひとつがスキャンされる。そのデータが火星に送られると、火星にある同じ装置が正反対のプロセスを実行し、細胞を一つひとつ組み上げて、あらゆる点であなたと全く同一の人間を完成させる。その人間は装置から出て、こう言うのだ。「なんだ、楽勝だな！」

さて、あなたはそんな装置に入りますか？　おそらく大部分の人は、火星にいるその人物が自分だとは思わないのではないだろうか。薄気味悪いドッペルゲンガーだとでも思うかもしれない。ただ、そう思うなら、テレポーテーション装置の超高精細3Dスキャナーでも読み取れない私たちの体の部分とは一体何なのか、説明できなければいけない。一方、人間は機械だと考えている人たちは、そういった装置に何ら哲学的な問題を感じない。何でわざわざ渋滞に巻き込まれる必要がある？　テレポーテーション装置を使えば一瞬なのに！

彼らにとっては、生命も物理的なプロセスに過ぎない。もちろん、意識もだ。彼らにとっては至極当然なことで、カート・ヴォネガットがこのことについて次のように言ったと聞いてもひるんだりしない。

私は、自分自身や私以外の人間に神聖な部分など何もないという結論に達した。なぜなら、私たちは機械なのだから。私はポンティアック(訳注)やネズミ捕りや旋盤以上の神聖さなど持ち合わせてはいない。

2つ目の選択肢は動物だ。人間が動物だと考える人はだいたい、無機質な機械の世界と、生きた動物の世界とが全く違うものだと考えている。私たちには命があるから、機械とは違う。私たちの体は機械かもしれないが、「私たち」はその機械に住み着いている動物だ。

彼らは、命には電気化学では説明しきれない何かがあると考える。そうでなければ、乾電池と高度な化学キットがあれば生命体を作り出せるということになってしまうからだ。命には、生気を宿させる力のような何らかの神秘的な性質がある。それはひょっとすると科学的に説明がつくものかもしれないが、機械の範疇は超えている何かだ。星は生まれ、結晶は育ち、火山は死んで死火山となる。こういった現象も命のような振る舞いをするが、私たちはそれを生きているとは見なさない。機械も似たような存在だといえる。命があるようで、ないもの。

生きている動物と、生きていない機械は自明かつ明確に区別できるもののように思える。私たちはときに機械を擬人化して、「バッテリーが死んだからこの車は動いてくれない」とか言ったりするが、だからといって車をカウンセリングに連れて行ったり、バッテリーの早すぎる死を悼んだりすることはない。

命は私たちがまだ完全に解明できていない何かだ。全ての人が合意する命の定義もまだ存在しない。もしあなたが、我々は動物で、生きているから機械とは違うのだ、と考えるのなら、次なる大きな疑問は、コンピュータがいつか命を得ることはできるのか、ということだ。純粋に機械でできたものに、生命の火花を与えることはできるのだろうか？　これについては、第四部で論じる。

さて、最後の選択肢は、私たちは人間だ、というものだった。私たちが人間とよばれていることに異論を唱える人はいないだろうが、私がここで言いたいことはそれとは少し違う。この主張が意味するところは、私たちの体はもちろん機械で、私たちはもちろん動物と同じように生きているが、私たちの中には機械や動物とは違う何かがあって、それが私たちを決定的に違う存在にしている、ということだ。私たちは究極の捕食者、地球上で最も優れた動物というだけではない。根本的に何かが違うのだ。では、何が私たちを特別な存在にしているのだろうか？　意識や魂だ、と言う人は多いだろう。複雑な道具を作って利用したり、複雑な言語を操ったり、抽象的思考ができたりする能力だ、と言う人もいるだろう。ひょっとすると、人間性というのは私たちの脳の複雑さが偶然生み出した副産物なのかもしれない。アリストテレスは、人間は笑うからこそ人間なのだ、と言った。ダライ・ラマは「人間は機械ではない。それ

訳注：米国のゼネラルモーターズ社が製造・販売していた車

以上の存在だ。人間は感情を持ち、物事を経験することができる。物質的な豊かさだけでは私たちは満たされない。もっと深いもの、つまり他者からの愛が必要なのだ」と言った。

私たちのDNAの大部分は、この惑星に住むあらゆる生物、その辺に生えている草とさえも同じだ。この驚くべき事実を、マット・リドレーは端的にこう表現した。「生命はひとつなのだ」。この共通性をさらに超えて、私たちと99％同じゲノムを持つ生き物がいる。チンパンジーだ。機械、そして動物としての私たちは極めてチンパンジーと似ていて、誤差程度の違いしかない。しかし、あるレンズを通してみれば、私たちはチンパンジーとは全く違う。そのレンズこそが、私たちを人間たらしめる何かだ。しかし、動物とちょっと違う、というだけでは私たちが動物ではないことにはならない。私たちと動物とを分かつ何かは、私たちの本質を違うものにする何かであるはずだ。例えば、食べ物を加熱して食べるのは人間だけだが、加熱調理をするというだけで動物以上の存在になれるわけではない。ボルネオでカササギがカニを火の中に落とし、後でそれを回収して食べているところを目撃したとして、カササギを人間に認定したりはしないだろう。ただし、そのカササギが文字を発明し、リメリック（滑稽五行詩）を書き始めたら……検討の余地はあるかもしれない。問題はそこにある。私たちには、動物とは決定的に違う何かがあるのだろうか？

興味深いことに、古代ギリシャ人も生物の世界を同じように3つに分けていた。彼らの見方では、植物は1つの魂を持つ。植物は明らかに生きていて、栄養を摂取して成長し、子孫を残して死ぬからだ。動物は2つの魂を持つ。植物が持つのと同じ魂のほかにもう1つ、目的を持つ魂だ。そして人間は、３つの魂を持っている。植物の魂と動物の魂に加えて、理性の魂。私たち人間だけが、論理的思考をできるからだ。

さあ、答えを出す時間だ。私たちは機械、動物、それとも人間、どれだろう？

「自己」とは何だ？

さあ、ついに最後の根源的な問いだ。「自己」とは何だろう？　鏡に映る自分の目を見つめると、そこに自己を見て取ることができる。鏡の中から私たちを見つめ返すものは何だ？　頭の中から私たちに語り掛ける声は何だ？「私は理解しました。」と言うときの「私」とは何だ？私たちは何となく、「自己」は頭の中に存在すると考えている。特に生物学的な理由があるわけではないが、近代では「私」を脳と関連付けて考えるからだ。しかし、脳の中で思考している自己、という感覚は幻想かもしれない。どうしてかって？　実は、近代以前の人々は、体の違う部分で思考していると思っていた。エジプト人はミイラを作るとき、死後の世界で必要になるからと死者のあらゆる臓器を保管したものだが、脳だけは不要だと投げ捨てていた。脳は、血を冷やすためだけに存在するベトベトした塊だと思われていたのだ。アリストテレスも脳の役割については同じように考えていた。ほかにも、自己は心臓に宿り、そこから認知が生じると考える文化もあった。だから私たちは何かを「心に刻む」し、「心の底から」誰かを愛したりする。生命にとって心臓は必要不可欠なものだから、この考えはそれなりに理にかなっている。

また、肝臓が体の様々なシステムの中心にあると知った解剖学者らは、自己が肝臓に宿ると考えたこともあった。実際、英語には内臓（gut）を特別視した言い回しが残っている。直感的に知っていることを「know in my gut」と表現するし、本能的な反応は「gut reaction」だ。

この問題についてさらに深く考えるために、まずは自分を自分たらしめているものが何なのか、自らに問いかけてみてほしい。赤ちゃんだった頃の自分の写真を見たとき、それが自分だと思うのはどういう感覚だろうか？　今朝起きたときのあなたと、昨夜寝る前のあなたが同一人物だという証拠はあるだろうか？　記憶？　だとすれば、記憶喪失の人は存在できなくなってしまう。あるいは、あなたの体の物理的連続性が、あなたをあなたたらしめるという考え方もある。しかしこの説が出るたび、テセウスの船という思考実験が頭をよぎるのだ。

短くまとめると、それは以下のような話だ。ある博物館に、有名な船が展示されている。数百年もたっている船なので、部品が朽ちてくるごとに新たな部品と交換されていく。幾度となく部品を交換した結果、ついに展示されているその船にもともとついていた部品は1つもなくなってしまった。さて、これは元の船と同じ船といえるのだろうか？　さらにややこしいことに、実は交換されたあとの元の部品もすべて倉庫に保管してあり、誰かがそれを組み立ててテセウスの（廃）船を作ってしまった。その場合、どういうことになるだろう。テセウスの船が2隻に増えた？　この話をなぜ今持ち出したかはわかるだろう。あなたもまさに、テセウスの船なのだ。細胞は分裂し、古い細胞を置き換えながら体を作る。つまり今のあなたは10年前のあなたとは全く違う物質でできている。それでもそれは、あなたなのだろうか？　脳細胞はほとんど再生しないといわれているから、あなたとはあなたの脳細胞のことだ、と考えることもできるかもしれない。ただし、細胞が再生しないといっても、脳細胞同士のつながりは常に変化し続けている。「あなた」が何ものでどこに存在するのか、正確に探し当てることは困難だ。

この本の目的とこの話にどういう関係があるのだろうか？　実は、あなたの「自己」がなんであるにせよ、それは意識と密接に関わっている。自己なくして意識を持つことはできない。そのため、私たちは後の部でコンピュータが「自己」を持てるかどうかについて論ずることになる。

では、質問に戻ろう。「自己」とは何だろう？　これも3択問題だ。脳の巧妙なトリックか、創発する心か、魂か。

1つ目の選択肢である脳のトリックは、多くの脳科学者が信じている説だ。ここで「トリック」というのは、だますという意味ではなく、髪にくっついたガムをとるトリック、といったような裏ワザのような意味で使われている。

脳のトリックは、2部構成になっている。まず、脳があらゆる感覚器からインプットを受け取る。映像を目から受け取り、肌で温度を感じ、耳で音を聞き、といった具合だ。ただし、私たちはそういうやり方で現実を知覚しているわけではない。あなたも、異なる感覚器からのインプットを意識的に統合したことはないだろう？　あなたの脳が、それらをうまくブレンドさせて1つの精神経験として作り上げる裏ワザを編み出したからだ。脳がすべてを統合してくれている。バラの花を見つつにおいもかぐことができるのはそういうわけだ。視覚と嗅覚は脳の中の全く違う部分で処理されるにもかかわらず、1つの統合された経験になる。これが、トリックの半分。

次は残りの半分のトリックだ。こういったことが起きている間にも、あなたの脳の様々な部位は、それぞれに担当する仕事を粛々とこなしている。危険がないか気を配っている部位があるかと思えば、何かの計算をしている部位、さらに歌の歌詞を思い出そうとしている部位もある、といった調子だ。そして脳は、様々な部位で同時進行しているこのざわめきを制御するには、一度に1つの部位だけを表舞台に上げればよいと結論づけた。つまり、例えばあなたがカフェで1人、「ルイ・ルイ」の歌詞を思い出そうとしているときに、ものすごく虫の居所の悪そうなヒグマが侵入してきたら、あなたの脳の中で危険を察知する部位がすぐさま「クマ！クマだ！」と悲鳴を上げ、脳内の表舞台へと躍り出る。と同時に、「ルイ・ルイ」やキングスメン(訳注)についての考えは中断され、舞台袖に追いやられる。そして、あなたはカフェの中をざっと見渡し、武器になりそうなものや逃げ道がないか探す。このように注意を向ける対象を変える力が、2つ目のトリックだ。あなたの頭の中で聞こえるのは、コンピュータ導入以前のニューヨーク証券取引所のような絶え間なく飛び交う声の不協和音ではなく、秩序だった1つの声だ。それは脳の各部位がきちんと順番を待って「話し出す」からだ。たとえば、何かを思い出そうとしたがそのときはどうしても思い出せず、数時間たってから突然答えが頭に浮かんだという経験はないだろうか？　それは、あなたの脳の思い出そうとしていた部分が、舞台から降りた後もバックグラウンドで答えを探し続けていたからだ。そして、ついに思い出した瞬間、舞台に返り咲いた、というわけだ。

これが、「あなた」の全てだ。あなたの脳が全ての感覚を統合して1つのショーに仕立て、一度に1つの部位だけに台詞を言わせる。この組み合わせが「あなた」という幻想を生み出す。

ここまでの説明では、脳内のどこかにテレビ番組の司会のような役目を果たす場所があり、誰にマイクを渡すかや、何を見せるかを決めているように見えるかもしれない。その場合、脳の中でそうやって仕切っている部分が「あなた」だということになろう。ただ、ほとんどの脳科学者がそのような部位は存在しないと考えている。脳は自律的に制御しているのだと。執行役にあたる「あなた」はいない。つまり、大きなカクテルパーティーのようなものだ。そこで皆が談笑している。すると突然、1人の女性が「私のドレスが燃えてる！」と叫ぶ。すると会場の全員が一斉に彼女の方を向く。ある男性は花瓶をつかむや生けてあった花を引っこ抜き、中の水を女性に掛ける。他の男性はジャケットを脱ぎ、火を叩いて消そうとする。騒動が収まりかけたところへ今度は別の誰かが、「ねぇ、外にいるのはエルビスじゃない⁉」と叫ぶ。するとそれを聞いて全員が今度は窓に殺到し、外を見ようとする。ここには誰も仕切り役はいない。誰も何も命令していない。様々なプロセスがその時々で注目を集めただけだ。

こういう風に考えるなら、あなたは頭の中で、「あの女性のドレスが燃えている」という声

訳注：「ルイ・ルイ」を歌ったバンド

と、「本当にエルビスなの？」という声を聞いたに違いない。「脳のトリック」という選択肢を選ぶなら、これがあなたの「自己」の本質だということになる。

次の選択肢は「自己」とは創発する心である、というものだ。創発というのはなんとも興味深い現象である。最もシンプルに説明すると、創発というのは個々の要素が相互作用し合うことで、全体として個々の要素には見られなかった性質を獲得することをいう。

人間は明らかに創発現象だ。あなたは40兆個の細胞からできている。その一つひとつが日々、割り当てられた仕事をこなしたり、結婚したり、子どもを産んだり、死んだりしている。その間ずっと細胞は、あなたが存在することも、自分が何かの一部であることも全く知らないままだ。しかしあなた、そしてあなたの能力や特性は、一つひとつの細胞の能力や性質を40兆倍しただけでは得られないものだ。あなたはあなたの中で起こる生物学的プロセスの累積や、個々の部分の総和というだけにとどまらない。40兆個の細胞の中にユーモアのセンスがある細胞なんてただの一つも無いのに、あなたにはある。なぜかはわからないが、40兆個の細胞がそれぞれの仕事をこなしていると、「わたし」というものが出現する。これが、創発だ。私たちは創発という現象を理解しているし、それがある意味宇宙の原動力になっているということも知っているが、どのようにしてそれが起こるのか、についてはまだわかっていない。

オオミツバチの仲間には、シマリングという創発現象を見せるものがある。オオミツバチはおしなべて、さほど賢くない。天才的なオオミツバチであっても、そんなに頭が良いわけではない。しかし、集まるとオオミツバチたちはかなり賢いことをする。マンガで誰かに催眠術を掛けるシーンなどでよく描かれる、渦巻き状の線があるだろう。ディナープレートくらいの大きさに集まったミツバチの群れが、黒っぽい腹部を正確なタイミングで上に振り向け、ああいう模様を作り出すところを想像してみてほしい。さながらスタジアムの観客が次々に立ち上がって作り出すウェーブのようだ。ただし、ミツバチのウェーブは1秒間に何周もする。ミツバチ同士、隣のミツバチが腹を上に向けるのを見て「よし、次が私の番だ」と考えているわけではない。彼らはただ何度も何度も渦巻きを描き、スズメバチを怖がらせて撃退する。スズメバチはこのディスプレイに心底驚くらしいのだ。しかし、シマリングを始める指令を出すミツバチがいるわけではない。

あるいはアリのコロニーを考えてみよう。どのアリをとっても、ハチより知性は低い。それなのに、アリのコロニーは巣を作ったり、トンネルを掘ったり、天候の変化に反応したりと、驚くようなことをやってのける。アリにはたくさんのやるべき仕事があり、個々のアリは一つの仕事を終えると次の仕事に取り掛かるのだ。巣に残ってコロニーを守るアリと、食べ物を探しに出かけるアリの間でうまくバランスがとられている。もし近くにごちそうが山のように見つかれば、何匹かのアリは自分が今やっている仕事を中断して食べ物を取りに行こうとする。ここで重要なのは、どこにも陣頭指揮をとるアリなどいないということだ。女王アリも違う。彼女は卵を産むだけだ。ほかのアリに向かって指図をするアリなどはいない。つまり、アリのコロニーそのものが創発した心を持つ、ということになる。

この選択肢は1番目のものとはだいぶ違う。「脳のトリック」説では、脳の機能は基本的にはもうわかっていて、欠点もきちんとわかっていて、わりあい単純なものだと考える。あなたの頭の中で聞こえる声は、脳のいろいろな場所がマイクを奪い合った結果に過ぎない。一方で、創発説では、脳の中で何が起こっているのか、まだそれほどわかっていないと考える。脳の基本的な構成成分から創発した心は、「脳のトリック」説が考えるような単純なものとはまた違った性質をもつ。あなたがもし、脳は特別すごいにせよ、つまるところは単なる臓器だと考えるなら、あなたには「脳のトリック」説が一番しっくりくるだろう。もしこの説では創造性が説明できないとか、全てを取り仕切っている「真の」あなたがいるはずだと考えるなら、あなたは創発派の人間だ。

最後の選択肢は、あなたの「自己」とはあなたの魂である、というものだ。ほとんどの人はこれを選ぶかもしれない。というのも、宗教的信仰は万国共通ではないにせよ、ごくごく一般的なものだからだ。何回調査をしてみても、アメリカ人の驚くべき割合（75％以上！）が神や悪魔、天国や地獄、奇跡、魂を信じているという結果が出る。ほかの国でも似たようなものだ。アメリカ人ほど高くはないものの、神を信じる人の割合が過半数を大きく下回る国は一つもない。全世界でみると、およそ75％の人が神を信じていて、15％が不可知論者、残る10％が無神論者だ。

一方、神の手によらないダーウィンの進化論を信じるアメリカ人は19％にとどまり、そのこと自体がこの19％の人々にとっては困惑と苛立ちの種だ。

魂を持っているという感覚や信念は極めて個人的な経験なので、本人にとっては紛れもない事実であっても本人以外には見えないものだから、科学的に論じることは非常に難しい。いつか科学の手で、先ほど述べた通りの働き方を脳がするのかどうか明らかにできるかもしれないし、創発についても理解が進むのかもしれないが、魂だけは、定義からして物質世界の物理学の外側に存在するものであるから、科学的にその存在や非存在を証明することはできない。まあそれは大きな問題にはならない。というのも、読者はみな、自分が魂を持っているかどうかについては何らかの意見を既に持っているはずだし、その意見を学術誌に評価されようなどと思わないだろうからだ。

さて、あなたの根本である「自己」とは何なのだろうか？　脳のトリック？　創発性の何か？　魂？　この3つの選択肢が互いに排他的ではないことにも注意が必要だ。創発した心の存在も、脳がいくつかのトリックを隠し持っていることも、自分に魂があることも、同じように信じている人もいるだろう。問題なのは、それらが実在するのかどうかではなく、そのうちのどれが「あなた」なのか、ということなのだ。

第二部
狭いＡＩとロボット
ジョン・ヘンリーの物語

19世紀の民話に出てくるジョン・ヘンリーは、「ハンマー使い」と呼ばれ、岩に鉄の大釘を打ち込むのが仕事だった。それは爆薬を岩に差し込むための穴を作る伝統的なやり方で、そうやって岩を爆破しては新しい線路を敷設する道を作っていたのだ。ジョン・ヘンリーは最高のハンマー使いだった。ところがある日、ヘンリーと同じ仕事をする蒸気ドリルが発明された。ジョン・ヘンリーは機械で置き換えられることをよしとせず、上司に「人は人らしく生きなきゃいけねえ。蒸気ドリルが俺をやっつける前に、俺はハンマーを手に持ったまま死んでやる」と訴えたヘンリーはどちらが優れたハンマー使いかを賭けて蒸気ドリルに闘いを挑んだのだ。接戦だったが、見事勝利を手にしたのはジョン・ヘンリーだった。だがその闘いはあまりにも苛酷だったため、消耗しきったジョン・ヘンリーは勝利の瞬間、ハンマーを手にしたままその場に崩れ落ち、帰らぬ人となった。それをみた人は皆、「ジョン・ヘンリーは、人らしく死んだよ」と言った。

6　狭いＡＩ

2つのAI

実のところ、人工知能（Artifiial Intelligence：ＡＩ）とは何なのだろうか？　これは見かけほど簡単な問いではない。この言葉が誕生したときまでさかのぼってみよう。

ＡＩは、１９５５年頃に科学の一分野として始まった。ダートマス大学で数学の教鞭をとっていたジョン・マッカーシーが、自身が前年に名付けた「人工知能」というものの可能性や限界を探る会議を主催すると決めたのだ。会議の目的は、「機械に言語を使わせ、抽象化や概念の形成を可能にし、今は人間にしか解けない問題を解けるようにし、自らを改良していけるようにする方法を明らかにする」ことであった。そして、既に思考する機械の実現について考え始めていた4人のコンピュータ科学者を集めた。マッカーシー自身、マービン・ミンスキー、ナタニエル・ロチェスター、そして先ほどチェスのくだりで登場した、クロード・シャノン。

彼らの提案書には１９５５年当時にしてはずいぶんと「楽観的な」予測が付け加えられていた。「我々は、慎重に選ばれた科学者が一夏の間集まって一緒に取り組めば、これらの課題のうちいくつかで大きな進歩が得られると考えている」

マッカーシーは後に、この概念に「人工知能」という名を付けたことでハードルを上げすぎてしまったと後悔している。「計算知能（computational intelligence）」と呼ぶべきだったと。多くの同業者は未だにそう思っており、人工知能という呼称から距離を置こうとしている。ただ、そういった人々の中には、AI分野の新領域を切り拓き、そこで第一人者になりたいという、ビジネスがらみのモチベーションを持つ人も多いようだ。

私自身は、「人工知能」は素晴らしいネーミングだったと思っている。「人工」と「知能」という2つの語を除いては。「人工」という言葉は問題だ。というのも、人工には2つの意味があって、どちらの意味で使われているのかがよくわからないからだ。「人工芝」のように、よく似ているがニセもの、という意味なのだろうか？　それとも、本物の知能だが、天然由来ではない、という意味なのだろうか？　「知能」のほうも問題だ。知能とはこれのことである、と誰もが同意する確たる定義がないからだ。知能の候補になりそうな能力には様々なものが考えられる。

しかし、ここでは「あなたはあなたをパーティーに連れてきた相手とダンスするしかない」という格言に従おうではないか。人工知能という名前が私たちをここまで導いたのだし、チャイニーズチェッカー（訳注）は中国発祥でもチェッカーでもなく、アラビア数字はインドで発明されたもので、コアラはクマでもないのに英語でKoala bearと呼ばれているのだから、人工知

訳注：日本でいうダイヤモンドゲームのようなもの

能という呼び方も許されてしかるべきだろう。

ＡＩを最も広く定義すれば、データや周りの環境に反応する技術となる。つまり、雨を感知するセンサーがついているスプリンクラーは、ＡＩの一種だ。もう少し狭い定義なら、ＡＩとは環境から学習する技術、ということになる。この場合、あなたが好む室温を学習するサーモスタットはＡＩだが、スプリンクラーシステムはそうではない、ということだ。

しかし――これが極めて重要なことなのだが――人工知能について論じている人々が、それぞれ２つの全く違うものを頭に思い浮かべている場合があるのだ。「狭いＡＩ」と「広いＡＩ」だ。現在実現しているＡＩはすべて、狭いＡＩだ。弱いＡＩ（weak AI）、と呼ばれることもある。私たちはまだ、この種のＡＩを作り出す方法しか知らない。そして狭いＡＩはまた驚くほどに便利な存在でもある。狭いＡＩはコンピュータに特定の問題を解いたり、特定のタスクをこなしたりするために必要な能力をコンピュータに与える。もう１つのＡＩは３つの名を持つ。「広いＡＩ（general AI）」、「強いＡＩ（strong AI）」、そして「汎用ＡＩ（artificial general intelligence（ＡＧＩ））」だ。どの名前で呼んでも構わないのだが、この本ではＡＧＩと呼ぼうと思う。あなたや私と同じくらい頭が良く、何でもできる人工知能だ。ロボット掃除機ルンバ、Siri、自動運転する車を動かすのは狭いＡＩだ。将来実現するかもしれない、食洗機から食器を取り出せるロボットが搭載するのも、狭いＡＩだろう。しかしあなたがロボット版マクガイバーを欲しいのなら、ＡＧＩが必要だ。マクガイバーはそれまで経験したこともない状況に対応できないといけないからだ(訳注)。現時点で、ＡＧＩは存在していない。

どうやったらAGIを作れるのか、そもそもAGIを作ることが可能なのかについても、統一見解は得られていない。これに関しては第四部で論じることにして、今は狭いAIだけに的を絞って話を進めよう。狭いAIは決して「簡単なAI」ではない。AIの研究に費やされている多くの人の汗と巨額の予算のほぼ全ては、この種のAIにつぎ込まれているのだ。以後私がこの本でAIと書くときは、狭いAIのことを指す。

さて、今日の私たちは、1日に何度もAIと接する暮らしを送っている。ここまでは長い道のりだった。というのも、AIの進歩は過去数十年の間に何度か、開発にあまりにも時間がかかっていることに対する失望感から予算が削られ、スローダウンを余儀なくされたからだ。そのような枯渇した時期のことを「AIの冬」とよぶ。新しい技術や手法が開発されAIに対する情熱が再燃するとAIの冬は終わる。そしてまた同じことの繰り返しだ。今やAIは多くの分野で本領を発揮し始め、その重要性は知れ渡っているから、AIの冬はもう二度と来ないだろうと言われている。この爆発的な進歩を受けてIBMのCEOジニー・ロメッティ氏は、2021年までに「コグニティブAIがあらゆる意志決定に関与し始める」と予測している。

では、AIはどういうしくみで動くのだろうか？　AIを作るには大雑把に言って3通りのやり方がある。たとえば、農家にいつ種を植えるべきか知らせるAIを作りたいとしよう。1

訳注：マクガイバーはアメリカのTVドラマ「冒険野郎マクガイバー」の主人公で、様々なトラブルに巻き込まれては創意工夫をこらして解決する

つ目のアプローチは、古典（クラシック）ＡＩだ。古典ＡＩという名がついたのは、ＡＩ研究の最初期に、このアプローチこそが最良だとコンピュータ科学者らが考えていたからだ。古典ＡＩは様々なファクター（土壌のタイプ、穀物の種類、雨量等）に適切な重みを付けたモデルを作成し、それに基づいた提案をしてくれる。

２つ目は、エキスパートシステムだ。エキスパートシステムでは、優れた農家１００人に、彼らが知る植え付けに関する全てのルールを書き出してもらい、それを利用する。このルールを組み合わせてシステムを作り、ユーザが必要な変数を入力すると、システムがそのルールに基づいた提案をする。

３つ目のアプローチは、機械学習だ。機械学習は、人がいつ種を植えたか、そして収穫高はどれだけだったかというデータを全て集めてコンピュータに与え、収穫高を最大にできるルールをコンピュータ自身に作らせるという、いわば逆向きのプロセスだ。機械学習の難しい点は、コンピュータが出す結果は正しいのかもしれないが、ヒトにはその意味が理解できない場合があるということだ。例えば、機械学習したＡＩに「トウモロコシの種は、3月12日に植えてください」とアドバイスされたあなたが「なぜ？」と思ったとしても、様々なファクターによって決まったその理由を知ることはできないだろう。

近年のＡＩ研究の進歩は、この機械学習という分野が発展したことによる。大規模なデータセット、いわゆる「ビッグデータ」と強力なコンピュータと賢いアルゴリズムとが組み合わさり、ＡＩ分野にまた新たな活気が生まれ、最近ではいくつか成功が見られている。

ＡＩが進歩するスピードは今後ますます加速するだろう。チップの設計者は、ムーアの法則を超えるスピードで製品の性能を向上させようとしている。量子コンピュータはもはやＳＦだけの話ではなくなってきているし、ムーアの法則を更に加速させるポテンシャルを秘めている。Googleのハートムット・ニーブン氏は、10年以内に量子コンピュータがＡＩ分野の全てを担うようになり、現在のコンピュータはビデオカセットのように時代遅れなものになると予測している。向上した処理能力と、日々生成され続けるＡＩのトレーニングに利用可能な２５０億ギガバイトのデータがあれば、想像を絶する速さで進歩する準備はできている。

ここで紹介した3つのアプローチ以外にも様々な変化系はあるものの、結局はモデルを作るか、エキスパートに聞くか、データから学ぶかのどれかだ。解くべき課題に応じて最適なアプローチが決まるため、どれか1つがＡＩを作る「正しい」やり方だというわけではない。ただ、この3つの手法はどれもＡＩを作る正当なやり方だが、ＡＧＩは全く別物なので、ＡＧＩを作るには全く異なるアプローチが必要かもしれない。つまり、プログラムされていない課題も解けなければならないＡＧＩの設計は、狭く限定された範囲の課題さえ解ければよいＡＩの設計とは根本的に違うものになるかもしれない。誰も確たる証拠を持っているわけではないし、専門家の間でも意見が分かれるところだ。

ＡＩに最もふさわしい筐体《きょうたい》は、物理世界と関わりやすい形、すなわちロボットということになるだろう。実際、ＡＩという技術は、体を与えられ、外界とのやりとりを通して学べるようにならない限り、ある段階以上に進歩できないと考える人もいる。よりよいロボットを作る能力のほうは、新たな合金、高性能のバッテリー、高性能のセンサー、より効率の良い移動様式が開発されるのに伴い、若干もどかしいペースではあるが着々と進歩し続けている。しかし、ロボティクスの分野がまた熱い注目を浴び始めたのは実はこうした進歩そのもののおかげではなく、今作られつつある超高性能のＡＩとロボットを組み合わせれば、何かすごいことが起きるのではないかという期待からだ。ついに、私たちの住む物理世界と相互作用できるＡＩロボットが実現できるのではないか。これが私たちの次の目標である。

7　ロボット

太古から続くロボットへの憧れ

私がハンマー使いのジョン・ヘンリーの話を初めて知ったのは、10歳のときに参加したサマーキャンプでのことだ。その頃でさえ、信じがたい話だと私は思っていた。なんでジョン・ヘンリーは蒸気ドリルを使う仕事をしなかったのだろう？　彼はその仕事に適任だったはずで、仕事はより楽になり、給料も上がったに違いない。機械を動かす立場に就けたはずなのに、なぜジョン・ヘンリーは従来の仕事を守るためエネルギーと情熱を費やしたのか？　しかも、ジョン・ヘンリーの死がなんとなく崇高なものとして描かれていることも、子どもながらに馬鹿げていると思っていた。彼は人間の筋力が機械の力を必ず上回るという、証明できるわけがないことを証明しようとして命を無駄にしたのだ。さらに不可解なのは、ジョン・ヘンリー自身、彼が手にしたまま死んだと伝えられるハンマーのような道具を使っていたという点だ。彼は大釘を拳で打ち込むと言い張ったりはしなかった。なのになぜ蒸気で動くハンマーにだけそこまで抵抗したのだろう？

本当にひどい話だ。しかも最悪なことに、どうやらこの伝説が実話に基づいていることを示す証拠まであるらしいのだ。

例えば、レンガの保管倉庫でフォークリフトを導入したら、それまでレンガを背負って運んでいた従業員がフォークリフトを使うことを拒否し、自分と機械とどちらがより多くのレンガを運べるかをかけて戦いを挑む、なんてこと、想像できるだろうか？　あるいは、計算機を使うくらいなら計算尺を手に持ったまま死んでやると言い出す数学者とか？

とはいえ、ジョン・ヘンリーの話は、人間と労働を支援する装置との間にある長く複雑な歴史を端的に表しているという点で、価値がある。

ロボットに仕事をしてもらいたいという欲求は新しいものでは全くなく、古代の文学を少し読めばそうした例は山のように出てくる。アリストテレスは著書『政治学』の中で、ダイダロスが作った、縛り付けておかなければ逃げ去って無くなってしまう動く彫像について書いている。また、オリンポス山を自力で登り下りしたとホメーロスが伝えたヘーパイストスの三脚にも言及している。ところで、このヘーパイストスが、プロメテウスの肝臓を毎日執拗につつき回した、機械仕掛けの青銅製のワシを作った張本人だという説もある。アリストテレスは同じ著書の中で、自分達の代わりに仕事をしてくれる装置を発明できれば、奴隷はなくなるとも述べている。現代における疑問は、技術によって労働者が不要になるのだろうか、ということだ。

人造人間は世界中の神話の中に数多く登場する。例えばクレタ島を守る青銅のタロースのように、猛々しい戦士の形をとっていたりする。神話の中に描かれる彼らは、機械的なメカニズムではなく魔術で動き、その作り物の体は意志を持ち、特定のミッションを与えられていた。

科学の時代に突入すると、大衆文化に登場するロボットは魔法ではなく、もっと現代的な方法で駆動するようになった。メアリー・シェリーの1818年の小説『フランケンシュタイン』に出てくるロボットは金属製ではなく、人体のパーツから出来ていて、科学の力で命を吹き込まれる。

さらに現代に近づくにつれ、物事はどんどんと面白くなっていった。1859年にダーウィンの『種の起源』が出版されると、本は海を渡りニュージーランドまで届けられた。それを手に入れた牧羊家で作家のサミュエル・バトラーは、ろうそくの明かりの下でむさぼるように読んだという。彼は、ダーウィンの原理を機械に応用すれば、機械も意識を持つように進化し、地球上で人類にとって代わる存在になるはずだと考えた。1863年にクライストチャーチのザ・プレス紙に「機械に囲まれたダーウィン」というタイトルで掲載された彼の投書を見ると、バトラーはこの可能性についてずいぶんと興奮していたらしい。

こんな問いについて考えてみよう。人類の次に地球上の覇権を握る存在はどんなものだろうか？……どうやら、私たち自身が後継者を作っているらしい……。やがて、私たちはより劣った種となるであろう。力も劣り、自制する道徳心も劣る私たちは、望みうる最良かつ最も賢い存在を仰ぎ見ることになる。この崇高な存在は邪悪な欲や嫉妬心、強欲さや不純な欲望に惑わされることもない。

本当にこんな結末を望んでいたのか、バトラーに聞いてみたいものだ。アブラハム・リンカーンの「悪徳を持たない者は美徳をほとんど持っていない」という言葉を教えてやりたいと思う者もいるだろう。強欲さや不純な欲望を持たない機械は、高潔さや慈悲心だって持たないのではないか。

1872年にバトラーは『エレホン』という小説を出版し、その中で彼の考えをさらに発展させた。小説の結論はこうだ。機械に覇権を握られたくなければ、とれる手段はただ1つ、全ての機械を小さなガジェットに至るまで、違法化すること。

20世紀にはいると、ロボットは完全に科学の産物となった。ロボットという名前はスラブ語の「奴隷」という言葉に由来する。チェコの作家カレル・チャペックによる造語で、1920年に彼が発表した戯曲『R.U.R（ロボット）』に初めて登場した。劇中、ロボットの発明者であるハリー・ドミンは、1世紀後に現代の技術楽観主義者（テクノ・オプティミスト）がするのとまったく同じ予測をしてみせる。

十年のうちには、ロッサムの万能ロボットはトウモロコシでござれ服地でござれ、ありとあらゆるものを大量に生産しているでしょうから、モノの値段というのは、事実上なくなってしまうでしょう。もはや貧困はない。一切の仕事は生きた機械が行う。誰もみな心配事から解放され、労働という不名誉から解放されるはずです。だれもがみな、自分自身を完成させせんがために生きるようになるでしょう。

この作品の中のロボットはバイオメカニクスに基づき製造されており、人間がやりたがらない単調な仕事を何でもこなせるように設計されている。ロボットたちはそうした仕事をやらされることで心が折れたりしない。魂も、感情も、情熱も一切持たないからだ。やがて人間は全く働かなくなり、ロボットがすべてを担うようになり、最終的にロボットは人間を滅ぼすことを決めて反乱を起こす。

近代のロボットは総じて、人を助ける役か、滑稽な引き立て役として描かれていた。「ブレードランナー」のレプリカントから、だれもが愛する「スターウォーズ」のプロトコル・ドロイドＣ‐３ＰＯまで、ロボットは間違いなくフィクション作品の主要な登場人物であり、数えきれないほどの役柄をこなしている。「宇宙家族ジェットソン」の家にもメイドロボットのロジーがいたことを覚えている人もいるかもしれない。実はこの番組は１９６２年に制作され、２０６２年を舞台としていた。つまり、私たちは今や、番組が実際に作られたときよりも、劇中の舞台であった年のほうに近い時代を生きているというわけだ。しかし、まだロジーが誕生する気配はない。とはいえ、今あるロボットはある意味ロジーよりもすごい存在でもある。私たちは、パソコンのＣＰＵなどの、ヒトには決してできないことをやってくれる多くのものに頼って生きている。それらがやってくれる仕事は人間の能力の限界をはるかに超えているので、ロボットがやらなければ誰にもできないことだ。

私たちは長い間、３つのＤがつく仕事をやってくれるロボットの実現を夢見てきた。すなわち、汚い（Dirty）、危険で（Dangerous）、退屈な（Dull）仕事だ。あと4つDを足してもいいかもしれない。嫌われている（Disliked）、屈辱的な（Demeaning）、きつい（Draining）、嫌でたまらない（Detestable）仕事。こうした仕事は全てロボットにやってほしい。ロボットなら何とも思わずにやってくれるからだ。

あらゆる仕事をロボットにやらせたいと望む人すらいる。そのような未来では、工場は自律的に稼働し、生命維持に必須な全ての物は人間の労働を介さずにまかなわれる。そこでは技術によって山のような富が築かれるため、「生活のために働く」などという概念自体が存在しない。遠い昔からの労働と生存の腐れ縁がついに断ち切れるのだ。

また、私たちの日常生活を手助けしてくれるヘルパーロボットを望む声もたくさんある。トヨタは、長寿命化・低出生率から予測される介護者不足を補うために10億ドルを投入して高齢者の介護をするロボットを開発しようとしている。ソニーは人間と感情的につながることができるロボットを作ろうとしている。こうしたデバイスは確かに、人が自律的に生きることを助け、人としての尊厳を高めることができるに違いない。また、災害に見舞われた地域へ派遣できる災害救援ロボットの実現を望む人たちもいる。

ロボットへの恐怖

では、ロボットに対して私たちが抱いている恐怖にはどういったものがあるだろう？　いくつかあるが、最初の、そして最大の恐怖は、ロボットが私たちと労働市場をとりあい、しかも私たちが負けるというものだ。これまでのところ、ロボットは私たち人間に経済的利益しかもたらしていない。ロボットのおかげで私たちは、より複雑で価値のある仕事をできるようになった。しかしこの流れの最後に待ち受けるのはどんな結末だろう？　ロボットが多くの、いや、ほとんどの仕事を人間よりもうまくこなせるようになったら何が起こるのだろう？

製造業の基本的な性質、すなわち時が経つにつれ価格は下落し品質は向上するという傾向も、この恐怖に拍車を掛ける。つまりロボットもより安くより高品質になっていくわけだ。それも永遠に。ということは、やがてロボットの労働力が人間の労働力を価格の面でも質の面でも上回る日がくるに決まっている、と私たちは恐れているのだ。スキルがあまりない人間は労働市場から永遠に閉め出されてしまうのだろうか？　ファストフードを作れるロボットが1万ドルで買えるときに、15ドルの時給を払って人間を雇おうとするだろうか？　15ドルが無理なら、時給10ドルならどうだ？　それとも、もっと安い時給ならどうだ？　こういった置き換えが大規模に進めば、経済力は労働者ではなく、ロボットを所有する者に集中するようになるだろう。

もう1つのよくある懸念は、映画「ウォーリー（WALL-E）」的な未来がくる可能性だ。ウォーリーの世界では、人間は働く必要がなくなり、全く動かない生活をずっと送っている。しかも、機械が自律的に働いて全てのことをやってくれてしまうため、人間は脳すらも退化してしまっている。

それから、ロボットに対する愛着が強くなるあまり、人と人以上に強い絆が人とロボットの間に生じるのではないか、という懸念もある。あなたの祖母のそばに、よく気が利くロボットのヘルパーがついていてくれるなら、あなたが祖母をどうしても訪ねなければいけないということはなくなる。ロボットの連れ合いは実際、配偶者の代替としてふさわしいように思えるし、ロボットの友人は人間の友人よりも信頼できそうな気がする。こういった未来やロボットとの関わり方を望む人々は少なからずいるので、これは全ての人に当てはまる恐怖というわけでもない。

そしてもちろん、究極の恐怖はロボットの反乱だ。冗談半分に語られることも多いが、人間のひどい仕打ち、あるいは技術的エラー、はたまた予期せぬ創発的な行動をきっかけにロボットが人類に敵対し始めるというポピュラーなシナリオはいくつかある。そして、世界中の軍隊がより優れた殺人ロボットの開発に日夜明け暮れていることは、紛れもない事実だ。

8　技術的な課題

AIはできないことだらけ

狭いAIとロボットを組み合わせると、それぞれを足した以上の存在になる。知性を持つようにみえて、自律的に動くこともできる存在が生まれるのだ。期待と恐怖はここに由来している。ロボット研究者は狭いAIを搭載したロボットを次から次へと開発していて、一般人がそれらを最初に見るときは、だいたいが何のために作られたのかよくわからない。新しい技術なので、その限界も、ひいてはその存在意義も理解できないのだ。こういった装置が最終的に何をできるようになるのかもよくわからない。

この技術に関する期待、恐怖、そして疑問の多くは、それが将来どうなっていくのか、という点に端を発している。なぜなら、AIもロボット工学も大幅な進歩を遂げてはいるがまだまだ欠陥だらけで、日々こうした技術に接している者にはそれが火を見るよりも明らかだからだ。少し例を挙げよう。

AIロボットにとっての最初の問題は、視覚だ。どんなに高性能のカメラをロボットに搭載しようと、それはただ私たちにデータを提供してくれるだけだ。ロボット自身がそのデータを理解できなければならない。あなたがキッチンのパントリーを見渡せば、たくさんの物が眼に入るだろう。しかしロボットはただ個々の画素、つまり絶えず変化する数百万にも及ぶ光と色の点を見ているだけだ。ロボットは、「箱」とは何かとか、「棚」とは何かとか、それどころか「端」がどういうものかだって分からないのだ。ロボットが見ているのは何の分類もされていない点の集まりだ。その状態からどうやれば理解できるようになるのだろうか？　無数の点を見ている状態から「あ、これがポークビーンズの缶詰だ」と理解できるようになるにはどうすればいいのだろう？　かなりの難題だ。パントリーの中を見渡しているあなたの脳の中では、極めて複雑なことが起きている。あなたの脳の中で起こっているこの地味な奇跡を説明するには、多角形や錯体や層に関する専門用語をずらずらと並べなければならないだろう。例えば、あなたが家を見て家だと理解できる能力、空を飛ぶ鳩を見つける能力、双子を見分ける能力、ほかにも山のようにある同じようなタスクを難なくやってのける能力は、世界中のＡＩプログラマーの羨望の的だ。私の知り合いに何人かそうした人がいるが、彼らはできることならあなたの脳を解剖して答えを知りたいとさえ思っているふしがあるから、彼らにカクテルを勧められても決して飲まないように！

それはさておき、ひとまず、こうした問題を解決できたとしよう。ロボットはパントリーの中に置いてある個々の物を認識できるようになった、と。ちなみに、今のロボットにはまだそんなことができる兆しすらない。だがひとまずここでは、できると仮定しよう。それでも、ロボットは自分が「見ている」ものについて何も理解できない。ＡＩは文脈に当てはめて理解することができないからだ。あなたが車を運転していて、道路の真ん中にいる子犬と、その子犬に向かって歩いてくる幼児と、その後を必死の形相で追いかけてくる成人女性をみたら、その3つを組み合わせて考えることはごく自然なことだろう。ところがコンピュータにとっては、その全てはめまぐるしく色が変化する無数の画素に過ぎない。本当に、膨大な量の1と0の集まりにすぎないのだ。

また、人は写真に何が写っているか、簡単に判別できる。これはコンガダンス（訳注1）の写真。これはサプライズパーティーのために隠れている人たちの写真。これは親が撮ったプロム（訳注2）の写真。ピアノリサイタルの写真、学校の劇の写真、洗礼式の写真。どれも私たちにとっては簡単だ。なぜなら、私たちは文化的背景に照らしてその写真の文脈を理解できるからだ。そして、理論的には、コンピュータも同じ事ができるようにトレーニングすることは可能だ。コンピュータにコンガダンスの写真をたくさん見せれば、やがてそのコンピュータはコンガダンスを検出することにかけてはずば抜けた能力を発揮するようになるだろう。その点に関しては、人間だってかなわない。これは、日常生活が静止画だけでできているなら素晴らしい話だ。

しかし残念なことに、日常生活は動的だ。文脈は連続する静止画の間に見られる差分に由来し、その組み合わせは数え切れない。こういう類いの情報に関するトレーニングセットはほとんどないのが現状だ。あなたがある日、隣に住んでいる若い夫婦が、妻は臨月のお腹をかばい、夫は不安げな表情で1泊分の荷物を入れたとみられるバッグを持ち、慌てて車に乗り込むところを見掛けたとしたら、あなたは何が起こっているかすぐ理解できるだろう。ところがこれがコンピュータには難しい。さらに難しい状況を考えてみよう。例えばあなたは彼らが車に乗り込み走り出すところは見ておらず、2日たった後だとする。彼らの家の前庭に2日分の新聞が残されていて（訳注3）、彼らの車が見当たらなかったら、きっとあなたはそれを見ただけで何が起こったか見当がつくだろう。そして大して深く考えることなく、家族に「お隣さんに赤ちゃんが生まれたみたいだね」と言うだろう。あるいはまた、近所にもうじき16歳になる少年が住んでいたとして、突如「お宅のお庭の芝刈りをしましょうか?」と近所中のドアを叩いて回り始めたら、おそらくあなたは、彼が車を買おうとしているなと思うだろう（訳注4）。しかし、コンピュータをこうした直感的飛躍ができるようにトレーニングすることは極めて難しい。

だがここではひとまず、コンガダンスや妊婦や16歳の少年の文脈の手がかりを見つけて理解できるまでにＡＩをトレーニングできるようになったと仮定しよう。今の私たちにはこのようなことをできる兆しすらないが、とりあえず可能になったと想像するのだ。それでも、さして状況は良くならない。というのも、そのＡＩにはそれしかできないからだ。私たちはどうやればＡＩに転移学習をさせられるか、まだ知らない。転移学習とは、例えばこういうことだ。私があなたに何かの、例えば高さ30cmくらいのハヤブサの石像を見せたあと、1ダースの写真を

訳注1：アフリカ発祥の、縦一列につながって進んでいくダンス
訳注2：高校最後の年に開かれるフォーマルなダンスパーティー
訳注3：アメリカでは新聞は配達員が家の前庭に放り投げていく
訳注4：アメリカでは車の免許は16歳からとれる

見せてその中からハヤブサの石像を見つけるようにと言われたら、あなたは難なく見つけられるだろう。たとえ写真の中のハヤブサの石像が半分木の影に隠れていたり、水の中に沈んでいたり、逆さまだったり、横倒しになっていたり、頭にピーナッツバターを塗りたくられたりしていても。おそらくあなたはピーナッツバターが頭に塗りたくられたハヤブサの石像など見たこともないだろうが、それでもきっと見分けられるだろう。なぜなら、人間は物心ついて以来の、物が別の物に遮られていたり、水の中にあったり、ピーナッツバターのようなものに覆われていたりするのを見た経験を、新たなタスクに応用できるからだ。これが転移学習だ。ただ、私たちがどうやってそれをやっているのか、私たち自身もわかっていない。ましてやコンピュータにそのやり方を教えることなどとても無理だ。

そうはいうものの、ここはひとつ、この問題も解決できたとしよう。もちろんまだ解決できていないし、近い将来できるとも思えない。だが、できたと仮定して、ある場面で学んだことを他の場面に応用できるAIを実現できたとしよう。それでもなお、大きな進歩を遂げたとは言いがたい。というのも、まだこのAIはアドリブができないからだ。私たち人間は、持っているスキルには関係なく、どんな機械よりも断然優れたアドリブ力を持っている。例えばあなたがドアを開けようとしたときドアノブがぽろっと取れてしまったとしても、あなたはその場で凍りつき、自分の知る宇宙ではドアノブは回るだけで取れたりしないはずなのにどうしたことだ、こんなことは計画には含まれていない、と途方に暮れたりはしないだろう。ドアを開ける手段を探すはずだ。もし鍵を持たずに家を出て閉め出されてしまったら、どうやって家に入ろうかと考えるだろう。もし突風が吹きあなたが差している傘が飛ばされてしまったら、あなたは誰にも教わらずとも、傘を追いかけるだろう。つまり、たとえコンピュータが見ることができて、自分が何を見ているのか理解することができて、そこから文脈を見つけ、他の場面にそれを応用することができたとしても、まだそれには創造性がないのだ。私たちは、この仮想のＡＩのように世界を受動的に知覚しているわけではない。私たちは転移学習を超えたやり方で世界と相互作用している。

しかも、残った4つの感覚のことも考慮しなければならない。例えば聴覚について考えよう。私たちはこんなに進んだ時代を生きているにもかかわらず、私が航空会社に電話を掛けて自動音声システムにフリークエントフライヤー番号を告げると、だいたい2回に1回は聞き取ってもらえない。どうやら、発声を認識するというのはかなりの難題らしい。ほとんどの言語において人が発しうる文字や番号は数十個しかないのに、だ。訛りや声の違いによって、例えばあなたの「H」の発音と私の「8（eight）」はコンピュータが聞くとかなり似たものになるようだ。電話回線に少しノイズが混じったり、下の階で掃除機を掛けている音がしたり、あるいは本人が風邪を引いているというだけで、事態は格段に難しくなる。ここでも問題なのはデータ自体ではなく、データの処理だ。掃除機の音を聞き分けて取り除くという課題は、実に難しい。人間は特定の音を聞かないように遮断する巧みな技を持っているが、どうやっているのかは私たち自身にもわからないし、ましてやＡＩにそうさせる方法など見当もつかない。

ＡＩは１つのことに特化する

とはいえ、これほどできないことだらけであっても、今ある原始的なＡＩはすでに私たちの生活を多種多様な方面で便利にしてくれている。渋滞を回避する道を教えてくれるし、スパムメールを排除してくれるし、天気を予想したり、買うべき物をお薦めしてくれたり、クレジットカード詐欺に気づいてくれたりする。スマートカメラは顔認証にＡＩを使っているし、スポーツチームはＡＩを使ってよりよい戦略を立てようとするし、人事部はＡＩを使って最適な候補者を探す。ＡＩは手書きの字も読めるし、音声から文字起こしもできるし、それらを別の言語に翻訳することもできる。これら全ては、純粋に数式に基づいて解決することができる物事だ。たくさんのデータがあるところ、それが何の層別化もされていない混沌とした生データであっても、ＡＩはその素晴らしい能力を発揮する。例えば、ＡＩは近々、あらゆる人工衛星のデータを使って、古代都市の場所を特定し考古学者に発掘すべき場所を教えたり、野生生物の個体数の推移を追跡したり、農作物の成長具合を監視してくれたりするようになるだろう。そして交通量の全データをもとに最適な道路を設計し、信号をより効率よくコントロールし、交通事故を減らすことを可能にするだろう。こうした例は枚挙にいとまがない。雑誌Wiredの創刊編集長であるケヴィン・ケリーはこれを端的にこうまとめてツイートした。「次に出てくる１万のスタートアップがどんなものになるか予測するのは簡単だ。どの分野でも、とにかくＡＩを足すだけだ」。

では、なぜAIは、すでにこんなにたくさんのことをやってくれているにもかかわらず、ここで並べたような限界を抱えているのだろうか？　それは私たちが、1度に1つのことをするようにAIを教育することが得意だからだ。チェスができるAIや、スパムメールをはじくAIがほしければ、そのことだけを教え込む。一般化したり文脈を見つけ出したり創造力を発揮したりすることは求めない。学習させるのはある1つのことだけだ。そして、今の私たちはそれを大分うまくやれている。そして、だからそれは狭いAIとよばれている。

第一部の2で、私たちは経済学における数少ない「フリーランチ」の1つ、分業の素晴らしさについて論じた。分業が、文明と繁栄をもたらしたのだ。だがそれは皮肉な結果をもたらした。人が皆、自身のスキルをそぎ落としていき1つの事に特化するようになれば、全体の富が増えるということを分業化は示してしまったのだ。それは製造業だけでなく、あらゆる場面に当てはまる。例えばあなたが弁護士だったとする。あなたはゼネラリストの弁護士だ。それでも稼ぎはいい。だが、もっと稼ぎたいと思ったら、どうすればよいだろうか？　スペシャリストになればよい。例えば、著作権を専門にするとかだ。そこから更に狭い範囲に特化することだって可能だ。しかし同時に、実はあなたはあなた自身の地位を破滅に追いやる種をまいてしまっている。皮肉なことにあなたがスペシャリストになればなるほど、機械に置き換えられやすくなってしまう。あなたが小さな分野で熟練度をあげればあげるほど、その知識の具体例をもとにコンピュータプログラムを作ることはより容易になる。狩猟採集民をコンピュータで置き換えるより、放射線技師を置き換えるほうが簡単だ。なぜなら、放射線技師はある狭い範囲のことしかしないからだ。
アメリカのクイズ番組「ジェパディ！」でＩＢＭのワトソンに敗れたことで有名なケン・ジェニングスは、その一連の出来事の最中、ＩＢＭの人間が折れ線グラフを描いていたことを明かしている。「ケン・ジェニングス」とラベルされたグラフの右上の点めがけてワトソンが性能を向上させていくグラフだ。ワトソンは週を追うごとにその点に近づいてきた。ＴＥＤＴａｌｋでジェニングスは、そのとき彼がどう感じていたかこう述べている。

コンピュータのレベルを示す線は確実に私に近づいていました。そして私はそのとき、未来に追われるというのがどういう感じかわかったのです。ターミネーターの照準器などではなく、一本の細い線が、私の能力に、私が最も得意で、私を特別な存在にしてくれていた唯一の能力に、迫ってくるのです。

「ジェパディ！」でクイズに答えることは１つの限られた分野だ。１つが言い過ぎなら、いくつかの。とにかく、今日のＡＩがそれをマスターできたのは、そういう理由だ。
さて、ここまで私たちは、ＡＩロボットの認知に関する技術的課題について論じてきた。ここからは、同じくらい手強い、物理的な課題について考えよう。この世界はＡＩロボットにとってかなり過酷な場所だ。工場のような制御された空間で反復動作をしているのなら話は別で、制御空間の中ではロボットは優れた性能を発揮できる。切手サイズのチップに10億個のトランジスタを半田付けできる人間はいないが、ロボットならできる。私たちが毎日使っている様々なものを作るロボットがいなかったら、私たちは１９５０年代の技術で、１９５０年代の経済力で、１９５０年代の生活水準を保つのがやっとだろう。そういうわけだから、もしあなたが現代の繁栄と利便性をエンジョイしているのなら、次に目にするロボットに心の中でお礼を言ってほしい。

しかし、これほど技術が進んだ今でも、人類はまだ3歳児レベルの身体能力を持つロボットすら作れない。ましてや超人レベルなんてとても無理だ。近年の進歩にもかかわらず、工場から一歩外に出るとロボットはまだ珍しい存在で、移動したり物事を感知したり環境を変えたりといった、山のような問題に直面する。ロボット研究家のエリコ・グイゾ氏は最先端技術の現状についてこうまとめている。

多くの人々が数十年にわたりヒューマノイドロボットの実現に向けて努力してきた。だがロボットの手足を駆動させるために必要な電気モーターは大きすぎて、重すぎて、遅すぎる。今日の最先端のヒューマノイドロボットはまだやたらとかさばる金属の塊に過ぎず、人間の近くで動かすのは危険だ。

ロボットにとっての最初の課題は、自分が今どこにいるのかを把握することだ。これはセンサーの問題であると同時に、ＡＩの問題でもある。ロボット工学者はまだそれを実現するための最適な方法を考案できていない。ロボットが置かれる状況によっても話は違ってくる。よくやられる方法は、ロボットに今いる場所の地図を作らせて、その地図上で自分がどこにいるのかを追跡させるというものだ。私たちにはこんなことは朝飯前だ。だが、この問題をロボットの視点で考えてみよう。椅子とオットマンが置いてある部屋にロボットを連れてきたとする。ロボットは椅子とオットマンを「見る」ことができるが、それらは動かせるものだから、自分の居場所を把握するときのアンカーとして使うことは出来ない。1分前に比べて自身が椅子に近づいたことを検知できたとしても、ロボットには椅子が自分に向かって動いてきたのか、自分が動かされたのか、それともその両方が起こったのかを判別できないのだ。そのような感じで、ロボットは常に地図を書き換え続けなければならない。地図を描きつつ、自分がその地図のどこにいるかを知る技術はSLAM（simultaneous localization and mapping：自己位置推定と環境地図作成の同時実行）とよばれる。長い目で見ればこれは克服できる課題なのだが、ロボット工学者の仕事を更に難しくしている要因の一つであることは確実だ。

そしてもちろん、そのロボットを駆動させる電力をどこから工面するか、という問題もある。特に、動くロボットに搭載できるサイズのバッテリーでまかなおうとすると、私たちは実現からはかなり遠いところにいる。1つ例を挙げよう。2016年に、ロシアの企業が開発した新進気鋭のAIを搭載したロボット「プロモボット」が、研究施設を脱走した。プロモボットは約50m逃げたところでバッテリーが尽き、道路の真ん中で立ち往生して30分ほど渋滞を引き起こした。ロボットの反乱はこうして終わった。

デジタルな学習の難しさ

さて、もう1つロボットが直面する大問題は、物との相互作用だ。ロボットは人よりも物理的に力は強いし、より厳しい環境で動作することができるかもしれないが、多種多様なタスクをこなすという意味では私たちのほうが大分上手だ。人は約200の骨が600を越える筋肉に覆われた構造をしている。眼を動かすという単純な動作にさえ、6つの筋肉を使っている。機械で同じようなフレキシビリティを達成しようとするとかなり難しい。ロボット工学者がどれほど難しい問題に取り組んでいるのかを垣間見たければ、2012年から2015年まで開催されたDARPA（アメリカ国防高等研究計画局）ロボティクス・チャレンジの様子を見てみればよい。その最終決戦は2015年に行われた。ポピュラーサイエンス誌の記者エリック・ソフジ氏はこの大会をこう評した。「近年まれに見る、潤沢な資金をもとに開催された世界最大の国際ロボット大会は失敗だった」

この大会は、ロボットがコースを1周しながら車を運転したり、がれきを乗り越えたり、ドアノブを回してドアを開けたり、バルブを探してそれを閉じたりといったタスクをこなせるかどうかで競われた。ただし、AIロボットだけで全てをやり遂げる必要はなかった。大会の目的は、ロボットが人の助けなしにこうした動作をできるかどうかではなく、ロボットがこうした動作をすること自体が可能なのかを知ることだったのだ。しかも挑戦者らは、ロボットに課されるタスクを事前に知らされていた。こうしたアドバンテージがあったにもかかわらず、上陸休暇中の酔っ払った船員ですらこなせそうなこのコースを完走できたのは、出場した24チームのロボットのうちわずかだった。この例1つとっても、機械仕掛けの人間をつくることがどれほど難しいかわかるだろう。ましてや機械仕掛けの超人など、言うまでも無い。

人間からすれば、DARPAチャレンジには何も難しいところは見当たらない。ドアノブを回してドアを開けること以上に簡単なことがこの世にあるだろうか？ 実のところ、たくさんあったというわけだ。ロボットはドアノブを見つけ、自身の手をそこまで誘導し、ドアノブを握らなければならない。握る力は強すぎても弱すぎてもだめだ。ドアノブに生じる摩擦力も把握しなければいけない。そして、次にそれを回さないといけない。人は、自分の手の中でドアノブがちゃんと回っているか、それとも手が滑っているだけかを簡単に知ることができる。しかしそれはロボットにとってはかなりの難題だ。人はドアノブを回すのをいつ止めれば良いかすぐわかる。ドアノブに伝わってくる抵抗を感じることができるからだ。ロボットときたら、ドアノブを破壊してしまう前に、あるところまできたら回すのを止めるよう学習させなければならない。さて、ここまで達成できたら、次にロボットは正しい位置までドアノブを回転させて止めたまま、ドアを押さなければならない。どれくらいの強さで？ これまた事前に知ることはとんでもなく難しい。ドアの重さはどれくらいだ？ ドアに何かがつっかえていたりしないか？

しかも結果としてこのドアが押すのではなく引いて開けるドアだったりしたら、ここまでの努力は水の泡だ。ロボットは、やり方を教えない限り物事を直感的に理解することはできない。大地震の後のがれきをかき分け、生存者を探すことをロボットに学習させようとしたら、一体どれだけのことを教え込まなければならないのだろうか？

触覚も、ロボットにとっては大きな課題だ。人の手が、子犬の頭をなでるのにも飲み屋のケンカにも使えるというのは汎用性の証でもあり、再現性が困難な証でもある。もしあなたが見事なロボットの指を作り上げることに成功したとしても、ロボット本体がその指先で起こっていることを知覚できなければいけない。赤ちゃんを着替えさせたり、子猫を抱っこしたり、何かにおびえている子どもを安心させようとしたりしている場面を考えてみてほしい。あなたはそれぞれの場面で、触れる強さや手を動かす速さなどのニュアンスを「無意識のうちに」変えていることだろう。しかしロボットには、無意識のうちにできることなど1つもない。あらゆる動作を枝葉末節に至るまで分割しなければいけない。こうした動作は、どうやればプログラムできるのだろうか？　1と0に還元することはもちろん可能だが、メモリ内の抽象記号しか扱えない装置にとってはいずれにせよ、明らかに難しい課題だ。

この種の知覚問題をさらにややこしくしているのが、私たちはまだロボットに学習させるトレーニングデータを持っていないということだ。Amazonは「これを買った人はこれも買った」という巨大なデータベースを持っていて、それを推薦エンジンに学習させている。しかし私たちは、100万人の大人が100万人の赤ちゃんを抱っこしたときの触覚データなど持っていない。もちろん、データを集めることは可能だ。特撮映画を作るときに使うようなモーションキャプチャースーツを使って。まずは、スーツの手と指のセンサーをアップグレードし、1000人ほどの親に協力してもらって、1年間それを着ながら子育てしてもらうところから始めるのがよいだろう。ただ、誰もまだそんなことはやっていない。

ロボットが現実世界と相互作用することの困難さは、カリフォルニア大学バークレー校のピーター・アビール教授による、ロボットに洗濯物を畳ませるという試みによって余すところなく明らかとなった。

最初の課題は、知覚することだ。あなたは洗濯物の山を見たとき、どこまでがシャツでどこからがズボンかどうやって判断しているのだろうか？　しかも洗濯物の山は一回一回見た目が全く違う。まさにごちゃまぜのカオスだ。ましてや、ベッド用のフィットシーツをたたむなんて、多くの数学者が理論上不可能だと言っているくらいだから、無謀の一言だ。人間は色、陰影、テクスチャを手掛かりにできるが、私たちが無意識にやっているこれらのことがロボットにはとてつもなく難しい。問題は他にもある。知らない間に飼っている子犬が洗濯カゴの中に潜り込んで昼寝をしていたら？　ロボットにとっては、洗濯カゴに入っているものはすべて畳むべき対象だ。

とはいえ、こんなことではくじけなかったアビールのグループは、もう少し簡単な課題に何年も取り組み、ついにロボットに20分かけてタオルを1枚畳ませることに成功した。この成功を足掛かりに、彼らはタオルを1枚畳むのに要する時間を2分まで短縮できた。しかし、所詮はタオルだ。90度の角があり、最も畳むのが簡単な部類に入るものだろう。これができても、裏返しになった靴下を表に返すことはできない。アビールはこう結論付けた。「ロボット工学の研究を始めると、人間の子どもが10歳までにできるようになるような事柄が、最もロボットにとって難しいことだと痛感する」。

最後に、ＡＩロボットの精神的、身体的能力について考えるならばもう１つ考慮しなければならないことがある。ここまでの課題についての解決法をなんとか見つけたとしても、壊れた時はどうしよう？ パソコンはもはや黎明期にある技術ではないが、それでも私はだいたい週に1回くらいのペースで再起動しなければならない事態に見舞われる。私たちが作ろうとしているこうしたロボットたちが機能不全に陥ったらどうする？ もちろん、私たち人間だって機能不全に陥ることはある。航空機のパイロットが心臓発作を起こしたり、薬剤師が薬を間違えて投薬したりすることはある。だが、ＡＩロボットがクラッシュするというのは、ちょっと違う意味合いを持つように思える。まず、デジタルかつ機械的なシステムは複製可能なように作られているから、エラーがどこかで起きたときには、同じようなエラーがそこら中で何度でも起こりうる。これは例えるなら、パイロット全員が知らない間に心臓に疾患を抱えているような状態だ。次に、機械化はあらゆるものの細部にまで及んでいるので、起こりうるエラーはシステム全体に影響を与えるような、それでいて原因を見極めることが困難なものになるかもしれない。例えば、システムの内部クロックに１つ欠陥があるだけで、あらゆる破滅的なことが起こりうる。最後に、私たちがここで論じているようなシステムは、より強固に相互接続し、より深く互いに依存するようになっていくと予想される。小さなエラーがもたらす波及効果は計り知れない。こうした例は枚挙にいとまがない。1962年、開発するのに今の価値で10億ドル弱ほどかかったNASAのロケットが飛行中に爆発したが、その原因はコードの中に1つハイフンが抜けていたことだった。もう1つ、飛行中に爆発したヨーロッパのロケットがあって、こちらは7億ドル程の損失をもたらしたが、その原因は、64ビットの数字が大きすぎて16ビットに変換できなかったことにあった。そのせいで、二重の意味でクラッシュしたというわけだ。とはいえこれらの事故は、大金こそ無駄にしたが、少なくともうまく封じ込めがなされていた。同じような問題が車の自動運転ネットワークに起きたら？　送電網に生じたら？　あるいは——これこそ最悪な事態かもしれない——あなたの会社の給与システムに起こったら？

私はなにも、より機械化された未来へ突き進むのを考え直せという意味でこうした問題を提起しているわけではない。機械は一般的に、やることは人間よりも信頼できる。しかしこれまた一般的に、機械の不具合はネズミ算式に波及していく可能性が大きい。デジタルシステムは概して、アナログシステムよりも脆弱だ。『偉大なるギャツビー』から1つ単語を抜いたとしても、それが名作であることに変わりはない。しかし圧縮ファイルから記号が1文字抜けたら……アルファベットのどろどろスープの出来上がりだ。ハイフンが1つ足りないからといって、人は爆発しない。私たちは何度も間違えるが、個々の間違いは小さなものだ。機械は私たちほど頻繁には間違えないが、間違えた場合により破滅的な結果を招きがちだ。だから、私たちはどこにどういう技術を投入するか、よく考えなければならない。

9　ロボットは私たちからあらゆる仕事を奪うのか？

3つの結末

ロボットに関する一般的な議論の大部分は、仕事への影響に集中している。なので、ここでもそれについて考えよう。皆が知りたがっているのはずばり、自動化は、経済が創出する仕事よりも多くの仕事を消滅させるのか、それとも私たちはこれまで同様、完全雇用に近い水準でいられるのか、ということだ。この問いに関しては数えきれないほどの分析がなされ、膨大な数の意見が出されており、わりと単純な話のように思えるが、実はこれは悪夢のように複雑な話だ。だから、技術者、エコノミスト、未来学者にアンケートを取ると、この「単純な」問いに対する答えは毎回きれいにバラバラになる。

なぜこれほどまでに意見が食い違うのだろう？　技術によって奪われる仕事の数を、技術によって創出される仕事の数から引けばいいだけの話ではないか？　原理的にはそうだが、その計算はまさに、言うは易く行うは難し、だ。仕事の数を計算することは非常に難しい。というのも、すべての仕事とそれぞれの仕事に必要なスキルが網羅されているリストのようなものがあるわけではないからだ。たとえあったとしても、リストの中身は常に変わっていく。次の10

年で技術が何を可能にするか、私たちにはわからない。新しい技術にどのような規制や制限がかけられるのか、経済に何が起こるか、ビジネスがその技術にどれほど投資するか、最低賃金がどうなるか、新しい技術にはどれほどのコストがかかるか、どれほど優れた技術か、そしてひいてはその技術がどれくらいの仕事を創出するのか、どれ1つとしてわからない。AIにどんなブレークスルーが起きるだろうか？　どんな新素材が発明されるだろうか？　センサー技術はどれくらい進歩するだろうか？

これらは氷山の一角に過ぎない。ロボットが人の仕事を置き換えることを社会がどれくらいすんなり受け容れるか、消費者のデマンドに変化が生じるか、賃金はどうなるか、どういった貿易協定が締結されるか、どの技術が裁判沙汰になるか。保険会社がロボットのことをどう取り扱うのか、銀行が果たしてロボットを買うためにローンを組ませてくれるのか、ロボットがどれくらい本当に人から自立した存在になれるのか。ロボットのコストが低下することで創出される仕事はどれくらいか、ロボット業界全体の雇用数がどれくらいになるのか、私たちの現在の見方では見えてこない仕事はどれくらい創出されるのか。どれもこれも、わからないことばかりだ。要するに、私たちの技術は、その意義を私たちが理解できるようになる前にどんどん進歩していっている。

検討すべき事柄リストは延々と続く。私がここでそのいくつかを紹介したのはひとえに、技術が仕事に与えるトータルの影響を理解したければ、チラシの裏に走り書きして計算する程度では足りないということを示すためだ。これらの変数に許容誤差レベルのエラーが入るだけでも、計算結果は大幅にずれてしまう。つまり、この方法で予測しようとすると、到底乗り越えられない壁に突き当たるということだ。

ロボットによって失われる正味の仕事が計算できないなら、私たちにはどういう手段が残されているだろうか？　実は、この問題を違う面からとらえれば、その結果は取る仮説に応じて、3通りしかない。3つの結末はどれもあり得る。未知数が多すぎるために、どれが起こるかについて決定的な結論を導くことができないのだ。過去数十年の間に見られたトランジスタの価格の下落と同じくらいのスピードで賃金が下がっていったならどうなるのだろうか？　経済学の大前提である希少性が技術によって消滅したら何が起こるのだろうか？　あるいは、実はＡＩやロボットが蒸気機関や電気の発明と同じく、経済を確かに変えるが失業率は上げないものだとしたらどうだろう？

予想外の方向に変わっていくこの世界では、偏見や思い込みのない心を保つことをお薦めする。とはいえ、何がどうなっていこうとも、ありうる結末は以下の3通りだけだ。

1　ロボットとＡＩが全ての仕事を奪う。「全ての」とはつまり、機械が全てのことを人間よりも上手にできるようになり、人が機械ではなく人間を雇うのは、純粋に感情的あるいはノスタルジックな理由があるときだけということだ。この結末の場合、機械は絵を描くのもコメディードラマの脚本を書くのも人間よりうまく、おまけに人間よりも優れた大統領になれる。あらゆることを人よりうまくやれるのだ。ところで、私たちのここでの約束事として、「全ての」は仕事の90％を指すということにしよう。

2　ロボットとAIがいくつかの仕事を奪う。機械によって人間の正味の仕事が失われる、つまり機械が、創出される以上の数の仕事を奪う、ということだ。この結末で予想されることは、機械が小売業、サービス業、運送業のほとんどの仕事を奪い、かつ簿記係や医師やパラリーガル（弁護士の業務補佐）などいくつかの「専門職」も奪うということだ。しかし、例えば芸術関係の仕事は奪わない。感情やソーシャルスキルが要求される仕事も奪わないし、遂行に必要な要件が多岐にわたるような職業も奪わない（社外品カーオーディオメーカーのCEOや、実際にそれを車に取り付ける仕事などがよい例だ）。「いくつか」説では、20％の失業率が永遠に続くことを想定しよう。だいたい、大恐慌時代のアメリカの失業率と同じくらいだ。全ての人が就けるほどの仕事はないが、大多数の人はまだ働いているという状態だ。

3　ロボットとAIは仕事を一切奪わない。これが何を意味するかというと、機械によって仕事は確かに失われるが、同じ数の仕事が創出され、結果として全員が雇用され続けるということだ。社会のどの階層も、たとえスキルがほとんどない人たちであっても、仕事を失うことはないと考える。この見方の根底にあるのは、機械の性能がどれほど上がろうとも、仕事は無限にあるので、全ての仕事を奪うことなどできないという考えだ。

今日ある仕事を、明日からまるで魔法のようにすべて機械がやるようになったとしても、私たちは誰かがお金を支払ってくれる全く新しい物やサービスを考え出す。

では、これらの仮説について詳しく見ていこう。

始める前に1つ注意してほしいことがある。ここまで私は、「ロボット」という言葉をほとんどの人が思い浮かべるようなもの、つまり自律的に動作する装置、という意味で使ってきた。しかしここからは、その言葉が意味する範囲を少し広げる必要がある。ロボットは、厳密にいえば、身体化や運動能力を伴う必要はない。仕事の自動化の影響について考えるときはこれが顕著だ。簿記係を置き換えたうえ、ミツバチの巣箱の世話もしてハチミツの回収までやるような機械は明らかにロボットだ。しかし、簿記係を置き換え、会計帳簿を順番どおりに保管しておくだけの機械もロボットだ。それがただのデスクトップパソコンで、身体を持たなかったとしても、得られる効果は同じだ。どちらも、それまで人がやっていた労働をやることに代わりはない。雇用について論じるとき、機械がモノを扱おうがデータを扱おうが、そこに大きな違いはない。

可能性1：機械が全ての仕事を奪う

この本の最初の方で紹介した根源的な問いを思い出して欲しい。可能性1、機械が全ての仕事を奪う、という説は、人間は機械だと考える人たちに好まれるだろう。それから、「自己」が脳のトリックだと考える人にも賛成してもらえるに違いない。そして、万物は1つの物質からできているという一元論の考え方に一番合っている。可能性1では世界を純粋に機械論的に見ている。数世紀前に戻り、この立場をとっていた人の視点で物事を見てみよう。

彼らはこう言うはずだ。

250年にわたり、機械は人間から仕事を奪ってきた。初期の機械はごく基本的な、簡単なタスクしかできなかった。まずはかの有名な蒸気機関が、骨の折れる仕事を代わりにやってくれた。蒸気が引き受けてくれたのは人にとっても家畜にとっても本当に辛く苦しい仕事だったから、人はみな諸手を挙げて機械を歓迎したものだ。これが、産業革命の始まりだ。技術の力で機械が進歩すると、機械はより複雑な、しかし単調な仕事をやってくれるようになった。ミシンやレジ、コンバインなどだ。これもまた、そういった退屈な重労働から解放された労働者たちに歓迎された。繰り返しばかりでつまらない仕事を機械に任せ、自分たちはより高い価値を生み出す仕事に就けることを喜んだ。

しかし、機械は進歩することをやめない。機械はどんどん進歩し続け、ある日、人はそれまで想像もしなかったことをしている自分に気づくのだ……機械と仕事を奪い合う自分に。まるでトワイライトゾーンの中の一話のようだが、ロッド・サーリングは茂みの中から出てこない（訳注）。これは、本当に起きた話だ。そして、コンピュータが現れた。

機械化のときと同じく、コンピュータも原始的なデバイスとして世の中に登場した。最初はただの仰々しい計算機で、面倒な計算問題を代行して科学者や数学者を喜ばせるだけの存在だった。しかしコンピュータもすぐに進歩し始め、およそ2年ごとに性能は倍増していった。すぐに銀行の窓口係はATMと対峙しなければならなくなったし、株式の仲買人はオンライントレードのウェブサイトと競わなくてはいけなくなった。ジョン・ヘンリーと蒸気ドリルの戦いの再来だ。ただし、今回の相手は肉体労働ではなく、頭脳労働もできる。

進歩は情け容赦ない。あらゆる機械の性能は無限に向上していく。その結果はあなたにもわかるだろう。近い将来、人々が新しい仕事を覚えたり創出したりするよりも早いスピードで技術が進歩し始める。過去にも起きたように、ある破壊的技術によって生み出された仕事が、次の破壊的技術によって失われるまでの時間はどんどん短くなっていき、やがては機械のほうがどんな新しい仕事も人間よりずっと早くずっとうまくできるようになっていく。これは推測などではない。単純な計算の結果だ。

もうすこし具体的にいうと、こういうことだ。「レンガを手押し車で運んでいた労働者にフォークリフトでレンガを運ぶ仕事を与える場合、労働者を教育することでその人が獲得する

訳注：日本では「ミステリー・ゾーン」などのタイトルで放映されたアメリカのSFドラマ。ロッド・サーリングは脚本家兼出演者

労働者としての新たな価値を考えれば、教育することは経済学的に合理的だ。そして、もともと超無能だった機械が少し無能な機械に進歩するだけなら、私たちは難なくそれを使いこなせるだろう。しかし、そのうちに新しい仕事が極めて高度なスキルを要求するようになっていき、そのために労働者を再教育することの採算が合わなくなっていく。このプロセスは永久に続き、人間にとって意味のあるあらゆる雇用は次から次へと奪われていく」。

この説を支持する人のほとんどは、全ての仕事はいずれ機械がするようになり、人間にとって経済学的に有益な仕事は、客観的にみたら機械のほうが優れているにもかかわらず雇用主が主観的な理由でわざわざ人間を雇おうとするところにしか存在しなくなると考えている。ゆえに、完璧な体型をしたアンドロイドが踊る白鳥の湖など見たくないという人を喜ばせるための一握りのバレエダンサーと、時代錯誤なハンドメイド小物を欲しがる懐古主義者のために安っぽい手作り品を作る少しの職人しか残らない、という結論に至る。

多くの人にとってこの筋書きは恐怖のシナリオだ。いったいどういう世界になるのだろう？もし機械が全てにおいて私たちを上回るのだとすれば、それは私たちがあらゆる面で機械に劣るからか、私たち自身も機械（しかも大して性能がよくない）だからだ、ということになる。また、メディアが発する自動化にまつわる記事もこうした恐怖を増長しているように思える。彼らは意図的に、時には機械に敵意でもあるかのように、こうした見出しで読者を煽る。「ロボットがあなたの仕事を狙っている？」「あなたの仕事はコンピュータに奪われる？」。コンピュータが本当にあなたの仕事を奪うといえるのは、コンピュータが夜中にあなたの会社の給与システムに侵入し、あなたの名前をシステムから消してコンピュータ自身の名前に書き換え、忍び笑いを漏らしながらドアから出ていく、というようなときだろう。

まあ、この立場をとることにまつわる感情論的な部分は置いておいて、この説が真実でありえるかについて冷静に考えよう。私たちはみな、未来のあるところで機械に置き換えられてしまうのだろうか？　可能性1が誤りだというなら、どこに論理の破綻があるのだろうか？　詳しく見ていこう。この説は、9つの前提によって成り立っている。

前提1：人間は、機械である。

前提2：人間は機械なのだから、機械の人間を作ることもできる。

前提3：機械の人間は私たちと同じ、創造性も含む全ての知能を持つ。

人は機械で、ゆえに機械の人間も作ることができて、それは人間と同じ知能を持つという前提は、先ほど私が根源的な問いとして紹介した、私たちの脳の性質に関係している。自分が機械ではないとあなたが思っているのなら、この議論は始める前に終わりだ。私たちは機械だという考え方がここでは絶対的に重要だ。

多くの人は、私たちが機械だというと、ちょっと気味が悪いとか、ことによると馬鹿にしていると思うかもしれない。しかし、この考え方を心の底から受け入れている人も少なくない。50年以上もAI研究に携わり、間違いなくその分野の巨人の1人であるマービン・ミンスキーは、人間のことをしばしば「肉でできた機械」と呼んだ。彼は文字通りそう思っていたのだ。レイ・カーツワイルは、自分の「心ファイル」をコンピュータにバックアップできる日を待ち望んでいる。不慮の事故などで自らが急死したときに、そのバックアップからファイルを回復するためだ。スティーブン・ホーキンスは淡々とこう言った。「私の考えでは、脳はコンピュータであって、部品が壊れたら動作を止める代物だ。壊れたコンピュータに死後の世界などない。そんなものは暗いところを怖がる人たちのためのおとぎ話だ」。こうした人物は数多くいる。多くの人にとって、これは世界を還元主義的に見た場合の避けられない結末だ。しかし、私たちが機械であるとして、私たちはそれを作り出せるのだろうか？　作り出すことができるのなら、それには創造性があり、心を持ち、自分の意志というものを持つのだろうか？　私たちはもちろん作り出す方法を知らないどころか、私たち自身が創造性を獲得した経緯も心を持つ理由も知らない。アイデアがどこから来るのかも、どういうふうに脳に刻み込まれているのかもわからない。私たちは、どういうものかは全く理解できていないが、人間の資質というものを幅広く備えている。人間ができるあらゆることをできるようになるためには、機械もこの資質を全て獲得しなければならない。こうした疑問については、本の後半で意識を持つコンピュータについて論ずるときにまた検討しよう。

前提4：意識を持つこの機械は、私たちがやりたくない仕事をやりたがるし、

前提5：私たちは、機械がやりたがっていようがいまいがそれを強制的にやらせ、事実上の機械の奴隷を作りだす。

意識を持つ機械が嫌な仕事を引き受けてくれる、または機械自体の意思に反してそれをやらせるという前提は、これらの機械がどういう権利を持ちうるのかということにも関連する。真の人工知能を搭載したロボットの助手を作ったとたん、そのロボットはあなたの靴下にアイロンをかけるよりも詩を書きたいと主張するかもしれない。あるいは、靴下仕事をやらせるロボットの助手を自分にも作れ、と要求するかもしれない。

前提6：機械でできた人間を作ることは採算が合う。

機械仕掛けの脳を作ることの採算性はまだ不明だ。欧州のヒューマンブレインプロジェクトという人の脳をモデルとしたAGIを作り出そうとする試みにはすでに10億ドルが投入されているが、この本の執筆時点でサイエンティフィック・アメリカン誌はこのプロジェクトが「混乱状態にある」と報告している。脳が、私たちの知る限り宇宙一複雑な代物であることは間違いない。機械でできた脳を作るために必要なコストはiPadの比ではないはずだ。いや、実はそうでもないのかもしれない。私たちは電子機器の値段が急激に下落することは経験済みであるから、機械の脳でも同じ現象がみられるかもしれない。結局のところ、現時点ではわからないということだ。複数のＡＩ専門家によれば、ＡＧＩが必要とする計算能力は案外低く、スマートフォンほどの性能もいらないらしい。ただし、ソフトウェアを開発できれば、だ。つまり、ＡＧＩを搭載する機械の構築はさほど難しくなく、お金がかかるとしたらソフトウェアのほうだろうということだ。これならそんなに高くない。あるいは、ＡＧＩは恐ろしく高くつくが、数台だけ作り、皆で共有できる類いのものになるかもしれない。

前提７：機械は圧倒的に安く高性能になり、人の労働力に比べ安く配置できるようになる。

前提８：機械に新たなスキルを学習させるコストと、機械を稼働させるためにかかるコストを足しても、人間に同じ事をさせる場合の人件費よりも必ず安くなる。

機械が圧倒的に安く高性能になり、人件費を払うよりも安くあがるようになるとか、その機械をプログラムし稼働させるコストが、同じ仕事を人にさせた場合の賃金に比べて安いとかいう前提は、そういった機械を低コストの労働に使うことが経済的に妥当かどうかに関わる。仕事が失われるためには、機械を作り、プログラムし、稼働させるのに要するコストが、その仕事のために人を雇った場合よりも安く済まなければならない。曖昧なタスクもこなせる機械を開発するのに必要なコストは急激に低下するかもしれないし、しないかもしれない。その業界の知の巨人であるアンドリュー・エンは前提8を信じている。

いつか、私たちがやる全ての事を一つずつ学んでいくAIが登場するだろう。そして機械がほとんどのことをほとんどの人間よりもうまくできるようになったとき、私たちの社会構造は壊れ始める。私たちはそれに備えなければならない。

前提9：人間は、機械にはできないタスクを見つけることができない。

最後の前提は、人間は機械にできない新しい仕事を見つける能力がないというものだ。これが正しいならば、私たちが新しい仕事を発明するやいなやそこに機械が群がり、人間よりも早く安くその仕事をし始めることになる。

この9つの前提が全て揃えば人間の雇用は全て消失し、社会の多くの制度を考え直す必要に迫られるようになるだろう。そんな世界で生きることを想像しようとすると、様々なユートピアやディストピアが思い浮かぶ。先ほどの前提のうち1つでも誤りである場合、この議論は崩壊する。とはいうものの、多くの人は、私たちは機械で、コンピュータの性能は向上しつづけ、技術のコストは下落し続ける、という考えから出発すれば、この前提が全て正しいことは明白だと考えている。遅かれ早かれ機械はあらゆる面で私たちを上回るようになるのだ。

可能性2：機械はいくつかの仕事を奪う。

可能性2は、機械がいくつかの仕事を奪い、その結果長期にわたる失業状態が続くというものだ。この説は、例の根源的な問いのところで人は動物か人間だと考える二元論者で、この世には物理世界だけでなく精神世界やスピリチュアルな世界も存在すると考える人に受け入れられるだろう。また、「自己」は創発特性、あるいは魂だと考える人にも賛同してもらえるに違いない。この説の根幹をなすのは、人と機械の間には際だった違いがあり、ゆえに機械にできることには限界があるという考えだ。しかし同時に、人と機械ができることにはオーバーラップする部分があることも認めている。「いくつかの」説の論理は明快で、読者の多くにとって受け入れやすい筋書きだろう。こういう感じだ。

もちろん、技術による仕事の喪失は過去にも起こってきたが、技術が作り出す新しい仕事によっていつも相殺されてきた。しかし今回は特別だ。なぜかって？　まず、イノベーションがずっと速いペースで起きるので、仕事は前にも増して急速に失われていくようになる。それから、過去に自動化で置き換えられたのは肉体労働だけだったが、今回は頭脳労働にも自動化の波が押し寄せつつあるから、これまで安泰だった業界も危機にさらされる。そして最後に、自動化技術にかかるコストは急速に下落しているから、2020年に100万ドルするロボットも2030年には1000ドルしかしないかもしれない。

こうしたことが合わさって、私たちはかつてないほどに大規模な雇用喪失を経験しようとしている。賃金の低い仕事ほど自動化されやすいこともよく知られている。つまり、最も低スキルの労働者たちが最初に仕事を失い、この層の労働者たちが減少し続ける雇用をめぐって争い始める。

技術が新たな仕事を創出することは真実であるにしても、その数はさほど多くなく、しかも高度な教育とトレーニングを必要とするだろう。もちろん、ファストフード店向けの接客ロボットの生産工場を作り、そこで何人かの人間を新たに高い給料で雇うことは可能だろう。だが、その工場では注文を受けるロボットが何千体となく作られ続けるのだから、それだけファストフード店で注文を受ける職は失われていくことになる。もし技術が膨大な数の低スキルの仕事を破壊し、一握りの高スキルの仕事しか生み出せないのなら、低スキルの仕事は不足し、永久に職を見つけられない多数の低スキル労働者が巷にあふれることになる。つまり、永久に続く大恐慌時代の到来だ。

コンピュータが絶対にやらない、少なくとも今後数世紀はやらない職業というものはもちろんある。すぐに思いつくのは牧師、配管工、警察などだ。機械ができることには必ず限界がある。しかし、その限界は、既存の多くの職業で要求される条件よりもずっと高いところにある。

低スキルの仕事が次から次へと自動化されていくという考えを受け入れるならば、低スキルの職に対して低スキルの労働者がいずれ供給過多になるという事実からは逃げられない。

この筋書きはいかがだったろうか？　この説を成り立たせる5つの前提をみてみよう。

前提1：機械と技術によって、正味の仕事の数は減少する。

技術が職業の破壊者だという批判は昔からある。1580年代、ウィリアム・リーがストッキングの編み機を発明した。彼はエリザベス女王の前でその機械のデモンストレーションをし、特許を申請しようとした。女王はその装置を賢いとは認めたものの、こうリーを制した。「そなたの発明が私の哀れな国民に何をもたらすか考えてみるがよい。彼らは確実に職を奪われ、破滅するであろう」。リーは実際、靴下やニットを売る商人の怒りを買い、イングランドを追われる羽目になった。

その後数世紀にわたって世界中の生産現場で急速な進歩が起こるようになると、何かが発明される度にそれは労働者の怒りと敵意の標的となった。フランスの繊維労働者は自動化された織機に反抗して工場に木靴を投げ込んだ。イングランドでスウィング暴動を起こした労働者らは、脱穀機を叩き壊した。船頭は、失業することを恐れて蒸気エンジンの導入を阻止した。ドイツでのリボン織機に対する抵抗は熾烈を極め、政府は織機を燃やす命令を下した。手織り作業を簡単にするために飛び杼を発明したジョン・ケイは群衆に攻撃された。ジェームズ・ハーグリーブズもジェニー紡績機を発明し繊維業界にブレークスルーをもたらしたが、彼が作った機械もまた別のイングランドの群衆に燃やされた。ジョン・ヒースコートはレースをより効率よく作るための機械を発明したが、彼の工場が白昼堂々、機械もろともまるごと焼き払われるという惨状を目の当たりにした。

1811年には自動化に対する敵意がラッダイト運動へと発展した。熟練した労働者を置き換える技術に暴力的に抵抗する者たちが集まり組織化したのだ。若くしてストッキング織機を2つ叩き壊したと語り継がれる人物ネッド・ラッドにちなんで名付けられたラッダイトは数百人の賛同者を集め、郊外の工場を襲撃しては焼き払い、ときには機械の所有者たちを殺害した。

この頃のあるエピソードが、私たちの進むべき道を示してくれているかもしれない。1814年11月29日のことだ。ロンドンのタイムズ紙が、初めて蒸気機関で動く印刷機によって印刷された。印刷工らはこの機械の発明者に復讐を誓い、機械自体も打ち壊すと決意した。しかし彼らは、暴力行為に出なければ、他の場所で似たような仕事が見つかるまで雇用も賃金も保障するともちかけられたのだ。印刷工にとってこの提案は納得のいくものであったため、進歩の道は続いた。

こうした暴動や破壊行動は理解できるものだ。その時代のほとんどの労働者は、貧困ライン以下の水準で暮らしていた。男も女も手に職をつけることに人生を費やし、日々を辛うじて食いつないでいたのだ。ビジネスチャンスはほとんどなかった。機械と争ったうえに食い扶持を失うなど、考えるだに恐ろしいことだった。こうした労働者らは、裕福な工場の所有者は金に目がくらんでばかりで、技術が可能にする限りあらゆる労働者の職をなくしたがっていると考えたに違いない。ときにはそれが真実だったこともあるだろう。

こうした極端な反応は、技術全般ではなく、省力化技術にのみ向けられた。歴史の授業に「1949年のエアコン大暴動」が出てこない理由は簡単だ。人々は労働を置き換えないような技術的発明に対して暴動を起こしたりしない。

人々が新たな技術を目の当たりにして怖じ気づくという傾向は現代まで続いている。コダックのカメラは、芸術を破滅に追いやると警戒された。電力は余りにも多くの人々に恐れられていて、1891年には当時のベンジャミン・ハリソン大統領が、彼自身も彼の家族も明かりのスイッチを触りたがらないため、使用人に明かりを点けたり消したりさせていた。カーラジオが1930年代に普及し始めたときは、運転中にいじり回すから危険だ、いじらなくとも気が散って事故を起こすに決まっていると議論になった。現代のGMO（遺伝子組み換え作物）に対する懸念も、それが妥当かどうかはともかく、こうした直感的な警戒心のあらわれだ。

自動化に関しては、労働者らの現実的な懸念の他に、イデオロギー的な懸念もある。カール・マルクスは、機械と労働者の対立についてこう見解を述べている。「労働手段が機械という形に転化した途端、労働者の競争相手になる。歴史上、イングランドの手織工が徐々に絶滅していったこと以上に辛い悲劇はいまだかつてない」。人間と機械がある作業をめぐって競わねばならないような状況は間違っていると考える人は少なからずいる。

省力化技術が本当に仕事の正味の喪失につながるのであれば、私たちは更なるトラブルに直面するだろう。AIは日々、新たなブレークスルーを生み出している。技術関連の特許は年々増えていて、米国では毎日1000件ほどが発行されている。更にここ数年は、世界のロボット販売数が年々過去最高を更新し続けている。過去10年でコストは25%下落し、次の10年でもう一度25%下落するとみられている。その間、ロボットの品質はもちろん向上し続ける。こうした傾向が今後変わると考える理由はどこにもない。Amazonの倉庫ではすでに1万5000台のロボットが稼働しており、商品を集めて発送準備をしている。Amazonで稼働するロボットの数が今後減るとは思えない。

仕事の正味の喪失に関する懸念はごく単純な論理に基づいている。世界には決まった数の仕事しかない。だから、仕事を1つロボットに与えると、人間に与えられる仕事が1つ減ることになる。

しかし、この考えの面白いところは、それが明らかに真実ではないということだ。これまで存在してきた仕事のほとんどは技術によりなくなっていった。順不同で例をいくつか挙げよう。厩務員は、車が発明されたことで職を失った。灯油ランタンが普及すると、ほぼ全てのロウソク職人は解雇された。そう遠くない昔、ボーリング場では各レーンの奥に少年が立ち、倒れたピンを置き直していたものだ。彼らは、もうおわかりの通り、ロボットによって置き換えられた。かつてはエレベーターのオペレーターという仕事があり、エレベータのボタンが発明されるまで活躍していた。また、電報を運ぶ少年がいた時代もあったが、誰かが電話を発明したおかげで彼らの仕事は失われた。かつては夕暮れになれば点灯夫がどこからともなくやってきてガス灯をつけてまわっていたが、やがて電灯が発明された。昔は氷を運ぶという職業があったが、冷蔵庫の誕生によって全員が失業した。かつては道路をデッキブラシで掃いて掃除する人がいた。しかし、やがて路面清掃車が発明された。

技術に置き換えられてしまった人たちはどこへいったのだろう？　エレベータのオペレーターが仕事を探せずにギャングとなってうろつき回っているなどという話は聞いたことがない。その答えは明白だ。仕事がなくなった人たちは、違う仕事を始めたのだ。こうやって変わることの難しさを過小評価しようとは思わない。ただ、人間がいかにすごいかをお示ししよう。自然界に住む動物たちは、ある決まった枠組みの中のことしかできない。狭いＡＩは、先ほどご紹介したとおり、1つのことしかできない。だが私たちの汎用性は無限の可能性を秘めている。世界で最も活用しきれていない資源は人類のポテンシャルだ。私たちは技術を取り入れれば取り入れるほどより多くのことができるようになり、それは多くの場合、賃金の上昇につながる。

もちろん、技術によって労働者の必要性が低下したセクターというのもある。20世紀の間だけでも、農業従事者は全職業中40％を占めていたのが、２％へと激減した。20世紀の後半だけをみても、製造業の雇用は我々の経済の30％を占めていたが、10％まで減少した。全く新しい職業が作り出され、失われたのも同じ20世紀のことだ。この、職業の入れ替わりの激しさには驚くばかりだ。１９００年の労働人口と２０００年の労働人口を心の中で比べてみてほしい。私は、近代経済における職業の半減期は50年くらいではないかと考えている。１９００年から１９５０年までの間に、だいたい半分の職業が失われたのではないか。そしてそのほとんどは農業に関わる職だっただろう。１９５０年から２０００年の間にも、そのまた半分の職業が、今度は製造業の分野から失われた。そして、そうした職業喪失のほとんどは技術によってもたらされた。技術が全体として職業を駆逐すると考えるならば、職業喪失の全てが完全雇用の時代、GNPも賃金も右肩上がりの間に起きたという事実についても考えなければならないだろう。（ちなみに、この傾向に従わなかった大恐慌の10年間は技術ではなく、マクロ経済学的な力が原因だった）。

それとも、米国の20世紀が異常だったのだろうか？　この問いへの答えを探すには、ロボットだらけの場所と、ロボットがいない場所を比べれば良い。ロボットが人を置き換えるというのであれば、多くのロボットが製造現場で稼働している地域では製造業の仕事が減少したはずだ。しかし、ブルッキングス研究所のマーク・ムロとスコット・アンデスはハーバード・ビジネス・レビュー誌で以下のように述べている。

ロボットの利用と、製造業における雇用の変化には明確な関連性は認められない。1993年から2007年の間にドイツでは米国よりずっと多くのロボットが導入されたにもかかわらず、1996年から2012年の間にドイツにおける製造業の雇用は19％しか減少しなかった。かたや、米国では実に33％が失われた。

彼らは次に、イタリアや韓国、フランスなど他の国々でも、導入されたロボットの数は米国よりも多いにもかかわらず、失われた製造業の雇用の割合が米国よりも少ないということを示している。ただし反対の例もあって、英国やオーストラリアはロボットに対して米国よりも少ない額の投資しかしていないが、製造業の雇用はより大きく減少した。ロボットは実は製造業の職を破壊しているのではなく生み出しているのだというのは、さほど驚くような考えでも無い。業界が効率化すると、コストが下がるか、品質が上がる。低コストと高品質は生産量の増大につながるので、雇用が生まれるのだ。

つまり本当は、技術はほとんどの場合労働者を増強するだけで、置き換えはしない。MITの経済学教授デビッド・オーターは、技術にはそれほど幅広い仕事はこなせないと主張する。

コンピュータ化で置き換えることができないタスクは通常、コンピュータ化で補完される……仕事のプロセスはほとんどの場合、多面的なインプットを必要とする。労働力と資金、脳と筋肉、創造性とルーチン、専門的スキルの習熟と直感的判断、努力とひらめき、ルールの遵守と自由裁量のように。

オーター氏は更に、技術によって仕事の一部分を自動化することはほとんど常に、機械にできないタスクの価値を上げることにつながると主張する。なぜなら、技術によってその仕事全体の価値が上昇するからだ。

ハーバードの経済学者ローレンス・カッツもこの考えに賛成し、歴史上、技術によって正味の仕事が減少したことは一度も無いと主張する。カッツ氏はMITテクノロジー・レビューに対し、「仕事がなくなるなんてありえない。人間がするべき仕事が失われていくという長期的な傾向は認められない。長期的にみて、就業率はほぼ安定している。人間は常に新たな職を創出し続けている。人間はいつだって、新たにやるべき事を見つけられる」と語った。

まれに、新たな技術が直接的に仕事を喪失させることもある。しかし、歴史をみれば、技術は失われた分の仕事を相殺する新たな仕事を生み出している。この関係がときに見えづらいというだけだ。デュッセルドルフ空港では、ロボットのバレーパーキングサービスが運用されている。あなたがボタンを押すと、巨大な機械があなたの車を持ち上げ、タワー状のガレージに押し込んでくれるのだ。この技術により新たに生まれた仕事がある。ただし、空港の外に。実は、このパーキングロボットをつくる工場ができたのだ。そこでは人々が、きっとバレーパーキングの仕事よりは高い賃金で雇われている。つまり、この技術は新たに、より賃金の高い仕事を生み出した、というわけだ。

今回のバレーパーキングの仕事のような、機械が代わりにできる仕事についてどう思うだろうか？　何か1つ、機械でもできるはずの仕事を考えてみて欲しい。その仕事をもし人にやらせるなら、それはその人を「非人間化」していることにほかならない。その仕事をやるにあたって、人が人であることのアドバンテージが何もないからだ。「あなたはこの仕事をできる機械が完成するまでのつなぎです」などと断りを入れるような仕事は最悪だ。「退屈（boredom）」という言葉は、工場が作られたと同時に生まれた。ちなみにこの言葉が最初に使われたのは、ディケンズの『荒涼館』という小説である。工場には人間を非人間化する仕事が山ほどある。

だからディケンズは、延々と繰り返されるうんざりするような仕事の結果を表す語を新たに作る必要があった。ロボットは退屈したりしないのだし、人間にはもっとふさわしい仕事がある。もちろん、世界にはどんな仕事だってしたい、そういう仕事だって構わないという人間が10億人以上はいるだろう。最底辺の10億人は餓死寸前のところで生きているので、どんな仕事も進んでやることだろう。それは確かだ。ただし、私たちの種としての長期的なゴールは、人が人にしかできない仕事に集中できるよう、こうした仕事をやらせるための機械を作ることであるべきだ。

というわけで、技術のせいで労働者が不要になるという考え方はちょっと違うかもしれない。これを正当化するには、「今回だけは違う」という推論がどうしても必要になる。これについてはまた後ほど戻ってこよう。

前提2：多くの仕事が失われていくペースが早すぎる。

「仕事が失われるペースが早すぎる」説も昔からある。1930年に経済学者ジョン・メイナード・ケインズが初めてこのことを明言した。「我々は技術的失業という新たな病気にかかってしまった。つまり、労働力を節約する方法が発見されることで失業するペースが、その労働力を使う新たな場所を見つけるペースを上回るということだ」

1978年にはニュー・サイエンティスト誌が同様の懸念を示した。

技術と雇用機会との関係について最も懸念され、論じられていることはもちろん、技術が基本的に労力を節約するためのものであるために、職業自体とは言わないまでも、少なくとも雇用機会を喪失させる傾向にあるということだ。

1995年に言われたことも基本的には同じだ。デービッド・F・ノーブルは著書『人間不在の進歩』（渡辺雅男・伊原亮司訳、こぶし書房）でこう述べた。

CAM（Computer Aided Manufacturing：コンピュータの支援を受けた製品製造システム）、ロボット工学、コンピュータ在庫管理、自動化された電話交換機と預金引き出し機、電気通信技術、これらはすべて、人々を解雇したり配置転換したりするために、雇用主が労働コストを削減したり、下請けに出したり、作業を再配置したりするために用いられてきたものである。

しかし、これは今も正しいのだろうか？　新たな技術が現在ある職を破壊するスピードが速すぎるのだろうか？

この問いに直接的に答えようとする研究はいくつもある。中でも最も精緻で、最も多く引用されているのはオックスフォード大学のカール・フレイとマイケル・オズボーンが2013年に発表した論文だろう。「雇用の未来」と題されたその論文は72ページにも及ぶ大作だが、その中でメディアに最も多く引用されているのはあまりにも有名なたった1つのフレーズだ。「米国の職業の47%は失われる危機にさらされている」。いやはや、これ以上に人目を引くフレーズがあるだろうか？　そのままキャッチーな見出しに使えたことは間違いない。あらゆるニュースメディアが「米国の職業の半分は20年以内にコンピュータに奪われる」といった類いのことを声高に叫んだ。

もし私たちの職業の半分が20年以内に本当に失われるのだとしたら、ニューヨークタイムスが1969年に「人が月面を歩く」と書いたときと同じ巨大なフォントを使って、新聞の一面に大々的に記事を載せなければならないほどの大事件だ。しかし、フレイとオズボーンは実はそんなことは書いていない。論文の後半、彼らは400語を費やして彼らの研究手法の限界について説明している。曰く「我々は、自動化される職業の正確な数を予測しようとしたわけではない。コンピュータ化される程度やスピードは、ここでは考慮しなかった他の要因にも依存する」

では、47%という数字は何を意味しているのか？　著者らによれば、47%の職業で、いくつかの仕事が自動化されるということだそうだ。だとすれば、それほどショッキングな話ではない。世の中のあらゆる職業には、自動化されうる部分が含まれているだろう。それでも職業自体は残る。全く話が違うではないか。

例えば、フレイとオズボーンは、社会科学系の研究助手、大気や宇宙関係の科学者、薬剤師助手などの職業は65%以上の確率でコンピュータ化されるとしている。これはどういう意味だろう？　社会科学系教授は研究助手がいらなくなるのだろうか？　そんなことはない。ただ、今の研究助手がやっているような仕事は大部分が自動化されるようになるので、違う仕事をやるようになるというだけだ。宇宙について研究する科学者はいなくなるだろうか？　薬剤師は手伝ってくれる人がいなくなるのだろうか？

フレイとオズボーンは、理容師が行う仕事は80％の確率でAIやロボットに置き換えられると主張している。90％以上の確率でコンピュータ化されうる仕事が含まれる職業のカテゴリーにはツアーガイドや建築家の助手などが含まれている。

乖離があることは明らかだ。建築家の助手の仕事のうちいくらかの部分は自動化されるだろうが、その職業自体がなくなることはない。仕事の内容が変わるというだけで、それは建築家から動物学者まで同じことだ。もちろんあなたのiPhoneはツアーガイドの代わりも果たすだろう。だからといって、ツアーガイドという職業が消滅するわけではない。

「雇用の未来」を序論より先まで読んだ人なら誰でも知っていることだ。ちなみに、フレイとオズボーンは非常に正直だった。彼らは、いかにも学者らしい言い回しでこのように述べている。

我々は、タスクのコンピュータ化により、人間の労働力が解放され他のタスクをする時間が生じることに由来する同一職種内の差異は把握していない。

このフレイとオズボーンによる論文を受けて、2016年に自由市場と民主主義を推進する国々が加盟する国際機関であるOECDが真っ向から反対する報告書を公表した。「OECD加盟国における職業の自動化リスク」と題されたこの報告書では、仕事を全体としてとらえる手法を用いた分析を行った結果、コンピュータ化によって失われる可能性のある職業は9％と結論付けた。それくらいの変動は経済においては普通であろう。

2015年の終わりには、マッキンゼー・アンド・カンパニーが「職場の自動化に関する4つの基本」というレポートを発表したが、その結論はOECDの報告と似通ったものだ。ただし、そこにもまたメディアが飛びつきそうなセンセーショナルな数字が踊っていた。「要するに、作業のうち45％は既存の技術で自動化可能だということだ」というその主張は、予想通りというべきか、「45％の仕事は既存の技術によって失われる」といった形でメディアに取り上げられた。以下に示すが、レポートの結論に関するより詳しい説明というのは、とかく見落とされがちだ。

今日までの我々の結果が示唆することは、第一に雇用に着目すること自体が誤解を招きやすいということだ。短期的あるいは中期的に完全に自動化されるとみられる雇用はごくわずかである。むしろ、いくつかの作業が自動化され、事業プロセス全体が変化にさらされ、人間が行う仕事の内容が再定義されるということである。ATMの登場によって銀行窓口の仕事内容が変わったのと同じことだ。

そういうわけだから、「47％（あるいは45％）の職業が失われる」という解釈は全くの誤解である。私たちは普段気にも留めないが、人間は、たとえ専門的なトレーニングを全くあるいはほとんど受けていなくとも、素晴らしいスキルを持っている。フレイとオズボーンのリストの一番上にあった2つの仕事を例に挙げて少し考えてみよう。簡単な調理しかしないコックと、ウェイターだ。どちらも、コンピュータに置き換えられる可能性は94％となっている。

仮にあなたがピザ屋を経営していて、1人のコックと1人のウェイターを雇っているとしよう。ある日、ロボットの訪問販売の営業がやってきて、巧みな話術であなたに2台のロボットを売りつけた。1つはピザを作るロボット、そしてもう1台はオーダーをとり、出来上がったピザをテーブルに運ぶロボットだ。あなたはピザの材料を指定の容器にセットするだけ、あとは一切をロボットにまかせてバミューダでバカンスを楽しむべく空港へ向かえばよい。ウェイターロボットは20カ国語を理解し、驚くべき正確さで注文を受け、「これとこれをハーフ＆ハーフで」とか、「ソースは少なめに」といった特殊なオーダーも淀みなくこなす。オーダーがピザロボットに送られると、ピザロボットはスピーディーに休みなくピザを作り続ける。

さて、これら2台のロボットの勤務初日に何が起こるかをみてみよう。

■客が飲み物をこぼす。こぼれた液体を拭くというのは驚異的に複雑なタスクであるため、この2台のロボットはそれを学習していない。プログラマーはこういった事象が起きうることを知ってはいたが、こぼれる物とこぼれる場所の組み合わせが膨大になるため、対応できなかった。プログラマーは将来のリリースで対応することを約束し、ひとまずは掃除道具の場所を客に教えるようロボットをプログラムした。

■小さい犬がキャンキャン吠えながら店に乱入してきて、ウェイターロボットがそれにつまずき転倒。自力で起き上がる機能を搭載していないウェイターロボットは「倒れて起き上がれない」プロトコルを起動。「私は倒れて起き上がれません」というフレーズを何度も何度も繰り返す。その音声はだんだん大きくなり悲壮感を増していき、誰かが助け起こしてくれるまで止まらない。この問題について問われたプログラマーは冷たく「仕様表に書いてありますよ」と言い放つ。

■シュレッドチーズの中にウジが混入。ウジ入りピザが常連客に提供される。注文した品に不満がある客への対応としてロボットが学習していることはただ1つ、ピザを作り直して提供することだけだ。もちろん、新しいピザもウジ入りだ。ロボットはウジが何かもわからないのだ。

■人の良さそうなボーイスカウトの少年が2人やってきて、屋根の上に突き出ているパイプから煙が出ているが、大丈夫かと尋ねる。彼らはこれまで煙が出ているところを見たことがないそうだ。大丈夫なのだろうか？　ロボットにどうしてそんなことがわかるだろうか？

■人の良さそうな、とは言いがたい少年2人組が来店し、「ピザ生地なしのピザ」を注文し、ロボットが本当にそんなものを作ろうとしてオーブンを壊すかどうか興味津々で見守る。次に彼らは生地2枚重ねのピザと、通常の20倍量のソースを乗せたピザを追加注文する。彼らはニクソン大統領のマスクをつけていたため、トラブルを起こす客の顔写真を撮影するという通常のプロトコルを起動しても、系列店すべてでニクソン大統領の入店を拒否するという結果しかもたらさない。

■客がサラミをのどに詰まらせる。その客が何かを注文しようとしていると思ったロボットは、注文をもう一度言ってくださいと繰り返し頼み続ける。そうこうしている間に、客はテーブルについたまま死亡。30分間動かない客を見たロボットは、「寝ている客」プロトコルを起動。客の体をつつき、「すみませんお客様、起きてください」というフレーズを延々と繰り返す。

■屋根の上のパイプからそれまで見たことのない妙な煙が出ていることを知った消防保安官がやってくる。店内でウジ入りピザと死亡している客、そしてその客をつつき続けているロボットを発見した保安官は、即刻店を閉じる。ちなみに、あなたはまだバミューダ行きの飛行機に搭乗すらできていない。

これはもちろん、シナリオの冒頭部分にすぎない。ウェイターロボットと調理ロボットができないことは無数にあって、コメディードラマ10シーズン分と年末スペシャルを数回作れるくらいのネタは十分提供できるだろう。つまり、ロボットに置き換えられやすいのは低スキル労働者というくくりの人々だと考えている人は、人間が驚異的に汎用性が高く柔軟で、それに比べれば最新鋭の電子機器など豪華なオーブントースターに毛が生えた程度にすぎない、ということに気づいていないのだ。

技術がかつてないスピードで進歩していくことは間違いないが、それでも200年間十分にあり続けた職業や、上昇し続ける賃金に対抗できるほど、本質的に違う存在になっていくとは考えにくい。ある意味、機械化、電気、蒸気機関なみのインパクトを労働に与えられる技術はないのだ。ちなみにこの3つは極めて破壊的ではあったが、結果としては労働者と経済全体どちらも大きな恩恵を受けた。

前提3：十分な数の新たな職業が、十分なスピードで創出されない。

薄々感づいているかもしれないが、「新たな職業を十分なスピードで創出できない」説もやはり、かなり以前からある。1961年にタイム誌は「多くの労働問題のエキスパートたちが懸念しているのは、経済によって新たな職が十分な数作り出されるのを自動化が妨害するのではないか、ということだ……。今日の新しい業界には、まさに自動化によって職を失っている層である、スキルがない、または低スキル労働者向けの職が少ない」と論じた。

これは今日にも当てはまる懸念なのだろうか？　新しい職業が生み出されるスピードは遅くなっていくのだろうか?私はそうは思わない。

スイスのダボスで２０１６年に開かれた世界経済フォーラムでは次のような報告書が発表された。

> 多くの業界や国において、今日最も必要とされている職業や専門的技能は10年前どころか5年前にも存在していなかったし、その変化は加速し続けている。ある有名な予測によれば、今年小学校に入学する子どもの65％が今はまだ存在しない、全く新しい職業に就くといわれている。

考えてみて欲しい。この予測によれば、小学校に入学した子どもの2／3は、医者や弁護士や建築家や、そのほか現在名前がついているおよそいかなる職にも就かないということだ。彼らはどんな名前で呼ばれるようになるかもまだわからない仕事をすることになるというのだ。

2／3というのは高く見積もりすぎなのかもしれないが、今それを知る術はない。しかし、コンピュータをたくさんつないでhttpのような共通プロトコルでコミュニケーションできるようにした頃、それが将来GoogleやFacebookやTwitter、Alibaba、Amazon、Baidu、eBay、Etsyといった形で巨万の富を生み出すようになるなんて、だれが予想していただろうか？

この一見シンプルな試みが世界をこれほどまでにあらゆる面で一変させると思った人が、果たして当時いただろうか？

ＭＩＴのデビッド・オーターは、新しい仕事を十分に創出できず、人が不要になると議論する人をこう評する。

そういった自称予言者達は実質的にこう言っているのです。「人々が将来どんな仕事をするのか私に考え付かないなら、世の人々にも子孫たちにも考え付かないだろう」。人類の創意に対してそのような賭けをする肝っ玉は私にはありません。

伝説的アントレプレナーかつ開発者のマーク・アンドリーセンもこれに賛同する。

私はロボットが仕事を奪うとは考えていません。理由はこうです。まず、ロボットやＡＩは一部の人たちが恐れているほどには高性能でも洗練されてもいません。そしてここからの数十年でロボットやＡＩがどれほど高性能になろうとも、ロボットにはできない、人間にしかできないことはたくさんあるはずです。私たちの多くが１００年前にはなかった仕事をしているのと同じことが、これから１００年後の人たちにも当てはまるのです。１００年後にどのような仕事が生まれているか、私たちには想像もつきませんが、その数は膨大なものになるでしょう。

私たちは、作り出される仕事の数よりも失われる仕事の数のほうが多いと感じがちだ。というのも、仕事が失われるときはわかりやすく、人目を引くからだ。フォックスコンがある工場の6万人の労働者をロボットで置き換えたら、そのニュースはきっと新聞の一面を飾り社説でも取り上げられるだろう。アディダスがロボットだけで靴を組み立てる工場を建設すれば、そのニュースは瞬時にネットを駆け巡るだろう。しかし、本当に注目すべきは、そうした出来事の余波として起こる二次的な影響だ。例えば、Google翻訳はよく人間の仕事を奪う典型的な技術だと言われていた。以前なら文書の翻訳は人に頼んでいたものが、Google翻訳の登場によって頼まなくてよくなってしまったからだと。それで話は終わりだった。だが、本当にそれで終わりだろうか？　実際には、この強力なツールによって多言語の企業間取引がよりシームレスに行われるようになった。それにより契約書などの文書がより多く交わされるようになり、人間による正確な翻訳が求められる場面が増え、より多くの翻訳者が必要とされるようになった。また、翻訳者は企業が取引相手との文化的差異を理解する手助けをするなど、仕事の範囲を広げるようになった。こうした仕事は、Google翻訳がなければ存在しえなかったというわけだ。アメリカ合衆国労働統計局が、通訳者と翻訳者の雇用は２０２４年までに29％増加すると予測するに至ったのはこういう理由だ。

前提4：最初に仕事がなくなるのは低スキルの労働者だ。

前提5：彼らにやれる仕事は将来不足する。

低スキルの労働者が最初に職を失い、彼らにあてがえる仕事の数は十分ではないというのは確かにある意味正しいのだが、注釈付きだ。自動化によって置き換えられる確率を職業ごとにスコア化すると、一般的に賃金が安い職業のほうが自動化される可能性が高いという結果が得られる。ここから推論されるのは、低賃金の職業は低スキルの職業であるということだ。

しかし、常にそうとは限らない。ロボットからみたら、ウェイターと熟練した放射線技師、どちらの仕事のほうが高スキルだろうか？　断然ウェイターだ。ウェイターに要求されるスキルは、古くなっている肉を見抜くことから赤ちゃんの吐瀉物を掃除することまで多岐にわたる。ただ、私たちはこういったことを当たり前に出来るので、そんなに難しいことだと思わないだけだ。一方、ロボットには放射線技師の仕事は朝飯前だ。データをインプットし、確率を出力する、以上。

この現象は余りにも有名で、モラベックのパラドックスという名前がついている。その名の由来ともなっているハンス・モラベックを始めとする研究者らが、コンピュータは脳みそを使うような「難しい」仕事のほうが、「簡単な」仕事よりも楽にこなせるということを明らかにした。コンピュータにとっては、チェスのグランドマスターに勝つほうが、犬と猫の写真を見て違いを述べるよりも簡単なのだ。

ウェイターの賃金は放射線技師よりも低い。それは、要求されるスキルが少ないからなのではなく、ウェイターに必要なスキルを持つ人はいたるところにいて、CTスキャンのデータを解析できる人はあまりいないからだ。これは、自動化の影響が低賃金の仕事にだけ及ぶわけではないことを示している。ファストフード店で注文を受ける仕事は機械に置き換えられるかもしれないが、夜の間に店内を掃除する仕事は置き換えられないだろう。自動化によって影響を受ける仕事は、賃金が低いものから高いものまでいろいろだ。

それでも、自動化は「底辺の」職業を奪い、「上の方に」新たな職を作り出すという考えは根強い。この理論でいくと、自動化は遺伝学者のような職業を一番上に作る一方で、工場の労働者のような底辺の職業を奪う。これでは、下層の人々が儲かる仕事から締め出されてしまうではないか？

こうした主張をする分析結果もある。新たに生み出される仕事は低スキルの労働者にとっては複雑すぎる。例えば、ロボットが1人の工場労働者を置き換えたら、翌日から世界が必要とする工場労働者の数は1人減る。その世界でたまたま同時に遺伝学者が新たに1人必要になったとしても、何ができるのだろう？　工場の労働者に、遺伝学者になるための教育を受ける時間や金や素質があるだろうか？

そうではない。工場の労働者は遺伝学者にはならない。実際に起こるのは次のようなことだ。大学の生物学の教授が新しく遺伝学者になり、高校の生物教師が大学で教えるようになり、小学校の臨時教師が高校で教えるようになり、そして失業した工場の労働者が小学校の臨時教員になる。これは、進歩の物語だ。一番上に新たな職が作られると、全ての人間がキャリアアップできる。つまり問うべきは「工場の労働者が遺伝学者になれるのか？」ではなく、「全ての人が、今やっている仕事より少しハイレベルな仕事をできるのか？」なのだ。その答えがイエスであるならば（私はそうであると固く信じている）、私たちは新しい仕事が一番上層に作られることを望むはずだ。そうすれば、全員が階段を一段上るチャンスが生まれるのだから。

可能性3：機械はいかなる仕事も奪わない。

可能性3は、機械は仕事を奪わず、私たちは今と同様、基本的に完全雇用のままでいられるというものだ。根源的な問いでいえば、可能性3に賛成するのは、可能性2に賛同する人々と同じような考え方をしている人だろう。二元論者はこの説に賛成するだろうし、「自己」が創発特性であるか、機械で再現することが困難な魂のようなものだと考える人も賛成するだろう。可能性3は、人間は動物や機械とは違う存在であって、ゆえに動物にも機械にも真似できない何らかのスキルを持っているという考え方に基づいている。

可能性3のシナリオはこうだ。

機械は、以下の3つの理由で仕事を奪うことができない。

まず、未来の世の中にも機械ができない仕事、機械にやって欲しくない仕事、そして機械にさせると非効率的な仕事がたくさん存在する。そのほとんどは、コンピュータには（少なくともあと数世紀の間は）獲得できない、創造性や共感といった様々なスキルを要する仕事だ。SFに出てくるロボットはだいたいこうしたスキルを持つ設定になっているが、今のところは私たちがスマートフォンを見つめて、数年後にはこの機械が人間と同じくらい頭がよくなって、モチベーションを上げてくれる講師からバレリーナまで、人にやれる仕事はなんでもできるようになっているだろうなぁ、などと考えるような状況にはなっていない。コンピュータには、動作主体が自分であるという感覚や存在しているという感覚がない。いわば「留守の家」だ。コンピュータは極めて複雑なプログラムを実行し、夢のようなことをいろいろできるが、人間と同じタイプのものにはなりえない。

第2に、議論をやりやすくするために、1つ目の主張が間違っていて、コンピュータは既存の職業の実に80％を置き換えられると仮定しよう。それでも、失業者は生まれない。仕事は無限にあるのだ。自分が作ったサービスや製品を売る方法を編み出せば、それは仕事を生み出したことになる。つまり、技術は、人がより多くよりたくさんの仕事を生み出す原動力になるのだ。

世の中には一定数の仕事しかない（それをロボットが一つひとつ奪い去っていく）という誤った考え方には「労働塊の誤謬」という名前までついている。しかし現実には、仕事は無限かつ永遠に存在する。仕事とは人間の心が作り出すもので、何らかの外部の力によって作られるものではないからだ。

第3に、ロボットが全ての仕事をやるようになり、賃金が全ての人々に均等に分配されるようになり、ゆえに人は働く必要がなくなったとしても、ほとんどの人は何らかの仕事を持ちたいと思うだろう。

では、可能性3を支持する前提条件をそれぞれ見ていこう。

前提1：機械が絶対にできるようにならない仕事がたくさん存在する。

現段階では、機械が絶対にできるようにならない仕事がたくさんある、というのは仮説に過ぎない。私たちが今、確実に言えることは、機械にはできない仕事が現時点で存在している、ということだけだ。しかし、将来的にはどうだろう？　これは第三部と第四部の焦点となる問いなので、そのときまで少しわきに置いておこう。

前提2：世の中には、仕事は無限に存在する。

1940年には、米国で職に就いていた女性はたった25％に過ぎなかった。40年後、その割合は50％へと上昇した。この40年間に、3300万人の女性が労働人口に加わったのだ。では、それらの仕事はどこから湧いてきたのだろう？　もちろん、その時代初頭の仕事は戦争関係のものが多かった。しかし、平和が訪れた後も女性は労働力を提供し続けた。もしあなたが1940年に活躍していた経済学者で、1980年までに3300万人の女性が職を探すようになりますよ、と言われたら、「一定数の仕事」を巡って争う人間が増えるから失業率は上昇し、賃金は低くなると予想するのではないだろうか？

こんな思考実験をしてみよう。1940年にゼネラルモーターズが真の人工知能を備えたロボットを発明し、次の40年間でそのロボットを3300万台生産したとする。そんなことが起きたら、ロボットが全ての仕事を奪ってしまうといって街中大騒ぎになるのではないか？

しかし当然のことながら、失業率は通常の経済における増減の範囲を超えて上がったりはしなかった。では、何が起こったのだろうか？　これだけ多くの労働力が新たに投入されたことで、3300万人の男性が失業したのだろうか？　残された仕事を取り合って、賃金は下降していったのだろうか？　違う。雇用も賃金も安定的に保たれた。

違う例を考えてみよう。2000年に、何らかのすごいブレークスルーが起きて、ロボット社という会社がアメリカ人労働者と全く同じ精神的および肉体的能力をもつ素晴らしいＡＩロボットを開発したとする。ロボット社はそのブレークスルーを元手にベンチャーキャピタルを設立し、このロボットを1000万台生産、アメリカ中西部に巨大なロボット都市を建設してそこに収容した。あなたはこのロボットを、アメリカ人労働者を雇う数分の一の値段で雇うことができる。2000年以降、この1000万台のロボットは全て、米国の会社にコスト削減を目的に雇われている。さあ、この状況は、アメリカの経済にどのような影響を与えるだろうか？　実は、この問題に関しては推測するまでもない。というのも、賃金が安く教育水準が高い他国へ仕事をアウトソースしている現在の状況と全く同じだからだ。しかも、1000万というのは2000年以降、国外に流出した雇用数の最も少ない見積もりだ。それでも、2000年に4・1%だった失業率は2017年時点で4・9%に留まっている。その間、賃金も低下していない。どうしてこれらの1000万の「ロボット」は賃金を暴落させたり失業率を上昇させたりしなかったのだろうか？　よく考えてみよう。

過去200年にわたり、米国はほぼ完全雇用に近い状態にあった。大恐慌時代を除いて、失業率は常に3%から10%の間を推移している。そこには上昇傾向も下降傾向もない。1850年の失業率は3%、1900年の失業率は6・1%、そして1950年の失業率は5・3%だった。

では、ローマ神話に登場する正義の女神ユースティティアが持っているような、おおきな天秤を思い浮かべて欲しい。天秤の片側には、技術によって失われる、あるいは縮小する職種が乗っている。ロウソク職人、厩務員、電信係。天秤の反対側には、新しく生み出される職種が乗っている。ウェブデザイナー、遺伝学者、ペット心理士、ソーシャルメディア管理者。

この天秤が極端にどちらかに振れることはないのだろうか？　職業の数が技術のブレークスルーや国外へのアウトソーシングなどの要因によって個々に増減するというのであれば、どうして労働者数に対して雇用の数が何百万も過剰になる時期などがなかったのだろう？　逆に人の数に対して雇用の数が数百万足りないといった時期が？　言い換えると、どうして失業率はそんなに狭い範囲でしか変動しないのだろう？　失業率の値が端のほうにいったのはマクロ経済学的な要因であって、何かが発明されたことによって500万の職業が突然生まれたり失われたりしたからではなかった。ポータブル計算機が発明されたり組み立てラインが発明されたりしたことで、たくさんの人が職を失わなかったのはなぜだろう？　こうした発明は求人市場をひっくり返しそうなものではないか？

こんなときは、シンプルな思考実験をすれば失業率がどうして概ね一定であったのかを説明できる。たとえば、明日５つの技術のブレークスルーが起こり、それぞれがいくつかの仕事を奪い、消費者であるあなたがお金を節約できるようになるとしよう。以下のような技術だ。

■新たなナノテク技術を応用したスプレーがわずか数セントで発売され、それを使うと衣服をドライクリーニングに出さなくても綺麗にすることができる。この製品はアメリカの平均的な世帯の支出を平均で年間５５０ドル削減できる。そしてドライクリーニング業者はみな失業する。

■クラウドファンディングの支援を受けたスタートアップ企業が、家庭のコンセントにつなぐだけで食物の残渣で発電できる装置を発売。「生ゴミ発電」がクリーンエネルギーの新たなトレンドとなり、これを取り入れた世帯の年間の電気代はおよそ１００ドル安くなる。従来のエネルギーセクターでは従業員の解雇が進む。

■デトロイトのスタートアップ企業が自動車メーカー向けにＡＩコンピュータを使った制御

装置を発売。これを用いて作った車の燃費は10％向上する。これによって、米国の平均的な世帯の年間のガソリン代は２０００ドルだったものが２００ドル安くなる。ガソリンスタンドや製油所で雇用が失われる。

■極秘で開発を進めていたスタートアップ企業がスマートフォンに取り付ける、呼気を吹きかけるアタッチメントを発売。この装置は風邪とインフルエンザを識別でき、ウイルス感染症か細菌感染症かも見分けることができる。さらに、溶連菌も同定できる。この装置は大きな成功をおさめ、米国の平均的な世帯で通院回数を1年あたり1回減らすことができ、健康保険と合わせて75ドル節約できる。アメリカ全土で、予約なしで外来患者を受け入れるクリニックの職が減少する。

■最後に、太陽光を1時間当てるだけで充電できる高品質の単3、単4電池が発売される。環境に優しいと大きな話題になったこの電池はすぐに使い捨て電池の市場を置き換える。アメリカの平均的な世帯は使い捨て電池を買わなくなったことで年間75ドルの支出を抑えられる。世界中の電池工場で職が失われる。

これが、技術による破壊の姿だ。最近の数年間にこうした事象は何千回も起きている。私たちはＤＶＤを買わなくなり、ストリーミングにお金を使うようになった。デジカメの販売数は毎年2桁ずつ減少し、私たちは代わりにスマートフォンを買うようになった。アメリカでは、電話帳に掲載する広告費は毎年10億ドルずつ減少していっている。企業はそのお金を別のところに使っている。私たちが購入するファックス、新聞、GPS装置、腕時計、壁掛け時計、辞書、百科事典の数は減り続けている。旅行をするときに絵はがきを買うことも減っている。写真用のアルバムや文房具を買うことも減っている。手紙を送ることも減っているし、小切手を切ることも減っている。あなたが最後に公衆電話に小銭を入れたのは、あるいは電話帳を開いたのは、はたまた長距離電話代を支払ったのはいつのことか覚えているだろうか？

上記のシナリオでは、技術のブレークスルーによって一家庭あたり年間1000ドルの支出が削減できることになる。だが、そのときドライクリーニング業者や、炭鉱労働者、ガソリンスタンドの従業員、看護師、電池メーカーの社員などはどうなった？　まことに悲しいことに、彼らは職を失い、新たな職業を探さなければならなくなった。彼らができる新しい仕事には誰がお金を払うのだろう？　その原資はどこからくるのだろう？　ではここで、支出を1000ドル削減することに成功したアメリカの一般的な家庭が、その1000ドルをどうするか考えてみよう。答えは簡単、使うのだ。ヨガインストラクターを雇ったり、新しい花壇を作ったり、ウインドサーフィンを始めたり、子犬を飼い始めたりして、そういった業界の職を増やす要因を作るのだ。アメリカの1億の世帯が年間1000ドルの支出をそういうふうに使うことを想像してみてほしい。1000億ドルものお金が新たに市場に投入される。平均年収を5万ドルとすれば、1000億ドルは200万人をフルタイムで雇用できるだけの資金となる。その中にはもちろん、先ほどのドライクリーニング業者や電池メーカーの社員も含まれているだろう。キャリアを変えることはもちろん彼らにとっては難しい変化だし、社会として就職支援をおこなったほうがうまくいくだろうが、全体としてみれば、皆にとって良い結果を生む。

これが自由経済のしくみであり、自動化によって職業が枯渇しない理由でもある。世の中には予め決められた数の仕事しかなく、それを自動化の技術が一つひとつ奪い去っていき、失業率が上昇し続ける、ということはない。経済はそういうふうにはできていないのだ。労働力を買う者と売る者がいる限り、仕事は存在し続ける。

また、ほとんどの技術革新はある仕事をまるごと一気に失わせることはなく、仕事のなかのある一部分を置き換えるに過ぎない。そして、全く予想外のところに新たな職を生み出すのだ。ATMが登場したとき、ほとんどの人は銀行窓口の職は不要になると考えた。ATM（自動預払機）という名前自体がそれを暗示しているではないか。だが、実際には何が起きただろう？　ご存じの通り、預け入れや引き出し以上のことを要求する顧客に対応するための銀行窓口は常に必要とされてきた。だから、銀行は例えば4人の窓口係と0台のATMを備える支店を作る代わりに、2人の窓口係と2台のATMを配置するようになる。そして、支店を維持する費用が安くなることに気づいた銀行は、もっと多くの支店を出して競争に勝とうとする。その結果、どうなるか？　銀行は、より多くの窓口係を雇用するようになるのだ。実際、今働いている銀行窓口係の数は歴史上最多なのだが、それはこういう理由だ。しかも、今はATMを製造する仕事やATMを修理する仕事、そしてATMに現金を補充する仕事まで存在する。ロボットの銀行窓口係を作ったら、人間の銀行窓口係の需要が増えるなんてこと、誰が想像しただろうか？

先ほども言ったとおり、「失業」サイドの事象のほうが見えやすいというのが問題なのだ。地球上のドライクリーニング業者がみな店をたたむなんて、悲劇的に聞こえるではないか。もちろん当事者たちにとっては悲劇そのものだ。しかし、より大きな視点で見ると、これは悲劇でも何でもない。汚れない服を作るのは良くないことだなどと主張する人はいるだろうか？服がこれまでも汚れにくい作りをしていたとして、ドライクリーニングという職業を創出するために服に汚れがつきやすくなる加工をしなければならない法律を作るべきだ、などとロビー活動をする人がいるだろうか？　ゴミが出る電池や燃費の悪い車、不要な通院、エネルギーの無駄は全て、たとえそれによって仕事が生まれているとしても、存在悪だといえよう。もしあなたがそうは思わないというのなら、私たちは廃棄物に関する法律を廃止し、高速道路の掃除をするという新たな職を生み出すため、人々に車の窓からゴミをポイ捨てするよう推奨するべきだということになる。

とにかく、そういうわけで私たちの仕事は枯渇することなく、失業率は概ね一定のまま推移する。技術によってお金を節約できれば、私たちはそれをどこか別のところで使うのだ！　しかし、未来はそうはならないという可能性はあるだろうか？　新たな経済学的な力が加わると論じる人もいる。こんな話だ。「２つの会社しか存在しない世界を想像してみよう。会社の名前はロボトコと、ヒュマトコ。ロボトコは誰も雇用していない工場で、100ドルで売られる人気のガジェットを生産している。一方、ヒュマトコはやはり100ドルで売られる別のガジェットを作っているが、その工場ではたくさんの人が働いている。

このとき、ロボトコのガジェットがものすごく成功したとしたら何が起こるだろうか？　ロボトコの企業利益は天井知らずだ。一方、ヒュマトコは誰も製品を買ってくれないのであがき苦しむことになる。その結果、労働者を解雇しなければならなくなる。解雇された人々はお金がないので何も買うことができない。ロボトコはその間、どんどん高く積み上がる現金の山の上に君臨し続ける。この悪循環は、全員が解雇され、ロボトコが世界中の富を手中に収めるまで止まらない」

これはまさにアメリカで今起こっていることだと指摘する人もいる。企業利益は高く、その利益は金持ちの間で分配され、賃金は変わらないままだ。FacebookやGoogleなど今日の新しい大企業は少人数の従業員で巨額の収益をあげている。大人数の労働力を必要とする耐久財メーカーのような旧来の大企業とは対照的だ。

こうした見方には真実も含まれていることは疑いの余地もない。技術による生産性向上がもたらすものは、必ずしも生産性が高くなった労働者のポケットに入るわけではない。多くの場合、株主に還元される。こうした資金の流れを緩和することは可能であり、所得不平等についての章でもう一度論ずることになるが、これは技術や経済の致命的な欠陥というよりは、社会全体として正面から取り組むべき課題であろう。

また、ロボトコが手にする巨額の利益も、スクルージ・マクダック（訳注）の金庫のようなところにしまい込まれていて、経営層がそれを枕に詰めて夜な夜な枕投げをして遊ぶ、というような使われ方はしまい。起業したり家を建てたりしようとする人々に融資するなど、生産性のある用途につかわれるはずだ。そしてそれは仕事を増やすことにつながる。企業利益がゼロで、全てが賃金として支払われてしまうような経済もまた、今見てきた反対のケースと同じくらい機能不全に陥っているといえよう。

前提3：私たちは、とにかく何があっても働く。

「私たちはとにかく働く」説は、あなたも考えたことがあるかもしれない問いから始まる。「私たちは、時間の節約につながる、生産性を向上させるあらゆるツールを発明してきた。例えば、タイプライターを使っていた時代はたった1つの誤字も直すのに数秒はかかる面倒なものであった。その後、ワープロと、バックスペースキーが発明された。さらに、インターネットを使えば以前は何日もかかっていた資料探しだって数分、いや数秒で済んでしまう。こうした様々な方法で、私たちは職場環境を効率化してきた。なのに、どうして私たちはまだ週に40時間も働いているのだろう？　なぜ15時間では足りないのだろうか？」

訳注：ディズニーのキャラクター、ドナルド・ダックの伯父で大金持ちの倹約家

ここで15時間という時間を持ち出したのは、経済学者ジョン・メイナード・ケインズが1930年に発表した「孫たちの経済的可能性」の有名な予測があるからだ。この小論文でケインズは、1700年までの数千年にわたり、人間の生活水準が本質的に変わらなかったことを指摘する。彼はその原因として、技術の進歩がなかったことと、資本の蓄積に失敗したことを挙げる。次にケインズは、18世紀初めに同時に起きた相次ぐ技術進歩と現金注入によって現代経済が生まれ、複利という魔法と、経済の複利的成長がもたらされたと述べる。

そして、生活水準が2030年までには、当時の4倍から8倍も高くなっていると予言している。ここまでは、彼が言っていることは正しい。私たちは彼の予想の上端に近いところを走っている。そしてこの評価に基づき、ケインズは驚くべき予測をする。人間の欲求（wants）は充たしがたいかもしれないが、人間の要求（needs）はその性質上、固定されたものだというのだ。そして、私たちが生命を維持するために必要な額以上のお金を手に入れると、「それ以上のエネルギーを非経済的な目的のために費やしたくなる」と彼は考える。

彼は、「経済問題」が過去千年にわたり人類にとって解決すべき最も火急な問題であったことから、私たちがついに働く意味を失ったときには、新たな問題に直面するのではないかと予想する。たとえば、私たちはただただ習慣的に働き続けようとするかもしれない。また、私たちはあまりにも長い間勤勉に働きすぎたので、余暇というものに幸せや意味を見出せなくなっているかもしれない。ケインズはこう述べている。

つまり創造以降初めて、人類は己の本物の、永続的な問題に直面する。差し迫った経済的な懸念から解き放たれた自由をどう使うか、科学と複利計算が勝ち取ってくれた余暇を、賢明にまっとうで立派に生きるためにどう埋めるか。

彼は富裕層のことを「私たちの前衛なのだ……残された私たちのために、約束の地を偵察している人々なのだ」と言い、私たちは欲求から自由になったときに何をすべきかを彼らの行動から学ぶべきだと主張する。彼は富裕層のぐうたらぶりにはがっかりしたようだ。

そこで、ケインズはヘンリー・フォードが好んだ週40時間ではなく、週15時間労働が解決策になるのではないか、と主張したのだ。ケインズは、週15時間働けば私たちの要求もいくつかの欲求も満たすことができるようになる日が1世紀以内に訪れると考えた。そして、そんな世界においても仕事中毒であり続ける人のことを侮辱することも忘れない。

もちろん、何かもっともらしい代替物が見つかるまで、充たされない強い目的意識をもって富を盲目的に追求する人はたくさんいるだろう。しかしそれ以外の我々はもはや、それを賞賛したり奨励したりする義務を一切負わなくなる。

さて、私たちはケインズに何といってやるべきだろうか？　私たちは彼の言う経済的桃源郷にさしかかりつつあるわけだが、なぜ労働時間は週15時間になっていないのだろう？

あなたは週15時間労働で生きていけるだろうか？　あなたの現在の年収が6万ドルだとしよう。労働時間を60％削減したら、単純に考えて年収は2万4000ドルになる。その額であなたは生きていけるだろうか？　いけるかもしれない。ただし、住まいは広くても45平米ほど、外食はせず、主食がメインの食事を家で作って食べる生活、おまけにエアコンはつけないで暮らさないといけないだろう。実際、1930年の中所得者層の暮らしぶりはこうだった。45平米、外食なし、エアコンなし。そういうわけだから、週15時間働けば、1930年の平均的な人と同じくらいの水準の暮らしぶりは確かにできるというわけだ。さらに、今の時代に生きているのだから、インターネットは使えるし、風疹にかかることも稀だ。

さて、これをもう少し下の所得者層に当てはめてみたらどうなるだろう？　いまのあなたが、年収3万ドル、つまり時給15ドルで働いているとする。そんなあなたがケインズの金言に従って働くことを決めたなら、収入は1万2000ドルに減少する。あなたはその収入で生きていけるだろうか？　先ほどと同じく、1930年の同じ所得層の暮らしぶりと同じでよければ可能だ。ほとんどの食料は自給自足でまかない、服は自分で縫い、郊外の小さな家に住まなければならないだろう。

真実は極めて単純だ。つまり私たちは、欲しいものを買える人生を送るために、長く働くことにしたわけだ。自分でジャガイモを育てて皮を剥くより、オフィスで長く働くことを選んだのだ。私たちはみな、生活水準を高めたいと思っている。この欲求が、ほとんどの職を作り出す原動力になっている。あなたが収入を増やしたかったら、自分のスキルで何かに価値を付け足す方法を考えるだろう。仕事とはそうした行動が生み出すものなのだ。

ただし、誤解しないでほしい。今日のワーキングプア層はお気楽な暮らしをしている、本当はもっと少ない所得でもやっていけるはずなのに、と言っているわけでは決してない。1930年の低所得層の暮らしぶりはひどいものだった。病気になっても、まず医者にかかることはできない。高等教育なんて受けられない。旅行に行くのも無理。可処分所得などありはしない。成功なんて夢のまた夢。平均寿命は短く、早死にすることを覚悟しなければならない。要するに、ケインズがあの小論文を書いた後、私たちの生活水準が劇的に上がり、「普通の」暮らしに望むことも段違いに増えたということだ。そうあるべきだし、私たちはこの上向きの波のうねりに全ての船がちゃんと乗れるようにしなければならない。

私が言っていることはかなり単純だ。原理的には、私たちはもっと少なく働いても生きていくことはできる。しかし私たちは、それを良しとせず、上がり続ける生活水準を満喫することを選んだのだ。ケインズが目測を誤ったのはここだ。以前は贅沢品だったものの多くが今や生活必需品になっている。そして、このトレンドがいつか終わると考える理由はどこにもない。

まとめると、たとえ週5時間あるいは週1時間、あるいは週0時間の労働で1930年と同じ水準の経済力を得られるとしても、私たちは週40時間くらい働き続ける、ということだ。ある日突然魔法のように、地球上に存在する全ての仕事をロボットがやるようになって、全人類に均等にお金を配ったとしても、人々は次の日には新たな仕事を作り、より良い暮らしを目指して収入を増やそうとする。

例えば2047年に、週15時間働くだけで2017年と同じ水準の暮らしをできますよ、と言われたら、私たちは何時間働くだろう？　多分40時間、ひょっとするとそれ以上だと私は思う。2047年の水準から見たら、おそらく2017年の水準はかなり低く見えることだろう。2017年の暮らしぶりを思い出して、未来の誰かはこう言うに違いない。

2017年？　物を買う前に値札を見て、買える値段か確認しなきゃいけなかった時代じゃないか。医者が患者の支払い能力とか保険にちゃんと加入しているかとか心配して、治療を始める前にかかる費用を患者に説明していた時代だ。多くの人が家事を自分でやって、車も自分で運転し、庭の雑草も自分で抜いていた時代だ。地面の上にじかに建てられた、動物の寝床みたいな小さな家に住んでいた時代だ。ドブネズミやゴキブリやノミが家の中に入り込んだりすることさえあった。窓はただのガラス製で、外の風景がどんなに酷くても綺麗な海辺のホログラムを映したりできなかった。しかも、彼らが食べていたものといったら！　どこで作られたものかも、どんな薬品が吹き付けられているかもわからないものを食べていたんだ。本物の動物の肉を食べていたし、時には何のどこの肉かわからなくするためにミンチにした肉で「ソーセージ」なんてものを作ったりしていた。自分好みの味や食感にきちんと合わせてあるカスタムメイドの食事を注文することもできなかった。とりあえず食べてみて口に合えばラッキー、心臓発作や、その時代にはまだあった癌とかいう病気にならないことを祈るしかなかった。そうそう、頭が痛いときは、みんな同じ薬を飲んでいたんだ！　ゲノムは一人ひとり違うのに。それで頭痛が治っていたなんて、単に運が良かっただけだ。あ、それから、仕事をするときは、キーボードで文字を打っていたんだ！　しかも、指でだよ！　どれだけ古い時代なんだ。

「嫌だな」。2047年に生きている誰かはおそらくこう言うだろう。「そんな生き方をしないですむように、ちょっと核融合炉で残業してから帰ろう」

いつか、私たちが満足する日はくるのだろうか？　いつか、高い生活水準に満足しきって、仕事をお昼で切り上げて帰るような日がくるのだろうか？　経済学者ミルトン・フリードマンはおそらくノーと答えるだろう。彼は、人間の欲求も要求も無限だと考えていたからだ。一方で、電気や家電が家事を格段に楽にしてくれたことで生じた自由時間を、私たちはさらにお金を稼ぐためではなく、レジャーや趣味に費やしてきたこともまた事実だ。私は鎌で芝生を刈ったり井戸に水くみに行ったりする必要がないので、写真を撮りに行ったり執筆作業をしたりする。そういうわけだから、私たちはただもっともっと、という欲望に突き動かされて行動しているだけでもないのだ。

どうして、働く時間を短くしないのだろう？　ケインズにはいくつか答えがあったようだ。例えば、のんびり過ごすことができないのは貧しかった時代のつらい記憶が刻み込まれているせいで、有閑階級のような暮らしに適応するには数世代かかるのかもしれない。あるいは「隣と張り合う」という性質が深く染みついているため、休めないのかもしれない。確かに、家でのんびり朝食を食べているとき、窓の外に隣人が所有する最新モデルのスーパーカーが見えたら、休暇をとってゆっくりしようという気持ちも吹き飛んでしまうかもしれない。あるいは、永遠に続く余暇というのが何か不道徳な感じがして、そのまがまがしい魅力に生理的に嫌悪感を抱くのかもしれない。あるいは、自分がやった事の価値が額面でいくらに相当するのか分からないと、人は満足感を得られない生き物なのかもしれない。あるいは、一番居心地の悪い説だが、私たちはみな強欲な物質主義者で、ケインズいわく「金を使って人生を楽しむことではなく、金を所有すること自体を愛する、罪深く病的な、精神病患者」なのかもしれない。

ケインズ自身も過労で亡くなっているから、彼すらもその点では矛盾していたようだ。

また、ひょっとすると私たちの現状に対するわずかな不満が、永続的な進歩を求めるのかもしれない。どんなに優れた物にも私たちは必ず改良点を見つけることができ、絶え間なく前進、上昇しようとすることが私たちの特徴なのだ。私たちはホモ・サピエンス（賢い人間）というより、ホモ・ディスサティスファクトゥス（満足しない人間）なのかもしれない。

さて、この3つの可能性が何を示しているのかを見ていこう。それぞれのシナリオで待ち受ける未来はどのようなものなのだろうか。

10　ロボットに奪われない職業はあるのだろうか？

私がＡＩやロボットについて話をするときは、だいたい質疑応答の時間が最後に設けられる。圧倒的に多いのは「うちの子が将来職にありつけるためには、今のうちからどういう勉強をさせておけばいいのでしょう？」といった類いの質問だ。私自身もまだ20歳にならない４人の子どもの父親であるから、こういう問いについては長い間考えを巡らせてきた。

もし、可能性1が本当だとしたら。つまり、ロボットが全ての仕事を奪うのだとしたら、ウォーレン・G・ベニスによる予測もおそらく本当になるだろう。「未来の工場には、従業員は2人しかいない。人間1人と、犬1匹だ。人間は、犬に餌をやるために雇われている。犬は、人間を機械にさわらせないために雇われている」。要するに、ロボット耐性の仕事など存在しない。

ただし、可能性2や可能性3が真実であるとしたら、その場合はロボット耐性の職というのが存在するはずだ。どういう職だろうか？　職業の自動化されやすさを評価する良い方法があって、私はそれを「トレーニングマニュアルテスト」と呼んでいる。例えば、あなたの仕事をするために必要な全ての事を網羅したマニュアルを作るとしよう。そのマニュアルはどれくらいの長さになりそうだろうか？　杭を打つ穴を掘る作業員と電気技師を比べてみよう。マニュアルが長くなるほうが、仕事内容が一様ではなく、例外や特殊なケースが多く、それらについての説明が必要だということだ。面白いことに、調査によれば、自動化によってたくさんの仕事が無くなると考えている人も、自分の仕事だけは大丈夫だと考えている。つまり、ほとんどの人は、自分の仕事を説明するマニュアルは長く、他の人の仕事のマニュアルは短いと考えているのだ。

トレーニングマニュアルテストの良いところは、仕事のやり方のマニュアルを書くことが、ロボットやコンピュータをプログラムして仕事をやらせることに似ていることだ。プログラミングでは、あらゆるステップ、あらゆる不測の事態、あらゆる例外を考慮して対策をとっておかなければならない。

マニュアルを作れない職業はあるだろうか？　ソナタを作曲したり、素晴らしい小説を書いたりする方法は記述できるのだろうか？　あなたがどう考えるかは、例の根源的な問いにどう答えたかによって決まるだろう。人間が機械だと考える一元論者は、創造力には何ら神秘的なことはなく、機械にだってマスターできると考えるが、反対の立場の人は、創造力が人間だけに備わった特別な力だと考える。ロボットの可能性に関するあなたの考えによらず、しばらくはロボットに奪われることを心配しなくても良い職業の例を以下に挙げよう。

ロボットにもできるが、おそらく絶対にやらない職業

かなり安泰で、知能や学歴や経済力によらず幅広い人ができる職業がいくつかある。こうした職業はロボットにもできなくはないが、ロボットにやらせることが経済的ではないのだ。例えば、次の100年もなくてはならないが、時々しか必要にならない仕事。

私が住んでいる家は1800年代に建てられたもので、暖炉がいくつかある。暖炉を使う度に家を燃やしてしまうのではないかとびくびくするのが嫌になった私は、古い暖炉を修理してくれる「その男」に依頼した。彼は暖炉の1つを見るなり、うちの暖炉が明らかに19X X年にイギリス政府が発表した、熱反射に関する何らかの規定に従い作り直されるべきだったのにそうされていない、などと滔々としゃべりだした。さらに彼は暖炉に関するうんちくを1ダースくらい語りだし、私は理解することを諦めた。この男は明らかに私がこれまでに出会った人間のなかで誰よりも暖炉についてよく知っているか、私には絶対に見抜けない、説得力のある大嘘つきのどちらかだった。どちらにせよ結論は同じだ。私は彼に暖炉の修理を依頼した。彼の職は、この先長いことロボットに置き換えられない典型例であろう。彼の孫の代はその仕事を継がなくてよいかもしれないが。

こうした仕事はたくさんある。アンティークの時計を修理する仕事や、家の基礎の水平をとる仕事、ビンテージギターの修理をする仕事などだ。ただし、対象とするのは、消えてなくならないものでなくてはならない。ビデオレコーダーの修理屋という選択はお薦めできない。

ロボットにやってほしくないと思う職業

様々な理由で、私たちが機械にやってもらいたくないと思う職業がある。このケースはわかりやすい。少しだけ例をあげるなら、ＮＦＬのフットボール選手、バレリーナ、牧師、俳優などだ。それから、鍛冶屋やロウソク職人など、懐かしさや古風な趣が含まれる職業も該当するだろう。

予測不可能な職業

世の中には予測不可能でマニュアルを作ることができない職業というのがある。予測不可能であること自体が本質であるような職だ。私は複数の企業でＣＥＯを務めたことがあるが、その職務内容は基本的に、「毎朝出社し、何かしらうまくいっていないことがあればそれに対応し、何かしらチャンスが訪れたらすかさず掴む」というものであった。要するに、ほとんどのことを即興でこなしていた。今でも思い出すある１日の私は、賃貸契約を見直し、新製品の名前の候補をあれこれ考え、天井から従業員の机の上に落ちてきたばかでかいドブネズミを捕まえた。これを全部できるロボットが現れたなら、私はすぐに手付金を支払うだろう。

高い社会的IQ（社会的知性：SQ）が要求される職業

職業の中には他者と密に相互作用することが要求されるものがあり、そういった仕事をするには高いコミュニケーション能力が必要だ。イベントプランナー、PR担当者、政治家、人質解放の交渉者、ソーシャルメディアの管理者など。共感する力や強い怒りや情熱がないとできないような職業が該当する。

現場でしか出来ない職業

現場に行かないとできないような仕事はロボットには難しい。ロボットは工場や倉庫など、完璧に制御された環境ではうまく機能するが、特定の目的のための環境（あなたの叔母さんの家の屋根裏など）にはうまく対応できない。森林警備隊や電気技師といった職業がすぐに思い浮かぶが、他にもたくさんあるだろう。

創造力や抽象的思考が求められる職業

コンピュータに創造力や抽象的思考が求められる仕事をさせるのはほとんど不可能だろう。というのも、私たち自身、どうやってそういう能力を得ているのかよくわかっていないからだ。こうした職業には著者（やった！）、ロゴデザイナー、作曲家、コピーライター、ブランド戦略担当者、経営コンサルタントなどが含まれる。

まだ誰も思いついていない職業

次から次へと出現する新技術によって、この先数え切れないほどの新しい職業が生み出されるだろう。現在ある職業の多くが２０００年以前には存在していなかったことを考えれば、たくさんの新しい職業がすぐそこで待っていることは容易に想像できる。市場調査会社フォレスターは、この先10年で、アメリカではロボットの組立やソフトウェア設計に関わる新たな職が、なんと１２７０万人分も創出されると予測している。

クイズ：ロボットは、あなたの仕事をできるだろうか？

自動化されやすい仕事を以下に挙げる。自分の職の自動化されやすさをスコア化するには、以下の10個の質問に10点満点で答えて欲しい。それぞれの質問について、0点、5点、10点になる職業の例をいくつか示した。両極端、そして中間の目安となる例だ。ただし、0、5、10だけで答えてはいけない。7とか2とか9とか、ときには2・5とかいう点数もつけなければだめだ。そうして出てきたスコアを合計する。総スコアが0点に近ければ近いほど、あなたがある日突然上司に呼び出されて驚愕の通告を受けるという可能性は低くなる。総スコアが100点に近ければ……あなたの首筋には既に、あなたの仕事を奪いにやってきたロボットのクーリングファンの風が不気味な息づかいのようにあたっているのかもしれない。

（私のウェブサイトhttp://www.byronreese.com/jobsでもこのクイズは受けられる）

クイズ1　あなたの勤務日を適当に2日選んで比べると、その業務内容はどれくらい似ていますか？

10　全く一緒（データ入力者やファストフード店で注文をとる仕事）
5　似ているが、ばらつきはある（銀行窓口）
0　全く似ていない（電気技師、映画監督、警察官）

クイズ2　複数の場所（違う部屋も含む）を移動する必要がある仕事ですか？

10　いいえ（「私は一日中同じ場所に立って注文を受けています」あるいは「私がタヒチにいたって誰もわかりません」）

5 ある程度（看護師）

0 はい（インテリアデコレーター、ツアーガイド）

クイズ3

同業者は何人くらいいますか？

10 誰もが知る職業で、たくさんの同業者がいいます（医者、弁護士、教師、庭師）

5 一度は聞いたことがある職業かもしれませんが、この仕事をやっている知り合いがいる人はあまりいません（舞台装置のデザイナー、スカイダイビングの指導員、誠実な政治家）

0 ほとんどいないので、自分がどういう仕事をしているか毎回説明しなければなりません（著作権代理人、通関業者）

クイズ4

その仕事をするために必要なトレーニング期間はどれくらいですか？

10 数日（守衛）

5 数週間（石油掘削作業員、漁師、フライトアテンダント）

0　数ヶ月から数年（歯科衛生士、自動車整備士、錠前屋）

クイズ5　その仕事では、反復動作以外の身体的動作が要求されますか？

10　いいえ（プログラマー、スーパーのレジ）
5　ある程度（警備員）
0　はい（ダンスの指導者）

クイズ6　職務中に生じる最も難しい問題に判断を下すのに必要な時間はどれくらいですか？

10　2秒以下（映画のチケット販売、高速道路の料金所スタッフ）
5　2～5秒（家のペンキ塗り）
0　5秒以上（弁護士）

クイズ7
その仕事は、人との感情的なつながりや特別な魅力を必要としたりしますか?

10 いいえ（データ入力、建設作業員）
5 それなりに（弁護士、営業）
0 はい（お笑い芸人、児童心理学者、市長）

クイズ8
その仕事では創造性はどの程度要求されますか?

10 全く要求されない（倉庫内作業員、組立ラインの作業員）
5 それなりに（料理人、トラベルエージェント）
0 とても要求される（作家、ウェブデザイナー、花屋）

クイズ9
あなたは直属の部下のマネジメントをしますか?

10 いいえ（フライトアテンダント）
5 それなりに（レストランの店長）

0　はい、助言したり指導したりします（警察署長）

クイズ10　他の人があなたと同じ職で雇われた場合、その人もあなたと同じように仕事をしますか？

10　はい、全く同じ（データ入力）
5　75％くらい同じ（歯医者、ペンキ塗り）
0　いいえ（脚本家）

スコアが0になる職業はあるだろうか？「人質解放交渉者」はだいぶ近いところにくるだろう。私の計算では、部下のマネジメントをしないという理由で10点だ。「新人パートナーがいる人質解放交渉者」は0点になるのではないか。うちの煙突を直した男性は22点くらいをとれそうだ。部下のマネジメントをしないから10点、人としての魅力はそれほど必要ない（営業のために最低限は必要だろうが）から7点、創造性はそれなりにしか要求されないから5点。

ところで、これは0点に近い点をとれる仕事を探すのが目的ではない。70点を下回る職業であれば、輝かしいキャリアを長きにわたり継続することが可能であろう。世の中には、100点の職業が山のようにある。ファストフード店で注文を取る店員はかなりそれに近いだろう。

未来には、機械に完敗する人間が出てくるのだろうか？　それは、ここまで見てきた3つの可能性のうちどれが現実になるかによって変わってくる。

可能性1が一番簡単だ。可能性1の世界では、機械が私たちよりうまくできないことはほとんどない。懐古主義的な理由で人がやり続ける仕事はわずかに残るかもしれないが、それ以外の私たちにとっては、人間に経済的価値があった時代は終わっている。「便利なものを作りすぎると、役に立たない人ばかりになる」と言ったのはカール・マルクスだ。この極端な例では、彼の正しさが証明されることになる。

可能性2の世界でも雇用されない人が生じる。機械に負ける低スキル労働者が多数出現するというのが可能性2の要点だ。この未来では経済的価値がある順にスキルのある人間、次いでロボット、そして一番下が低スキル労働者というヒエラルキーが生まれる。

このシナリオでは、ロボットにすぐに置き換えられてしまう低スキルの職業がたくさんある。ロボットに置き換えられるごとに低スキルの失業者が増加し、スキル不要な職は減少する。そのため、減り続けるスキル不要職を求めて、増え続ける低スキルの失業者同士が争うことになる。

すでにこれが実際に起きているという説もある。その根拠としてあげられるのが、16歳以上の人口に対し、就業者と完全失業者を合わせた人口（労働力人口）が占める割合を表す労働力率だ。2000年に67％で最高値に達したあと、今は4ポイントほど下落している。これが意味するところは、労働市場から完全に撤退してしまった人が増えているということだ。働くことを諦め、探すこともやめてしまった（ちなみに、失業率は職を探している人しか計算に入れないので、こうした人はカウントされない）。

この下落のほとんどは循環的景気変動やベビーブーム世代の退職によって説明できたが、およそ1％分の説明がつかなかった。この1％は来たる将来の前兆なのだろうか？ただ、私たちが豊かになればなるほど、労働市場に参入する人間の数が減少するというのは、予想されることでもある。夫婦どちらかしか働かなくてよくなったり、ボーナスが高額だったため1年サバティカル休暇を取ったりしたのかもしれない。職を失った労働者が新たな職に就けず、働くことを諦めたというシナリオをこのデータに当てはめようとするのは無理があるように思える。経済指標をもとに心理学的な結論を導くことはとてつもなく難しい。

また、2000年以降、賃金が上がらず、雇用拡大が鈍化する中で生産性が向上したことを指摘する者もいる。この組み合わせこそ、雇用主が労働者ではなく技術に投資してビジネスを拡大し、人的資源への依存を弱めようとしてきたことの証だというのだ。しかし、こうした経済指標にロボットが雇用を奪う話を結びつけようとすると2つの問題に直面する。まず、労働市場の不況は2000年に突如始まり、2度の景気後退、1度の金融危機、貿易の伸びなどの様々なことがありながら15年ほど続いた。しかしその原因が自動化にあったかは定かではない。また、米国では2015年に世帯所得の中央値が最大の伸びを記録し、300万人以上が貧困層から脱している。

最後に、可能性3が現実になれば、雇用されない人間は生じない。だが本当にそうなのだろうか？　機械化と自動化が進めば、取り残される人間は必ず出てくるはずだ。いつか、職をめぐって競争できなくなる人が生じるはずではないか？

いや、肉体的・精神的な衰弱症状を患ってでもいない限り、低スキルの人間などというものは存在しない。IQが90の人間と130の人間の差は、現実世界で大きな視点で見ればごくわずかだ。この考え方が、有名なポランニーのパラドックスの基礎である。1966年にマイケル・ポランニーは、人が意識的思考の下にたくさんのノウハウやスキルを暗黙知として蓄えていると主張した。例えば、ケーキを焼くときの段取りについて考えてみよう。皿を出したり、バターを溶かしたり、卵を割ったり、生地を混ぜたり、ケーキにトッピングしたり。こうしたステップは全て、人なら誰でも特に意識せずにできるだろう。しかも人間の能力はケーキを作ることに留まらず、妻や夫の機嫌が悪いことを察知したり、歯を磨いたり、自転車に乗ったりといった様々なところで発揮される。人は皆、能力の宝庫なのだ。それなのに私たちは、ある人がこうした1万個のことをやれて、もう1人が同じ1万個のことをやれるうえに遺産管理についての知識もある、という場合に、前者を低スキル、後者を高スキルと呼ぶ。しかし実際には、彼らは99%以上、同じスキルを持っているのだ。

コンピュータからみたら、医師も港の荷揚げ人も大差ない。どちらも優れたパターン認識力と、多くの社会的文脈、そして演繹・帰納的推論を要する職業だ。しかも、どちらの職業でも人は自身の感覚器官からの入力を解析できなければいけないし、言葉をちゃんと話せて、ドアノブを回せて、靴紐を結べなければならない。医師に症状を説明する患者と、積み荷記録を荷揚げ人に説明する船長にはそれほど大きな違いはない。

また、新たな仕事を学ぶことができない人間がいると考える人は、人間のポテンシャルを見くびっている。スキルを要しない仕事をしている人をみて、あれがあの人自身の能力を最大限発揮した結果なのだなと考えるのは間違いだ。私の経験上ほとんどの人は、自分はもっとやれると思いながら働いている。責任が増えて給料が上がることと引き換えに、今よりも難しい仕事に就く機会が与えられれば、ほとんどの人はそうするだろう。人は目的と意義と、そしてもちろん高い給料を求めるのだ。誰かに屋根を葺いてもらう唯一の理由は、その人が屋根を葺くしか能がないからではなく、屋根を葺く機械をまだ発明できていないからだ。実はその屋根葺き職人が20人の部下を率いてアグレッシブな成長プランを描く能力を秘めていたとしても、屋根を葺いたり修理したりしてもらわないといけない場面は必ずあって、彼に代わってそれをやれる機械を誰もまだ作れていないというだけなのだ。

人口の90％が農業をしていたとき、残りの10％の人々はおそらく、その90％には農業以外にできることがないと思い込んでいただろう。そうした人々が研究室の技官や、マーケティングディレクター、氷彫刻家になれたりするなどという考えは馬鹿げたものに映っただろう。そんなことを言えば「いやいや、彼らはただの農家だよ」と反論されたに違いない。

農家の人々が農業をやっていたのは、それが彼らの出来る全てだったからではなく、私たちが農家を必要としていたからだ。そして私は、労働者を機械でもできるような辛い仕事から自由にすべきだと固く信じている。

生活のために芝刈りをしている人がいるとしよう。彼の名はジェリーで、高卒だ。ある日、誰かが自動運転で動く芝刈り機を開発し、安く売り出したとしよう。ジェリーは突如、芝刈りという仕事では食べていけなくなってしまう。彼には何ができるだろうか？

実のところ、できることは山のようにある。思い出してほしい。可能性3の考え方でいえば、ジェリーがしなければならないのは価値を足すことだけだ。そうすれば、彼にも仕事はある。たとえば、葡萄の木を植えて育て、葡萄棚を作る方法をインターネットで学んだらどうだろう。ジェリーにとってはかなりのスキルアップではないか？　私は何も、ジェリーを園芸家にしようとしているわけではない。彼はただ、葡萄を植えて育てる方法について十分わかったと思えるまで勉強するだけで良い。そして、家々のドアをたたき、庭で葡萄を育てることの素晴らしさを伝えてまわればよいのだ。私だったら彼の提案に乗る。

それから20年後、ブドウダナロボティクス社が、ジェリーが作るよりも遙かに素晴らしい葡萄棚を作れるロボットを発売するかもしれない。さあ、彼は次に何をするだろう？　ビクトリア時代の造園について学ぶのだ。そして、また家々のドアをたたき、ビクトリア時代に実際に使われていた生け垣や花を正しい配置で植えて、その時代の庭園を忠実に再現してみませんか、と提案して回ればよい。いつか同じことができるロボットが発明されるかもしれないが、その頃にはジェリーはもう隠居していることだろう。ジェリーが「雇用に適さない」なんて、誰が言えるだろうか？　彼を動かしているのは宇宙一複雑で万能なモノなのだ。

11 重要な問い

所得不平等

所得の不平等さについてはどうだろう？　所得不平等の未来は、先ほどの3つの可能性全てで同じだ。AIロボットが全ての仕事を奪うにせよ、一部分だけ奪うにせよ、全く奪わないにせよ、所得不平等の問題は拡大し続ける。その理由について考えてみよう。

昔から、「金持ちはより金持ちになり、貧乏人はより貧乏になる」とよく言われている。そしてそれを裏付けるデータもある。2人のイタリア人経済学者が、フィレンツェの1427年当時の課税台帳と今日のものとを比較した結果、その当時最も裕福だった家は現在でも最も裕福だったそうだ。また、別の経済学者がイギリスでも同じ手法で比較してみると、1170年に裕福だった家は今でも裕福だったそうだ。だが、なぜそうなるのだろう？　よくある説は、裕福な人々が政府に口出しし、社会でも権力をふるい、経済的な面で彼らに有利になるように仕向けるから、というものだ。また、富が富を生むからだという説もある。モノポリーというゲームでは、全てのプレイヤーが1500ドルの手持ち金からスタートする。ここで、例えば5000ドルからスタートするプレイヤーと50ドルからスタートするプレイヤーが一緒にゲームをすることを考えてみてほしい。

金持ちがより金持ちになっていく理由としてはこのどちらの説明も正しいのかもしれないが、現代においてはもっと大きな理由がある。金持ちは多くの技術を利用できるから、富を早く増やすことができるのだ。従業員であるジルが携帯電話を持てば、彼女の潜在的な経済力は上がる。一方、雇用主であるジェーンは１０００人の従業員それぞれに生産性管理ソフトを配布することで、一人ひとりの生産性を向上させ、１０００人分の生産性向上の恩恵を受けることができる。しかしそのためにはまず、ソフトウェアを１０００人分購入するための原資を持っていなければならない。それが、現代社会で富が富を生むやり方だ。

また、今日の技術は生産性を劇的に向上させられるので、少ない原資から巨額の富を作り出すことはこれまで以上に簡単になってきている。そして、その富を使ってさらなる富を作り出すのだ。現在、ビリオネアの数は史上最多だ。そして、相続したのではなく一代で富を築き上げた人の割合も増え続けている。１０００年前に、無一文から始めて10億ドルの価値を生み出すことなど可能だっただろうか？　しかし過去10年かそこらで、Googleは7人、Facebookは6人のビリオネアを生み出した。つまり今や、昔の富はそのままに、新たな富が生み出されているというわけだ。この事実1つとっても所得不平等は増大している。しかも、世の中で起きていることはそれだけではない。

新たな技術は貧乏人よりも金持ちに恩恵をもたらす。どうやって？　技術がもたらす経済的利益を分配するには3通りのやり方があって、貧乏人はそのうち1通りの恩恵しか受けられないのだ。

まず、企業が技術を導入すると、生産性向上によるコスト減とマージンの増大が企業の株価を押し上げる。米国では発行済み株式の70％が20％の人々によって所有されているので、この利益はすでに裕福な人たちの懐に入ることになる。一方、その企業の従業員は自分の労働時間を一定額で売っているだけなので、その新たな技術がもたらす生産性向上による経済的恩恵は受けられない。もしあなたが「リテール・ジャイアント株式会社」に勤めていて、その会社がレジで価格を読み取るスピードを上げる技術を導入したとしても、それによってあなたの時給が上がることはない。つまり、技術はしばしば、従業員の賃金を上げずに企業の利益を増大させる。これが、所得が変わらないのに株価が上昇する理由だ。

次に、個人事業主や自身の成果物を売るような人（時給で働いていない人）は、自分自身が会社のオーナーのようなものだから、技術がもたらす効率化の恩恵を直接受けられる。こうした人々の多くは、中間あるいは高所得者層に属する。弁護士、会計士、建築家などだ。彼らは価値を生み出さない雑務に費やす時間を技術導入により減らすことができ、その結果生じる余剰時間で価値を生み出す仕事をすることができる。弁護士も以前は膨大な時間をかけて前例を調べていたが、今や調べ物はわずかな時間で終わり、残りの時間を生産性のある仕事に使うことができる。

そして最後に、金持ちと貧乏人どちらも、消耗品が低価格で高品質になる恩恵を受けられる。

例えばテレビを買い替えようとしたら、誰もが前に買ったテレビの倍の大きさのものを購入できるが、それは所得が増えたからではなく、テレビの価格はそのままにサイズだけが大きくなったからだ。この現象はよく知られている。たとえば生産の効率化に伴う価格低下と品質向上により、T型フォードの価格は15年間で75％下落した。こうしたことが今も、より早いスピードで起きている。

もちろん、最後の例においても金持ちのほうがより多くの恩恵を受ける。なぜなら金持ちの方が多く消費するからだ。しかし、貧乏人が受ける恩恵も決して小さくはない。例えば、インターネットについて考えてみるとよくわかる。次のようなことを考えてみよう。あなたに誰かが、インターネットを二度と使わないことと引き換えにお金を払うと持ちかけてきたとしたら、あなたはその人にいくら要求するだろうか？　仮に１００万ドルと答えたとしよう。その場合、あなたにとって、インターネットは文字通り１００万ドルの価値があるということだ。しかし、あなたは月額49・95ドルで回線事業者と契約しインターネットを使うことができる。すごい利益じゃないか！　現代技術はほとんど全ての人の生活水準を向上させる。今日スマートフォンを持っている人は、10年前にいた地球上の誰よりも多くの情報にアクセスできるうえに、20年前のほとんどのカメラよりも高性能のカメラを持っている。そのコミュニケーションツールとしての性能は、四半世紀ほど前の国家や軍のトップが喉から手が出るほど欲しいと思っていたものだ。実際、スマートフォン１台がもつ計算能力は１９５０年には地球上に存在していなかった。それが今や、2年契約すれば無料でもらえるポケットサイズのデバイスなのだ。しかも現代には抗生物質や制汗剤やアンチロックブレーキシステムなど、私たちの生活をよりよくしてくれるあまたの技術が存在する。技術は私たち全員のQOLと経済面での生活水準を向上させた。

この3つのしくみによって、技術による生産性向上は高所得者層に直接的な恩恵をもたらし、低所得者層には間接的な恩恵だけをもたらす。陰謀などではないのだ。単純に物事が合理化していく結果であって、技術は投資を必要とし、投資は富を必要とするということだ。というわけで、政策の介入がない限り、技術の進歩によって所得不平等は拡大していく。新たな技術は新たな不平等を生む。

経済的不平等を増大させているもう1つの要因は、技術への投資対効果が労働者への投資対効果を上回るということだ。つまり、あなたが社長で1000ドルをビジネスに投資するなら、従業員の残業代に使うより新しい技術に投資した方が多くの利益を得られるのだ。これを逆転させうる政策はいくつもとりうる。例えば、従業員を教育することで生産性を向上させたり、人件費への直接課税を軽減することでかかる費用を低減させたり、人件費でなく技術への資産投資の偏りを増長させる低金利を終わらせたりすることなどだ。

そもそも、所得不平等が本当に、低所得者層の所得の絶対値などよりも懸念すべきことなのだろうかと問うことも必要だ。技術によって以前よりも億万長者が出現しやすくなっていること自体は悪いことではないはずだ。低所得者層の所得が2倍になる間に高所得者層の収入が3

倍になれば、確かに不平等さは増すが、そう提案されたら低所得者層の人はこの提案を受け入れるのではないだろうか？　私は、米国のGNPが上昇し続けているにもかかわらず国民所得の中央値が一定であることが本当の問題だと思っている。世界で最も裕福な人間の1人であるウォーレン・バフェットは次のように表現している。

金持ちは非常にうまいことやっている。事業はうまくいき、利益率は過去最大だ。しかし、底辺の20％に入る2400万人の人々の最高年収は2万2000ドルだ。どうやれば得た富を人類全体で分け合えるのか、私たちはまだ知らない。

1つ良いニュースは、貧困と上がらない賃金という問題は、私たちがこれから突入しようとしている、劇的な経済成長を遂げる時代に入れば解決できるということだ。

社会的動乱

ロボットや職業に今後何が起こるにせよ、動乱が起こるとは考えにくい。というのも、社会が不安定になることでもたらされる損害は、そうならないよう抑止するコストよりも圧倒的に高くつくからだ。

可能性1が実現するなら、全ての人間は同じボートに乗っている。しかしこのシナリオ通りのことが起きているのであれば定義上、それはすさまじい経済成長を遂げている時代であるはずだ。私たちが何でもできる機械を作るのは、それが人よりも安く高性能なものになるときだけだ。つまり、人のあらゆる職が機械に奪われている世界では、定義上、GNPは急騰しているということになる。

ただし、懸念がないわけではない。スティーブン・ホーキングがうまく表現している。

機械が作り出す富を皆で分け合えるのであれば、人類はみな贅沢に過ごす余暇を楽しむことができるだろう。しかし、機械の所有者が富の再分配を拒否すれば、ほとんどの人は貧乏で惨めな暮らしを余儀なくされる。

何が起こるだろうか？　超裕福な機械所有者と、それ以外の私たちに世界が二極化されるとしたら、職を奪われた99・9％の人間は破産し、その惨めな状況に憤るに違いない。金持ちたちが暴徒の最初のうなり声を聞いたら、何をするだろうか？　暴徒がけんかっ早く短気であることは、金持ちたちも歴史から十分に学んでいるはずだ。そう遠くない昔のフランス人よろしく首をはねたいという欲望は誰の中にも潜んでいて、社会という抑制力が辛うじて働いているだけだ。金持ち自身、怒り心頭の暴徒をおとなしくさせる魔法の力など持っていないことを知っている。

ゆえに金持ちや有力者には2つの選択肢しか残されていない。賄賂を渡すか、実力行使をするかだ。過去には、食べ物と娯楽を与えて貧乏人を買収したり、武力で抑圧したりしてきた。今度はどうするだろうか？　思い出してほしい、これは何兆ドルもの新たな富が生まれたという仮定のもとの話だ。あなたなら、その全てを失う覚悟で99・9％の人々を抑圧しようとするだろうか？　それとも、社会保障制度の拡大を受け入れるだろうか？

私には、分別ある金持ちたちが「抑圧」の選択肢をとるとは思えない。そういうわけで、99・9％の人々もなにがしかの援助を得ることになる。民主主義の世の中では、通貨の切り下げを実行するリーダーに投票することでも貸し方から借り方へ富を移すこともできる。第二次世界大戦後のイギリスのように、没収税を課すこともできる。現代では一般の意見が最も重要な社会的圧力になるから、一般人が富を非難することも有効だ。

そう考えると、金持ちが「富をシェアする」ことを拒むことはありえそうにないので、動乱も起こらないだろう。

では可能性2ではどうだろうか？　可能性2は大恐慌時代と同じような状況が永遠に続く世界だった。この場合は何が起こるだろうか。

大恐慌時代に起きたことは良いモデルになるだろう。あらゆる悪いことが起こった。犯罪率は上がり、売春は増え、栄養失調に苦しむ人が増え、自殺者が増え、といった具合だ。しかし、大規模な動乱が起こったことはなかった。今回社会的な動乱が起きることを恐れる人々は、多くの職業が一気に失われることで動乱が起きることを懸念している。かつて農業従事者は90％から2％へと激減したが、それは200年がかりで起きたことだ。未来はどうだろうか？　私たちは光の速さで仕事が失われていく様子を目の当たりにすることになるのだろうか？　そんなことはなさそうだ。大恐慌時代のアメリカでは、たった4年間で失業率が5%から20%に上昇した。技術によって職業が失われると真剣に懸念している人々も、たった4年で全職業の15%が失われるとは考えていない。

しかし、大恐慌時代の失業率が永遠に続く世界であればどうだろうか。社会はどう反応するのだろう？　その答えは可能性1と同様だ。社会的動乱がもたらす損害は、動乱が起こらないようにするコストを圧倒的に上回る。歴史を振り返ってみれば、社会情勢が不安定だったのはいつも、騒乱を鎮めるに足る富が存在しなかった時代だ。フランス革命のころの王政は破産していた。市民が反乱を起こしたころのロシアは困窮していた。しかし、私たちがここで問題にしている失業は、富が劇的に増えることによってもたらされるものであって、決して富が不足するからではない。富が不足することが問題なのではなく、その分配が不安定になることが問題なのだ。

最後に、可能性3の場合、社会不安は生じない。なぜなら、現在も社会不安は広まっていないからだ。可能性3の状況は現在とそう変わらず、単に人類全体が裕福になっているというだけだ。

ユニバーサル・ベーシックインカム

貧乏人はなぜ貧乏なのだろう？　私の控えめな意見では、貧乏人はお金がないから貧乏なのだと思う。ゆえに、ユニバーサル・ベーシックインカム（ＵＢＩ、最低所得保障）はその問題を解消する特効薬となるだろう。ＵＢＩとは、名前が示唆するとおりすべての国民に一定の所得を保障するものだ。

それ自体は古くからある考え方だが、最近新たな人気をよんでいる。その提唱者らは奇妙な取り合わせと言わざるを得ず、彼らが完全な合意に至ることは極めてまれなので、皆が互いのことを疑い深く注視している状況だ。ＵＢＩを支持するリベラル派は現行の政府による貧困対策が屈辱的だと考えている。無数の縦割り行政を牛耳るつまらない官僚たちに頭を下げて回らなければいけないからだ。一方保守派の支持者は、社会保障制度には賛成しているものの、その悪魔のような複雑さや、コストがかさむ元凶となっている非効率性や冗長性を受け入れがたく思っている。自由主義者すらも不満げながらも独特の言い回しで「ＵＢＩは少なくとも限界インセンティブを歪ませることはない」などとつぶやく（自由主義者はパーティーの場ですら、こういうしゃべり方をしがちだ）。

ＵＢＩという考えがどうやって生まれたのか、どういう風に機能するのか、また実現しうるのかどうかについてみていこう。先ほども言った通り、この考え自体は古くからある。資力調査（ミーンズテスト）をせずに公的扶助を受給させた事例は、多額の補助金を使い、列に並んだすべての人間にパンを配布した古代ローマ時代までさかのぼることができる。UBIに対する反論も同じくらい古くからある。2000年ちょっと前にキケロはプブリウス・セスティウスを弁護するスピーチでこう言っている。

ガイウス・グラックスが穀物法を提案した。これは働かずとも食糧が与えられるという法律であったから、民衆は歓喜した。しかし善良な人民はこれに反対した。大衆がつらい仕事を放棄し、怠惰になっていくと考えたからだ。また、国庫が枯渇してしまうこともわかっていたからだ。

その現代版であるUBIは、1700年代の哲学者らの次のような2つの主張から生まれた。1つ目は、誰も「生きるために働く」、つまり生きる権利を得るために働く必要はないはずだという主張。人は誰もが、経済的に自身をサポートできようができまいが、存在する権利を持っているということだ。収入を得ることと生きる権利とは独立していなければならない。これが、基本的人権が主張するところだ。

2つ目は全く異なる主張であり、人権とは何のかかわりもないが、所有権にかかわっている。これは、科学的知識、社会制度、そして言語や通貨や法律などの共通の規則といった、人類全体が所有すると法的にみなされるものが存在するという考え方だ。新製品を売り出して100万ドルを稼いだ人々は、こうした共有の資産を使ってそのお金を稼いだということになる。実際、ほとんどの富はこうした共有資産を使って作られたものなのだから、そうして得られたお金のほとんどはあらゆる人間が等しく権利を主張してしかるべきだ。これは確かに、ＵＢＩを推し進めようとする人々にとっては便利な考えだ。

ＵＢＩの生みの親、トマス・ペインはこれら2つの原則の派生形を信条としていた。彼は１７９７年の著書『土地配分の正義』の中で、ベーシックインカムについて取り上げている。彼の前提は、私たちの本来の姿である狩猟採集民にとって、地球は「人類共通の財産」だというものだ。同じように、水も空気も動物たちも共通の財産であった。しかし、途中で所有権というシステムが出現し、人類の半分は土地を所有しないという事態に陥ってしまった。彼の解決策は？　彼は、土地の所有権そのものに反対はしなかった。ただ、「従来の相続制度を廃止し、土地資産制度を導入するにあたり人々が受ける損失を部分的に補填するため、国民基金を設立してすべての人が21歳になるときに15ポンドを給付する」べきだと主張した。

ＵＢＩという案が完全に見捨てられたことはない。バックミンスター・フラーはかなり強烈にＵＢＩを支持していた。

私たちは、人類がみな生きるために金を稼がなければならないという、一見もっともらしいが完全に誤った考えを捨てなければならない……私たちは、人がみな存在する権利を正当化しなければならないというマルサス－ダーウィン理論に基づき、誰もが何かしらのつまらない仕事につかなければならないという間違った思い込みから、仕事を作り続けている。だから私たちには調査官を調査する調査官がいるし、調査官が調査官を調査するための機器を作る人々を必要としている。私たちは学校に戻り、学生だった頃の私たちが誰かに「生きるためには働かなければならない」などと入れ知恵される前に考えていたことをもう一度じっくり考えたほうがいい。

米国では1960年代、ジョンソン大統領宛てに「三重革命」と題された書簡が届くころまでには、ユニバーサル・ベーシックインカムが現実味を帯びて語られていたようだ。その書簡はノーベル賞受賞者、政治家、未来学者、歴史学者、経済学者、科学技術者などそうそうたるメンバーによって署名されており、自動化が進んだ世界では「歴史的なパラドックスを隠しとおすことが前にもまして困難になってきている」と書かれていた。そのパラドックスとは、「生産性が上がり、米国の全人口のニーズを満たせるようになったとき、人口の大部分が最低限の、ときに貧困線以下の収入で食いつなぐようになる」というものだ。

書簡はUBIを求める声で締めくくられていた。

一般的に仕事だとみなされているものに従事していようが、していまいが……社会が無条件にすべての個人、すべての家族に対し権利として十分な収入を与えるべきだと我々は主張する。

この書簡は、経済的希少性の時代が終わりつつあり、公平な分配という新たな経済問題に取って代わられようとしていることを示唆していた。

ジョンソンはこの書簡を受けて、特別委員会（ブルーリボン委員会）を設置した（ところで、あなたがもし委員会を作ろうと思ったら、レッドリボンやホワイトリボンではなく、まっすぐブルーリボンを目指すこと！）。ジョンソン大統領が「オートメーション、テクノロジーおよび経済進歩に関する委員会」と名付けたその委員会の使命は、自動化が職業に与える影響を理解し、その弊害を緩和するための政策を提案することであった。

その数年後、ニクソン大統領の時代に米国はUBI実行に最も近い位置にいた。ニクソン大統領も下院も上院もUBIに賛成していた。だが、上院財政委員会でそれは政治的内紛の犠牲となり廃案となった。

UBIはどういうしくみなのだろうか？　最も基本形のUBIでは、資力調査は行われず、誰もがUBIを受け取ることになる。アラスカ永久基金という、アラスカ州保有の石油産出地から得られる収益が、州在住の全ての人に年1回分配されるしくみに似た考え方だ。資力調査なしのUBIを支持する人々は、これが政治的な保護を受ける唯一の道だと考えている。米国の社会保障（ソーシャルセキュリティ）が極めて神聖な存在である理由はまさに、それが万人を対象としたものだからだ。さらに、ソーシャルセキュリティとアラスカ永久基金は福祉政策とは捉えられておらず、それゆえ新装開店したカーディーラーのオープニングイベントで配られるホットドッグをもらうこと以上の非難を浴びることはない。資力調査をするとなれば政策目標になるし、非難の対象にもなるし、しかも受給を希望する貧しい者が恐縮しながら受け取りに来なければならないものになると彼らは主張する。

一方で、資力調査をしないことによる問題はもちろん、財源だ。実際の数字を考えてみよう。

米国のGNPは17兆ドルだ。連邦予算は4兆ドル、州予算は1・5兆ドル、地方予算も1・5兆ドルだ。つまり、米国政府の費用は17兆ドルの経済規模の中の7兆ドル、すなわち40％を占める。

米国の貧困線は1人あたり年間1万2000ドルだ。UBIの目的は、誰もそのラインを下回らないようにすることであるから、米国に住む全ての人間に毎月1000ドル給付することになる。米国の人口は3億2000万だから、これは毎月3200億ドルの支出に相当する。年間でいえばおよそ5兆ドルだ。つまり、政府のコストが17兆ドルの経済規模で政府のコストが12兆ドルに膨れ上がる。これはGNPの70％ということになる。とはいえ、生活保護など、UBIを実施することで削減できる支出があることも確かだ。

ところでこの分析は若干誤解を招く部分もある。というのも、ここで論じている金の多くは政府によって集められると、即座に手数料を除いて支払われることになるからだ。しかし、政府が前例のない規模の財源を動かすことになるのは間違いない。全体として70％の税金をとるためには、中間所得者層と高所得者層には70％以上の税率を課さなければならない。低所得者層に70％の税率を課すのはおそらく無理なので、軽減税率を適用するだろうからだ。もちろん、世界にはこれよりも高い税率を課した例が存在する。1960年代のビートルズはその多額の収入のうち98％を英国政府に税金として徴収されていた。だから、彼らの「Taxman」という歌はこう始まるのだ。「しくみを教えましょう。あなたの取り分は1、わたしは19では少ないですか？　全部とられないだけでも感謝しなさい」。このレベルの税金は明らかに納税者にとって苦痛であって、こんな辛い歌が生まれるのも無理はないといったところだ。

ＵＢＩの案には、現行のコストを上回らないよう設計されているものもある。そうした案では社会保障、メディケア、メディケイド、フードスタンプ、そのほか個人への給付を伴うあらゆる政府プログラムの廃止が必要だ。それから、収入が上がるにつれ年金が少しずつ下がっていく。しかし全員に等しく金を配るというＵＢＩ制度のもとでは、従来の制度ならば給付の対象だったような貧しい人々からも金を巻き上げ、それを富裕層に分配することになるという見方もある。

もう1つのシナリオは、ＵＢＩを違う名目でこっそり実施するというものだ。教育費、医療費、住居費が上がり続けているのだから、政府はこの3つの分野にかかる支出に対し有効なやり方で給付すればよいのではないか。前例はすでにある。米国で住宅を購入すると税控除が受けられるが、これは皆が家を持つことは良いことだという考えに基づく事実上の給付にあたる。市民が教育を受け、健康になることだって同じように良いことだろう。

ＵＢＩ以外の策としては、収入を保障するのではなく職業を保障するというものが考えられる。これもいくつかの形をとりうる。まずは、職業というものを再定義した方が良さそうだ。現行のままでは、何をすると給与がもらえ、雇用されているとみなされるのかがよくわからない。例えば、あなたが自分の年老いた両親の面倒を見ていてもそれは職ではないしあなたは雇用されていないことになるが、もしあなたが面倒を見ている相手がほかの誰かの年老いた両親なら、あなたは雇用されている。定年退職後の人が地元のフードバンクで常勤のボランティアをしても雇用されていないことになるが、そのフードバンクで非常勤のマネージャーをやっている人は雇用されていて、給与ももらっている。どういう形であれ「働いている」人が全て雇用されているとみなされ、給与をもらえるしくみを考えたほうが良いだろう。そんなしくみは悪用される可能性もあるが、バウチャーやクーポンなどをうまく使えばかなり実用的なものにできそうだ。このしくみがあれば、仕事をすることで得られる尊厳や目的は維持されるし、全ての人がその人なりの方法で社会に貢献することが肯定される。

もっと実現しやすく人に能力をつけさせられる方法は、雇用されていない者を対象としたトレーニングプログラムや教育プログラムを政府が提供することだ。困っている人には魚をあげるより魚の釣り方を教える方がずっと良いことは、皆も知っているだろう。経済を本当に変えるためには、こうしたプログラムは既存のものよりもずっと強力なものでなければならない。

雇用を保障する方法はもう1つある。大恐慌時代にそうしていたように、政府が失業者を直接雇用するのだ。政府が最後の雇用者として1000万人を雇い、それぞれに年間3万5000ドルの給料を支払う。これはGNPの3%を投入する政策となる。1000万の人がどれだけのことをできるか考えてみてほしい。インフラを作り、壁に絵を描き、木を植えるなど、たくさんの役立つ仕事をしてくれるだろう。大恐慌の時代、公共事業促進局（WPA）は数百万人を雇用し、彼らの労働力で19世紀レベルだったアメリカのインフラを20世紀のものへと変えた。同じように、今の私たちも21世紀のレベルへとアップグレードできるかもしれない。

UBIに反対するのはどういう人々だろう。富裕層は反対するだろうか？　するかもしれない。ただし、前にも増して大暴れすることが予想される群衆から身を守るためにバリケードを作ってその中で生きていかなければならないとしたら、そうしなくていいようにＵＢＩを支持する富裕層も現れそうだ。そうでなくても、スクルージ・マクダック級にけちな億万長者であっても、ＵＢＩに伴い富裕層に課せられる高税率を支持することがありうる。なぜかって？ＵＢＩはそんなスクルージ・マクダック氏が販売する商品の買い手を増やすことにつながるからだ。だから、彼が支払った税金は全て戻ってきて、かつ、他の億万長者が支払う多額のお金まで得られることになる。

ＵＢＩ反対派は、独自の評価に基づきＵＢＩを酷評する。オーレン・キャス氏はナショナルレビューの記事にこう書いた。「政府の施しに依存する下層階級は、社会が解決すべき最大の課題から、最も誇るべき成果へと変わるだろう」。ＵＢＩに対する批評には、生産的な仕事が人にもたらす尊厳が失われるとか、自立心が削がれるとか、誰もが経済的に完全に独立することで家族の繋がりまで奪われるとかいったものがある。また、職を持たない人間は目的を持たない人間になりがちで、永遠に続く余暇が脳と肉体の退化を招く、という意見もある。つまり、生きるために稼ぐことは自立を促し、人生に目的を与え、私たち一人ひとりが互いに依存しあう存在として社会に参加することを可能にするというのだ。ここで非常に重要なのは「目的」だ。著名なジャーナリストでありベンチャーキャピタリストでもあるエスター・ダイソン氏は雄弁にこう語っている。「私がロシアに滞在していたときは、女性のほうが男性よりもずっと幸せそうでした。なぜなら、多くの男性は生きる目的を見失っていたからです。彼らは役に立たない仕事をしてはわずかな報酬をもらうだけで、妻がその金を持って列に並び、食料を得て子育てしていました」

ＵＢＩによってインフレが起こるのだろうか？　そうかもしれない。貧困線の下にいる全ての人がある日突然貧困線よりも上に引っ張り上げられたなら、きっと彼らはその金を使うだろう。つまり富裕層が使い切れずに遊ばせていた金が貧しい人々に再分配され、使われるようになるのだ。そうなればモノやサービスに対する需要が急上昇し、インフレを招くだろう。

１人当たりＧＮＰが上昇すると、貧困線はもっと上に引き直されることになる。そして、国民全員が新たな貧困線よりも上にとどまれるようにセーフティネットが導入される。米国に住む人々は、こういった議論ができるほどに裕福な国に住んでいること自体を幸運なことだと思わなければならない。１人当たりＧＮＰの世界平均は９０００ドルだ。しかし、米国では１人当たりＧＮＰが１万２０００ドルのところに貧困線が引かれている。言い換えれば、米国人は地球上に住む全ての人の平均収入よりも33％も高いところを貧困と定義できるほどに裕福だということだ。

では、ＵＢＩについて議論することすらままならない、あるいは、雇用を再定義したり未来の職業に備えて国民を再教育したりすることができない貧しい国はどうすればいいのだろうか？　１日２ドル以下のお金でなんとか生きている「最底辺の10億人」の人々はどうなってしまうのだろうか？　彼らは永遠に貧しいままなのだろうか？　彼らは確かに手に負えない問題を抱えているように見える。教育は受けられず、インフラは貧弱、栄養状態も悪く、医療も不十分、そして多くの場合そういう国の政府は機能不全に陥っている。そんな状況下で彼らは、自らが作り出せる価値で得られる収入の最大値が決まるような非情な世界で競わなければいけないのだ。彼らはロボットと競わないといけなくなるのだろうか？　ここでも、技術は彼らに上昇のチャンスを提供してくれる。これについては第五部でより詳しく論ずるので、ここではインターネットや3Dプリンティング、携帯電話、太陽光発電など、人に力を与え、自給自足を促すような技術が、地上で最も貧しい人々に真の希望を与えると述べるに留めたい。技術は富裕層に山のように暇つぶしの手段を提供すると同時に、貧困層にはきれいな水、安い食料、そして彼らの可能性を広げる無数の道を用意してくれる。

結局、私たちはUBIを採用するだろうか？　可能性1が実現するならば、イエスだ。高い確率でUBIを採用するだろう。

可能性2の場合は、採用する、かもしれない。カリフォルニア大学バークレー校の公共政策大学院教授であり、元アメリカ合衆国労働長官でもあるロバート・ライシュは、「中間層がこれまで経験してきたよりも遥かに多くの雇用喪失と賃金カットを経験しない限り、（UBIが）真剣に取りざたされることはないだろう。しかし、残念なことに雇用喪失や賃金カットは避けられない。いまから10年経つ頃には、私たちは真剣にミニマム・ベーシックインカムについて議論していることだろう」と言っている。

可能性3の場合は、経済成長がその必要性を減ずるので、UBIが実現する可能性は低いだろう。

12　戦場でのロボットの使用

殺人AIロボットを作るべきなのか？

自動化に関する公の議論はほとんどが雇用に関連しているので、私たちもここまで長きにわたりそれについて論じてきた。次に多くの議論が交わされている分野は、戦場でのロボットの利用だ。

過去数千年の間に、技術は戦争の様式を何十回も変革させてきた。冶金、馬、戦闘用馬車、火薬、あぶみがね、大砲、飛行機、核兵器、そして、コンピュータ。いずれも、私たちが互いを殺しあう方法に大きなインパクトを与えてきた。そして今、ロボットやＡＩがふたたび戦闘の在り方を変えようとしている。

内蔵プログラムに従い自動的に相手を殺す判断を下すようなロボット兵器を、私たちは作り出すべきだろうか？　賛成派は、ロボットはプロトコル通りに動くので一般市民の犠牲者を減らせると考えている。疲労や恐怖にさらされる兵士は、ほんの一瞬の間に文字通り命取りとなるミスを犯すことがある。ロボットにとって一瞬は十分な時間だ。

この考えも正しいが、実は世界中の軍隊がＡＩ搭載ロボットを導入したがる主たるモチベーションはそれとは違う。この種の兵器に彼らが抗えない魅力を感じている理由は大きく分けて3つある。まず、AIロボットのほうが、人間の兵士よりもミッションの遂行には有効であること。次に、仮想敵国もこうした技術の開発を続けているおそれがあること。さらに、AIロボットを配備すれば兵士の死者が減ると予想されること。ちなみに、この3つ目の理由には、恐ろしい副作用がある。武力行使の政治的コストが下がるため、かえって戦争が増える可能性があるのだ。

現状での最大の問題は、誰は殺し、誰は殺さないかという判断を機械だけに任せてしまってよいのか、という点だ。ところで、決めるべきは殺人ロボットを作るべきかどうかだ、と私がさきほど言ったのはドラマチックな演出からではない。「作れるかどうか」とは聞かないのだ。私たちが作れることに疑問を挟む余地はないからだ。問題は、作る「べきなのか？」という点だ。

軍と関係のないところでAI研究に携わる多くの人々は、作るべきではないと考えている。全自動兵器の禁止を求める公開書簡には1000名を超える科学者が署名をしている。そのうちの1人スティーブン・ホーキングは2014年に発表した論説の中で、AI軍拡競争の末に、こうした兵器が人類を絶滅させるかもしれないと述べた。

こうしたシステムを構築すべきかという点については活発な議論がなされているようだが、その内容はどうも不誠実な気がしてならない。ロボットに、殺害するかどうかという判断をさせてよいのだろうか？　まぁ、これまで100年以上にわたり、事実上そういう状態にあったこともまた確かだ。人類は何のためらいもなく数百万の地雷を埋め、兵士だろうが子どもだろうがお構いなしに足を吹っ飛ばして来たではないか。地雷も原始的なＡＩといえるだろう。22kg以上の重さの何かが上に乗ると爆発する、というしくみだ。もし体重や歩幅などで子どもと兵士を見分けられる地雷を開発できたなら、きっと売れるだろう。より効率が良いからだ。実際、そっちのほうが兵器として優れているだろう。さらに、火薬の存在を検知してから爆発する新モデルが発売されれば、それも同様に売れるだろう。そうこうしているうち、あなたは人間の介入なしに殺害の判断を下すロボットの実現に着々と近づいている。今でこそ地雷は条約によって禁止されているが、これほど長期にわたり広く使われてきたことを考えると、私たちは巻き添え被害をある程度は容認しているということだ。ドローンによる戦闘、ミサイル、爆弾も精度の低さは似たようなものだが、それぞれ殺人ロボットの一種だ。対象をもっと正確に見分けられる殺人マシンを作れたとしたら、私たちがそれを却下する可能性は低い。しかし私はこの点に関してだけは、私の考えが誤っていることが証明されてほしいと全力で祈っている。物理学者でありノースカロライナ大学の平和・戦争・防衛カリキュラムの兼任教授も務めるマーク・グブルド教授によれば、自律型兵器に関して米国は「慎重かつ責任ある立場をとっているように見せかけて、実際には自律型兵器の活発な開発と早期の利用を可能にする政策」をとっているそうだ。

そして、こうした兵器を対抗勢力が作り出そうとしているという脅威もまた本物だ。２０１４年に国連は「自立型致死兵器システム（ＬＡＷＳ）」に関する会議を開催した。この会議の報告書には、テロリストもこうした兵器の開発を目指しており、実現したなら彼らはすぐにでも使用するだろうと書かれていた。さらに、程度の差こそあれ、ＡＩを使った兵器システムは現在世界中でふんだんに開発されている。ロシアは、レーダーと赤外線画像とビデオカメラを組み合わせた、数マイル先から人間を検知して狙撃できるロボットを開発中だ。韓国の会社はすでに自動式砲塔を４０００万ドルで販売している。その兵器は国際法に則り、半径３・２㎞以内に近づいてきた全ての潜在的標的に対し「即刻退去しろ、さもなければ攻撃する」と警告するという。このシステムでは標的を殺傷する判断は人間が最終承認しなければならないことになっているが、実はその仕様は購入者の要望によって後から付けられたものだ。潤沢な国防予算を持っている25ほどの国の実質全てが、ＡＩで動く兵器を開発中だといっていいだろう。

こうした兵器を開発したいという総意がある中、どうやればそれを禁止できるというのだろうか？　核兵器を抑制できているのは、その結末がシンプルだからだ。核兵器が爆発を起こすか、起こさないかのどちらかだ。そこにはグレーゾーンはない。一方で、ＡＩロボットはこれ以上ないというくらいにグレーなところだらけだ。兵器が違法だと認定されるには、どれくらいの性能のＡＩが搭載されていないといけないのだろうか？　地雷とターミネーターの間には程度の差しかないのだ。

ＧＰＳ技術には最初から制限がかけられている。時速１２００マイル（１９３１㎞）以上で移動する物体や、高度６万フィート（１８２８８ｍ）以上のところを移動する物体では動かないようになっているのだ。これは、ミサイルを誘導する目的で使われることを防ぐためである。しかしソフトウェアに規制をかけることはほぼ不可能だろう。そういうわけだから、兵器システムを動かすＡＩはおそらく広く入手可能になる。こうしたシステムを構成するハードウェアはテロリストが保有する原始的な兵器に比べれば高価だが、従来の大規模な兵器システムに比べれば大分安い。

こうしたことを踏まえると、この種の兵器を禁止しようとする試みは失敗するのではないかと私は睨んでいる。たとえ捕捉した標的を破壊する前に人による承認を得なければならないようにロボットをプログラムしたとしても、そんな承認ステップはスイッチ１つでオフにできるし、実際すぐにそうやって使われるようになるだろう。

ＡＩロボットは国防にとって無視できない脅威とみなされ、それを持たないという選択肢は危険すぎてとれないと言い出す国も出てくるだろう。冷戦下の米国はよく、対立していた仮想交戦国との軍事力の差（それが本当であれ嘘であれ）について気にしていた。１９５０年代のボマーギャップや、１９６０年代のミサイルギャップなどがそうだ。ＡＩギャップは世界を破壊しようと企む人間に目を光らせ、対策を練る仕事をしている人々にとって、もっと恐ろしい脅威になる。

第三部 汎用人工知能（AGI）

魔法使いの弟子の物語

1940年のウォルト・ディズニーのアニメーション映画「ファンタジア」では、クラシック音楽をバックに8つの物語が展開する。中でも有名なのは、18世紀のゲーテの詩をもとに作られた「魔法使いの弟子」という一編だ。

物語はミッキー・マウス演じる魔法使いの弟子が、共同井戸からバケツで水を城に運びこむという骨の折れる仕事をしている場面から始まる。城の中に入った彼は、師匠である魔法使いがソーサラーハット（魔法使いの帽子）を頭にかぶり、様々な魔法を使っているところを目の当たりにする。その後、魔法使いはなにやら疲れきった様子で、ハットを置きっぱなしにしてベッドに入ってしまう。

そこでミッキーは、かなり賢いことをやった。ソーサラーハットを自らがかぶり、部屋の隅においてあったホウキに魔法で命を吹き込んだのだ。ホウキに手も生やしたミッキーは井戸からバケツで水を汲んでくる方法をホウキに教えた。ホウキはすぐに仕事を覚え、ミッキーは勝ち取った休憩時間で昼寝を始めた。

やがて昼寝から目覚めたミッキーは、ふつうの人間ならばとっくに止めていたであろう作業を、彼の創造物が黙々と続けていたことに気づく。城の地下全体が今や50㎝の高さまで浸水してしまっている。それでもホウキはバケツで水を運び込むのをやめない。なんといっても、それがホウキにプログラムされた唯一のことなのだから。

ミッキーは止めようとするが、仕事と目的を与えられたホウキはミッキーの制止など聞きはしない。ついにミッキーは強硬手段に出る。斧をつかむやホウキを木っ端みじんにたたき割ったのだ。ミッキーはほっと胸をなで下ろし、物語はハッピーエンドを迎える。最悪の結末は避けられた。

……と思いきや、なんということだろう！　ホウキを切り刻んだために信じられないことが起こった。ホウキの破片一つひとつが新しいホウキに生まれ変わったのだ。今や大群となったホウキたちの目的はただ1つ、水を運び込むことだ。彼らは海が干上がるまで水くみをやめないだろう。

ミッキーは自分の創造物を止められない。そのとき、なんとも都合の良いことに騒ぎを聞きつけた魔法使いが起き出して降りてきた。魔法使いは騒動を一瞬で収め、自分の所業を深く悔いている様子の弟子からハットを取り返す。

13　ヒトの脳

脳には銀河が広がっている!?

さて、私たちは狭いＡＩについて十分に議論してきた。狭いＡＩが自動運転の車を動かし、あなた好みの室温を学ぶサーモスタットを制御し、メールソフトのスパムフィルターを動かしている。そう、狭いＡＩは素晴らしい技術だ。だが、大切な人へのクリスマスプレゼントは何が良いか、といったことは狭いＡＩに聞いてはいけない。かたや、汎用人工知能（ＡＧＩ）は少なくとも私やあなたと同程度には賢い存在だ。ＡＧＩにならなんでも、プログラムされていないタスクだって頼める。ＡＧＩはそういうタスクをこなす方法を自分で探し出して実行するからだ。６×７は？　と聞けば、答えを教えてくれる。今の彼女とこのまま結婚して大丈夫かな？　と聞けば、答えを教えてくれる。

そんな機械はどうやれば作れるのだろうか。まずは私たちがもつ汎用知能の源、すなわち脳を理解するところから始めるといいかもしれない。

断っておくが、私は脳が大好きだ。私自身も１つもっているし、だいたい毎日使っている。では、脳の中がどうなっているか、私たちはどれくらい理解しているだろうか？　実は驚くほど少しのことしかわかっていない。驚くほど、だ。脳についてなんて、すでに多くのことが明らかになっていそうなものではないか？　ところがそんなことはないのだ。確かに過去20年ほどの間に意味のある進歩はあったが、それでもなお、脳の中で記憶がどのようにコード化されているかすらまださっぱりわかっていない。ましてや記憶を化学式や数式で表そうなんてとても無理な話だ。

脳はどうしてここまでかたくなに秘密を守り通しているのだろうか？　理由は2つ。まず、脳は頭蓋骨に密閉されているので、最近まで動作中の脳を研究する方法がほとんどなかったのだ。死後の脳は、死後の心臓ほどには研究材料として役に立たない。2つ目の理由は、脳が宇宙一、複雑な存在だからだ。脳が持つニューロンの数はだいたい1000億、銀河系のなかにある星の数と同じくらいだ。そんな大きな数、私たちの脳には（奇妙な表現だが）とても扱えない。しかも一つひとつのニューロンは、それぞれ他の1000個のニューロンとつながっている。夜空にみえる天の川を思い浮かべてみて欲しい。そして全ての星を、他の1000個の星とケーブルでつないでみよう。それが、脳の複雑さをおおまかに再現している。星同士をつないだケーブルが表しているのは脳の中のシナプスだ。脳には単純計算からおよそ100兆個のシナプスが存在するといわれるが、1000兆近いという説もある。しかも、これに加えて脳には数え切れないほどのグリア細胞が存在している。1つの脳に少なくとも1兆個はあるだろう。グリア細胞にはニューロンを保護する役割があり、私たちがまだ理解していないやり方で認知に寄与している。これでもまだ驚かないなら、人の脳の中では、1秒に10万回以上の化学反応が起こっている。これら全てが謎めいたやり方で協調し、あなたをあなたたらしめている。ちなみに、世界最速のスパコンは数千万ワットの電力を消費するが、できることは私たちの20ワットしか消費しない私たちの脳に遙か及ばない。

脳のことについてまだ分からないことが多いのは、その複雑さのせいだけではない。何せ、私たちはまだ最も単純な脳がどうやって機能しているかさえ、わかっていないのだ。地球上で最も成功した生物と言われる、ちっぽけな線虫について考えてみよう。彼らはどこでも繁栄できるようだ。海底にもいれば砂漠にもいるし、湖の底にも山にもいる。驚くなかれ、地球上に存在する80％の動物は、100万種以上はいるといわれる線虫の仲間なのだ。今のは見間違いではない。全動物のうち80％は、線虫なのだ。

一般的に線虫は全長1㎜に満たない細長い形をしている。中でもC.エレガンスと名付けられた線虫は、最初に遺伝情報が解読された多細胞生物だ。つまり私たちはその生き物について多くのことを知っている。実際、この線虫は何千人もの研究者に数十年にわたり研究され続けている。線虫を研究すること自体はそこまで大変なことではなさそうだ。なにせ、C.エレガンスはたった959個の細胞からできているのだ。その脳には302個のニューロンしか存在しない。各ニューロンはおよそ30個の他のニューロンと接続されているので、シナプスの総数は大体1万個だ。

考えてもみてほしい。あなたの脳には、天の川に匹敵する数のニューロンがある。線虫の脳には、ボウル1杯分のコーンフレークくらいの数のニューロンしかない。そう考えると、線虫の脳をモデル化したり、線虫がどうやってやるべきことをやっているのかを解明したりすることは、そんなに難しくなさそうではないか？

とんでもない。

なんとも不思議なことに、私たちがまだ見当もつかないメカニズムで、線虫はかなり複雑なことをやってのける。熱源のある方向へ移動したり、反対に熱源から逃げるように動いたり、食べ物を探したり、触られると反応したりと、要するにあらゆる場面で最もうまく生き延びられるように振る舞うのだ。

この謎を解こうと躍起になっている人間は少なからずいるのに、どうしたことだろうか。例えば、線虫の一つひとつの細胞をモデル化することで、生物学的に正しく完璧な線虫をコンピュータ内でシミュレーションという真剣な試みがなされている。そうすれば、総体としての線虫の振る舞いが立ち現れると期待されているのだ。どうだろう。やれそうなことではないか？　１つのニューロンの振る舞いを明らかにし、それを３０２個分モデル化し、１０００個のシナプスで繋げたら、ほら、コンピュータの中で線虫と全く同じように振る舞う何かの出来上がり。ところが残念ながらまだそこには至っていない。このオープン・ワーム・プロジェクトに関わっている専門家たちの間でも、そのようなモデルを実際作り上げることが可能かどうかのコンセンサスすら得られていない。１つ確実なことは、私たちが人の脳のしくみを解明できるとしたら、それは線虫の脳を解明した後だ、ということだ。そしてもしオープン・ワーム・プロジェクトが最終的に成功したならば、コンピュータのメモリの中で泳ぎ回るそれは、生きているといえるのだろうか？　いえないとしたら、それはなぜだろうか。一つひとつ細胞から作られていて、出来上がったらあらゆる面で線虫と同じように振る舞う存在なのに。

ある意味で、線虫の脳は人の脳よりも興味深い存在だ。人の脳については、そもそも考えることを放棄して「だって私たちはものすごい数のニューロンを持っているのだから、複雑なこともできて当然だよ」と言ってしまうことだってできる。しかし線虫は３０２個しかニューロンを持っていないのに、かなり複雑な振る舞いをするではないか。

このため、私たちは脳の仕組みについて理解し始めてすらいないと考える人々もいる。ＭＩＴで60年以上も教えた博学者ノーム・チョムスキーもその１人だ。彼は、ＡＩの分野における研究が「思考の本質に関する知見を与えてくれたとは考えていない……そしてそのことに驚きもしない……。ダイオウイカのニューロンがどうやって食べ物と敵を見分けているかを理解することだって難しいのだ。人間の知性や人間の選択の本質を理解するというのは、現代科学では太刀打ちできない、途方もない問題だ」と述べている。

脳は大体１・５kg弱、牛乳２本分よりも少し軽い。つまり人の体重のおよそ２％しか占めないわけだが、使っているエネルギーは20％だ。脳の60％は脂肪なので、つまり私たちは本物のファットヘッドの集まりだ（訳注）。その重量のうち３／４は水で、ゼラチンのようにプルプルしている。中に張り巡らされている血管の総距離は数百kmにも及ぶ。

脳は非常に可塑性の高い組織で、必要に応じてダイナミックに変わる。若い人の脳の一部を何らかの医学的な理由で切除すると、切除された部分の機能を補うために再接続が起こる。私たちが生まれながらに持つ五感とは別の、新たな感覚の入力に対応することだって可能だ。例えば、神経学者デイヴィッド・イーグルマンは音波が当たると様々な部位に振動が生じるベストを開発した。このタイトフィットのベストを聴覚障害者が着ると、体に伝わるその振動を頼りに「聞く」ことができるようになる。慣れてくれば、振動をいちいち解読しようと思わずに、無意識で「聞ける」ようになっていく。イーグルマンは、彼らがいずれは聴者と同じようなやり方で聞けるようになると考えている。

脳が持つクセ

脳について私たちが新たなことを知るスピードは上がっている。優れた研究例を1つ挙げよう。ある研究グループが、YouTubeの動画をみている人々の脳をスキャンするシステムを開発した。そして、YouTube動画を見ている被験者の脳スキャンデータと、そのとき見ていた動画を同時にコンピュータに記録した。その後、全く新しい動画を見ている被験者の脳のスキャンデータをコンピュータに与え、その被験者が見ている動画をコンピュータに予測、再現させた。その結果は驚くべきものだった。再現できたのだ。完璧ではなかったが、とにかくできた。このコンピュータは脳を読むことができたのだ。こうした技術が、脳の多くの謎を解く

訳注：fatheadは愚か者という意味のスラング

手助けをしてくれていることは間違いない。

しかし、私たちが脳についてまだ知らないことのリストはかなりの長さだ。私たちは、脳が情報をどうやってコード化しているかも、どうやってそれを読み出しているかも知らない。例えば、あなたが初めて自転車に乗ったときのことを思い出してみて欲しい。何色の自転車で、乗り心地はどうだったかなど、思い浮かべられるだろうか。子どもの頃のあなたがその自転車に乗って行っていたのはどんな場所だった？　さて、ではその記憶がどのように脳に「書き込まれて」いるか、想像できるだろうか。小さい自転車のアイコンがどこかに保管されている、という感じはしないはずだ。さらに、何年もそのことについて考えたこともなかったのに、今この瞬間にいとも簡単にその記憶を呼び出せたというのもすごいことだ。脳科学者らはもちろんこうしたことについていろいろな仮説を持っているが、答えを知るにはほど遠いところに私たちはいる。脳の様々な領域がそれぞれどんな機能を持っているかに関しては、私たちもそれなりに知ってはいるが、それらが実際どうやって働いているのかについてはまだ手探りの状態だ。

よく脳はコンピュータにたとえられるものの、コンピュータと脳の構造は全く違う。似ている点はといえば、コンピュータが脳と同じようなことをできるように作られているところだ。しかし、コンロでも電子レンジでもポップコーンを作れるからといって、コンロと電子レンジが似ていることにはならない。実際、コンピュータと脳を勝負させたら、今のところ脳のほうが勝つ。コンピュータは２＋２みたいな計算を人間よりもずっと速くできるが、脳は多くのタスクでコンピュータを圧倒する。なぜかというと、脳は超並列分散処理をする、つまりたくさんの物事を一気にこなせるからだ。

あなたの脳はどれくらいすごいのだろう。例えば、「人は脳の10％しか使っていない」という俗説を聞いたことはないだろうか。この「事実」をベースに真面目なSF作品のプロットが作られたことはあるが、この考え方はすぐに廃れた。実際、人は脳のほとんどあらゆる部分を使っている。とはいえ、脳を使って並外れたことをやってのける人がいることもまた確かだ。ここでは3人だけ例を挙げよう。

キム・ピークという男は、本を1度に2ページずつ読む（片側のページを片方の目で、もう片側のページをもう片方の目で）ことで、1分間に1万語を読むことができた。

イギリスの数学者ビル・タットは、紙とペンだけでナチのローレンツの暗号を解読した。彼は暗号機など見たこともなかったが、ドイツ側が誤って同じメッセージを2回送ったことから暗号の解読へとこぎ着けた。

1939年、カリフォルニア大学バークレー校の大学院生だったジョージ・ダンツィクは、授業に遅刻してしまった。教授はそのとき、2つの有名な統計学上の未解決問題を黒板に書いていたところだった。その問題をみたダンツィグは、それが宿題なのだと勘違いし、ノートに書き取った。そして、（おそらく読者の皆も展開はわかっているだろうが）彼はそれを解いた。後になって彼はその問題が「いつもの宿題よりは少し難しい気がした」と振り返っている。

脳は、いくつか奇妙な特徴を持っている。まず、何百もの認知バイアスがある。認知バイアスとは、間違っているかもしれない答えを導いてしまう脳の癖のようなものだ。私が一番好きな例は「韻踏み効果」というものだ。このバイアスのおかげで、韻を踏んでいる主張は踏んでいないものよりも正しいと思われがちである。今日の一針、明日の九針（a stitch in time save nine）というのは本当なのだろうか？　私にはわからないが、本当だと思いたくなってしまう。子どもの頃、隣に住む100歳くらいのお婆さんとドミノをして遊んでいたとき、私が次にどの牌を出すか迷っていると彼女はこう言って私をたしなめたものだ。「長考は迷考」。確かにそこには真実が含まれていそうではないか。少なくとも、「長考はよくない考え」よりは。

こうしたバイアスは私たちの脳のソースコードに含まれるただのバグというわけではなく、本当に役に立っているのかもしれない。ある見方をしたときだけ、妙なことのように見えるのではないか。私はよく思うのだが、もし起業家が、成功できる本当の確率を知っていたら、地球上にはごくわずかの起業家しかいなかっただろう。しかし楽観主義バイアスというもののおかげで、沢山の人が「失敗する人も多いが、私は大丈夫だ！」と固く信じて起業する。これは社会全体として見た場合には最適な選択であろう。私たちがコンピュータに先んじる方法が、コンピュータが絶対にしないような不合理な決断をすることだとしたら、愉快ではないか？

他にも、脳はさまざまな理由で私たちをだます。例えばサッカード抑制とよばれる現象がそうだ。1800年代後半に最初に観察された、眼球が運動しているとき、本人には知覚されないまま脳が視覚入力を遮断する現象のことである。例えば、鏡の前に立って、自分の右目と左目を交互に見てみよう。あなたの目が動いているところをあなた自身は見ることができないが、あなたのことを見ている人には見える。
こんなことを詳しく説明しているのも、脳が、ひいては知性がどれほど複雑なものかを実感してもらいたいからだ。ひょっとすると私たちはいずれ、脳のしくみとは全く関係ないやり方でＡＧＩを作り出すのかもしれないが、コンピュータの知性がそれほど単純なものになるとは考えにくい。知性は難しい。ＡＩ分野の巨人マービン・ミンスキーはこう言っている。

ニュートンは、私たちが目にするおよそあらゆる物理現象を説明することができる３つのシンプルな法則を発見した。１、２世紀後にはマクスウェルが電磁気学で同じ事をやってのけた。……そして、たくさんの心理学者が、この２人の物理学者の真似をして（心がどうやって機能するのかに関する）仮説をいくつかのシンプルな法則にまとめようと悪戦苦闘してきた。しかし、うまくいかなかった。

この宇宙に存在するあらゆる物の中で、人の脳というのは唯一無二の存在だ。脳がやっていることをできる機械を作るという試みは、野心的すぎるか、傲慢すぎるかのどちらかだ。しかも、これだけでも難しいのに、本当の知性を持つには心を持たなければならないという、さらなる難問が待ち構えている。

「心」は何からできているのか？

脳と心の違いは何だろう？　脳は、１・５kgのベタベタする塊でできた臓器であって、機械的な振る舞いをするものだ。心は、あなたの精神ができること全てであって、このベタベタの塊が成し遂げられるとはとても思えないものだ。心は感情、想像、判断、知性、意志、願望などの源だ。あなたが音楽を聴いてもの悲しい気持ちになるのも、未来を想像できるのも、心があるからだ。

なんとも不思議なことではないか。１つの臓器が、どうして創造性を持ち得るのだろうか？　１・５kgの組織が恋に落ちるのはどういうわけだ？　ニューロンが何かを面白いと思うのはどういうわけだろう？

心という「概念」は私たちの日常に浸透していて、誰もが気軽に口にする言葉だ。私たちは心外だと言ってみたり、心の平安を求めたり、誰かが内心どう思っているのかを知りたがったりする。偉大な心の持ち主は同じように考える（great minds think alike）、と教わる。心が乱れたり、そうかと思うと一心不乱になったりする。健やかな心を持っていたり、心が躍ったり、決心したりする。ほかにも心が使われている慣用句はごまんとあるが、どれも「心」を「脳」に置き換えると意味が変わるような気がする。

しかし、心という概念を持ち出すとき、人は様々な「意味」を込める。例の根源的な問いにおいてあなたが一元論者だったか、人間は機械だと考えていた場合、こう言うだろう。「心は、脳がやることのうち我々がまだ理解できていないことをひっくるめて表す言葉にすぎない。心がやっていることは通常の認知プロセスだ。それは脳に創発するものかもしれないが、それにしたって、結局は単純な生物学的作用だ」

二元論者や、人は機械ではないと考える人なら「心はあなたそのものだ。心は物理学の法則の枠組みの外に存在している。心を作り出すのは脳かもしれないが、それはひとつの臓器の機能という言葉では片付けられない。物理的な存在ではないのだから、心を化学式で表すことなど不可能だ」と答えるかもしれない。

心という曖昧模糊とした概念には触れずに、AGIを作ることはできないのだろうか？ 残念なことに無理だ。そのせいで、AGIの実現は格段に困難なものになっている。AGIはその定義上、動物界に存在するありとあらゆる生物よりも圧倒的に賢くなければならない。あなたがもし、最も賢いイルカと同じくらい賢いAIのイルカを作ったとしても、誰もそれをAGIとは呼ばない。映画「アイ、ロボット」で、主演のウィル・スミス扮するスプーナー刑事がサニーというロボットを尋問している場面を思い出してみよう。

スプーナー刑事：ロボットに交響曲がかけるか？　キャンバスに美しい絵画を描けるか？

サニー：あなたは？

交響曲を書いたり、美しい絵画を描いたりする能力は確かに心（それが何であれ）に由来するだろう。そして私たちは、ＡＧＩにも同じ能力を期待する。なぜなら、真の汎用ＡＩは人間と同じレベルの認知機能を持っているべきだからだ。だから、心という部分だけに都合よく覆いをかけて見ないふりをすることはできない。

さて、心は何から作られるのだろうか？　心の１つの特徴は、それがあなたの頭の中に聞こえる声、つまり世界の成り行きを見つめる「あなた」であるということだ。どうやって脳はそれを作り出したのだろう？　線虫は確かに脳を持っているが、その３０２個のニューロンを使って世の中を実況しているとは思えない。よって、その声が心の一部なのであれば、心自体を持っているとも考えにくい。読者の皆さんはお気づきだろうか、これは私たちの根源的な問いの１つだった。「自己」とは何だっただろうか？

自己、そしてその延長にある心が何ものかについては、３つの説があった。１つ目は、脳のトリック。繰り返しになるが、脳のトリックとは、脳が複数の感覚的体験を１つに統合することと、脳の異なる部位が必要に応じて交代で「ステージに立つ」ことを言う。この説では心などというものは存在しない、あるのは脳だけで、私たちがまだ理解できない創造性や感情といった能力も脳が備える通常の機能だということになる。

２つ目の説は、「自己」とは脳の創発特性であるというものだった。心もそれなのだろうか？　創発とは、覚えている人も多いと思うが、複数の要素が集まった時に、個々の要素には見られなかった特性や能力が全体として現れることをいう。先ほどはアリのコロニーを取り上げた。一匹一匹のアリは全く賢くないにもかかわらず、それが集まってできるアリのコロニーは賢い振る舞いを見せる。細胞を構成するパーツはどれ1つとして生きていないが、細胞は生きている。この考え方でいくと、心は1000億のニューロンの発火活動の中から作り出される何か、ということになるだろう。物理システムから創発が起こる実際のしくみはまだ解き明かされていないので、心が脳の創発特性なのだと言ってしまった瞬間にこの問題を先送りすることになるのだが、仕方がない。何といってもこの説は心の出どころとして広く信じられているのだ。

3つ目の説は、「自己」とは魂、つまり物理学の法則の外側に存在するあなたの一部である、というものだった。あなたの心は、あなたを構成するもののうち実体を持たない部分で、肉体が死んだ後も生き続けることができうるものだ。この説によれば、感情や創造性といった心に帰するとされる性質は無数のニューロンの発火の産物ではなく、魂の一部ということになる。こうした性質を科学的に理解するのが困難なのはそのせいだ。

この3つの説のうち、第一の説が正しいなら、AGIを作れる可能性は非常に高い。やがて心の謎は解き明かされ、コンピュータが心の能力を（やり方はどうあれ）複製できるようになるだろう。もし第二の説が正しいのなら、AGIへの道は少し険しいものになるだろう。というのも、おそらく私たちは機械の中で創発が起きるのを待たねばならないからだ。私たちが現時点で創発について知っていることから類推すると、創発現象を機械的に再現できると断言することは難しいが、それが物理現象であるからには、いつかはきっとできるだろう。もし第三の「心は魂」説が正しいのだとしたら、AGIの実現は極めて困難だと言わざるを得ない。

14　ＡＧＩ

ＡＧＩは実現可能なのだろうか？

汎用人工知能を作るにはどうしたらいいのだろう？　一言でいって、わからない。ＡＧＩも、それに近い存在も、まだこの世に誕生していない。しかしその業界の多くの人々は、ＡＧＩを作り出すことは可能だと考えている。私のＡＩに関するポッドキャスト「ボイス・オブ・ＡＩ」に出演してもらった70名あまりのゲストのうち、ＡＧＩを作ることは不可能だと考えていたのは6、7名に過ぎない。ただし、私たちがいつＡＧＩにお目にかかれるのか、という問いに対する答えは人それぞれに大きく異なる。

また、狭いＡＩのハードルは低く設定していたが、ＡＩに「ＡＧＩ」の称号を与えるためには驚くような技術をもって、人類が持つ社会的知能や心の知性、過去を省みて未来に思いを馳せる能力、創造性、独創性など、あらゆる知性を備えてもらわねばならない。歴史家ジャック・バーザンは、私たちがＡＧＩを作り出せたと確信できるのは、「コンピュータが皮肉を言ったときだ」と言った。「もしくは『人工』と呼ばれて機嫌を損ねるときだ」と付け加えてもよかったかもしれない。

ＡＧＩは高性能な狭いＡＩとはどう違うのだろうか？　例えば、狭いＡＩをたくさん繋ぎ合わせて人間のあらゆる経験を網羅できるようにすれば、１人の人間と同程度に賢く汎用性が高いＡＩを作れたといえるのではないか？　つまり、フランケンシュタインが作った怪物のＡＧＩ版のような感じだ。例えば、絨毯に掃除機を掛けるロボットと、株の銘柄を選ぶロボットと、車の運転をするロボットと、ほかに１万個ほどのロボットを作り、それらを全て接続したら、人間の問題を全て解決できるのではないか？　確かに理論上はそういった不格好なコードを書くことも可能だが、それはＡＧＩを作ることとは全く違う。知性を持つことは、１０００個のことをできるという意味ではない。知性とは、その１００００の経験を組み合わせて、あるいはそのうち１つから得られた知識を使って、新しい１０００１個目のタスクをこなす、ということだ。

現在私たちが狭いＡＩで経験していることからすると、ＡＧＩを作るということ自体がかなり常識外れなことのように思える。私たちはまだ、狭いＡＩが動くというだけで喜んでいる状態だ。狭いＡＩにはプログラムされていないことを自分に教えることはできない。狭いＡＩには意識がない。狭いＡＩはプログラムされていないことを自分に教えることはできない。狭いＡＩとＡＧＩは、ゾンビとアインシュタインくらい違う。どちらも2足歩行だが、ゾンビが持つスキルはかなり狭く、アインシュタインは新たなこともすぐに学べるだろう。ゾンビは夜間学校に通ったり、マクラメの編み方を習ったりしない。「脳はどこだぁ！」とでもうめきながら、ひたすらうろつきまわるのが関の山だ。私たちが今日手にしているのは、ＡＩのゾンビだ。そして今問題なのは、私たちがＡＧＩのアインシュタインを作れるのかどうかだ。もし本当に作り出せたとしたら、私たちはそれをどうとらえるのだろう？　人はAGIを何物だと思うのだろうか。

この話の中のAGIは、この時点でまだ意識を持っていない。意識を持っていないということは、世界を経験したり、苦しみを感じたりはできないということだ。ゆえに、AGIという存在自体が、それだけで人に実存的危機（人の何が特別なのかと、深く悩むこと）をもたらすことはおそらくない。しかし、2つの問いを私たちに突きつけるだろう。「AGIは生きているのか？」そして「人間は何のために存在しているのか？」

1つ目の、AGIは生きているかという問いへの答えは明らかではない。意識は生命に必須の要件ではない。実際、全生命体の中で意識を持っているものは驚くほど少ない。木は生きているし、あなたの身体を構成している細胞だって生きている。しかし、それらが意識を持っているとは普通考えない。

では、生きている、とみなされるためには何が必要なのだろうか？　生命とは何だ？　私たちはいまだに、生命をどうやって定義するかについてのコンセンサスを得られていない。実際、合意からはほど遠いところにいる。死の定義に関するコンセンサスも得られていない。そして、生命が何から構成されるかについての合意もとれてはいないが、多岐にわたる性質がその候補として挙げられている。AGIはそうした性質の多くを備えるものとなるだろう。例えば、成長することとか、繁殖能力とか、子孫に性質を伝えることができることとか、刺激に応答するとか、恒常性を保つとか、死の前に連続的な変化を示すとか。ただし、生命が持つ性質のうち、ＡＧＩが持つことがないものが２つある。細胞からできているということと、呼吸をするということだ。ただし、この２つの性質については、単に「地球上に存在する生命体に共通しているもの」であるのか、それとも「生命には必要不可欠なもの」であるのかをはっきりさせなければならない。例えば、呼吸をしない、細胞以外の何かからできているエイリアンがやってきて、私たちと和やかに話し合いを始めたとしたら、きっと誰もがその存在を生きていると見なすのではないか。そうであるとすれば、その２つの性質をＡＧＩが持つ必要もないだろう。

ここまでは生命体になるための科学的な要件であった。では、形而上学的な要件についてはどうだろう？　これについても、総意は得られていない。科学者の間でも意見が分かれるウイルスをはじめとした、生命の境界線上にある存在についての哲学的考察がこれまで十分にされてこなかったからだ。数百万年にも及ぶ眠りから覚めて動き出した細菌は、その間ずっと生きていたのだろうか？　それとも、死からよみがえったのだろうか？

生命の定義が文字通り数千年ものあいだ論争の的であったことを考えると、今後しばらくは総意が得られることはないだろう。そう考えると、ＡＧＩが生きているのかという問題に関して様々な意見が飛び交うであろうこと、そして私たちとＡＧＩとの関係が、この曖昧さ故に居心地の悪いものになる可能性があることだけは確実だ。根源的な問いのところで人は「機械」だと答えた人や、自らを一元論者だと思う人は、ＡＧＩも生きているというだろう。しかしそうでない人々は、そうは結論付けないか、早急に結論付けることを良しとせず、中途半端に先延ばしにしようとするだろう。

次に、「人間は何のために存在しているのか?」という2つ目の問いについては、WIREDの創設者兼編集者ケヴィン・ケリーがこう述べている。

私たちは次の10年、ことによっては次の1世紀を、アイデンティティの危機にさらされ続け、人間は何のために存在しているのかと常に自問しながら過ごすことになるだろう……。AI登場の最大の意義は、人間を定義する役に立つことだ。私たちは、自分が何者なのか、AIに教えてもらわないといけない。

過去数千年にわたり、人間は自らをあらゆるものを卓越した存在だと考えてきた。その理由はただ1つ、私たちが最も賢い生き物だったからだ。人間は最大でも、最速でも、最強でも、寿命が最長なわけでもないし、そのほかに「最〜」なところは1つとしてない。ただ、最も賢いのだ。そして私たちはその賢さを使って、名実ともにこの惑星の支配者、統治者となった。私たちが地球上で2番目に賢い存在へと陥落したら、何が起こるのだろうか? しかもただの2番目ではない。1位に圧倒的な大差をつけられた2位なのだ。機械のほうが私たちよりも優れた思考ができて、ロボットが私たちよりもうまく物理世界を操れるようになったら、私たちに何ができるだろう。おそらく私たちは、意識をよりどころにしようとするのではないかと思う。私たちは世界を経験するが、機械は計測するだけだ。私たちは世界を楽しむ。そこに死の必然性と命の尊さが加わると、人間とよべるものが現れる。このことは、虎とイチゴにまつわる禅の公案でも描写されている。こんな話だ。ある男が虎に追いかけられ、生き延びるために崖から飛び降り、ツタにつかまってぶらさがる。崖の上では虎が待ち構えている。崖の下にも、虎が1頭やってきて待ち構えている。しかもそこにネズミがやってきて、男がぶらさがっているツタをかじり始めてしまった。そんなとき、男はすぐそばにイチゴが生えていることに気がついた。彼は手を伸ばしてイチゴをもぎ取り、食べた。それは彼がこれまでの人生の中で食べた何よりも美味しいものであった。この意識と死という取り合わせが、私たちを定義できるものかもしれない。私たちはみな、イチゴを味わう存在だ。イチゴがおいしいと思えるのは、私たちがまさに、死を前にして生きているからなのだ。

ＡＧＩは実現可能だろうか？　この業界の人間はみな、異口同音に「もちろん」と答えるだろう。「当たり前だ！」というニュアンスまでこめて。彼らは、そんなばかばかしいこと聞くまでもないと思っているふしすらある。しかし、私はこの質問に決着がついたとは全く思わない。

私たちはＡＧＩを作ったことがない。私たちはＡＧＩに似たものすら作ったことがない。どうやれば作れるのかを示せた人もいない。ＡＧＩをいつ実現できるかという予測は5年から500年まで幅広く、要するに、ＡＧＩ実現には何が必要かという共通認識がまだないのだ。それに加えて、脳のしくみもまだ分かっていないという問題もある。心のしくみも。意識（これもＡＧＩには必要になるかもしれない）のしくみも。ここからは、ＡＧＩの実現可能性について肯定派と否定派の意見をそれぞれ見ていこう。肯定派の意見はかなりストレートなのでわかりやすいが、否定派の方は若干込み入っている。

ＡＧＩ肯定派の意見

ＡＧＩは実現可能だと考える人々は、核となる1つの前提を持っている。彼らも脳のしくみがまだわかっていないことは認めるが、脳は機械で、ゆえに心も機械に違いないと固く信じているのだ。だから、超高性能のコンピュータはやがて脳の機能を完璧に模倣することができるようになり、そこには知性が宿るようになると主張する。スティーブン・ホーキングはこう言った。

> 生物学的な脳にできることと、コンピュータにできることの間にはそれほど大きな違いはないと、私は思っている。だから理論上、コンピュータは人間の知性を再現できるし、やがては超越するだろう。

彼のこの発言からも見てとれるが、ホーキングは宇宙の構成に関する根源的な問いには一元論者として答えるはずで、だからＡＧＩは確実に実現可能だと考えるタイプの人間だ。宇宙で起こるあらゆる物が物理の法則に基づいているのであれば、私たちに知性をもたらす何かだって物理の法則に従うに決まっている。そうであれば私たちはやがて、私たちと同じ事ができる何かを作り出すことができる。ホーキングはおそらく、「私たちは何物だ？」という根源的な問いに「機械」と答えるだろうから、この点でもＡＧＩは確実に実現可能だと考えていただろう。機械は知性を持てるのか？　もちろん！　あなたがまさに、そういう機械じゃないか。

こんなことを考えてみよう。生き物がもつニューロンと全く同じ機能をもつ、機械でできたニューロンを作ったとする。それに加えて、脳を構成するそのほかのあらゆる成分も機械的に再現できたとする。既にいくつかの臓器で人工臓器を作ることに成功しているのだから、これはそれほど突飛な話でもない。このとき、もし超高性能なスキャナーもあれば、あなたの脳を原子レベルで正確に複製したコピーの脳を作ることができる。それがあなたの持っている知性を持たないと、どうして言えようか？

ＡＧＩの実現可能性を否定する唯一の方法は、私たちが存在を証明できない何らかの神秘的な性質を脳が持っていると考えることだ。ただし、脳がそんなものを持っていないというエビデンスなら山のようにある。日々、脳に関する新しいことが明らかになっていっているが、これまで科学者が「ちょっと聞いてくれ！　私たちはついに、物理学の法則を完全に無視する神秘的な部分が脳の中にあることを発見した。これはつまり、物理学をベースに発展してきた過去４００年分の科学の成果が根底からひっくり返されるということだ」などと言い出したことは一度もない。毎回、脳の中で起きていることが一つひとつ解明されてきた。確かに脳は素晴らしい臓器だが、特に神秘的なところがあるわけではないただのデバイスだ。

コンピュータの黎明期に、人々はコンピュータが未来永劫できるようにならないことのリストを作ったが、コンピュータはそれを一つひとつ覆していった。それに、百歩譲って脳のどこかに神秘的な部分があるとして（そんなものはないのだが）、その部分こそが私たちに知性をもたらしていると考えなければいけない理由はない。さらに百歩譲って、その神秘的な部分に私たちの知性の秘密が隠されていたとしても（そんなわけはないのだが）、それ以外の方法では知性を達成できないと考えなければいけない理由はない。

ゆえに、結論として、私たちはもちろんAGIを作ることができる。作れないと言い張っているのは、神秘主義者やスピリチュアリストだけだ。

AGI否定派の意見

それでは次に、反対側の意見を聞いてみよう。

前にも述べた通り、脳には1000億個のニューロンがあって、ニューロン同士が100兆の接続でつながっている。しかし、音と音との間も音楽であるように、あなたはニューロンに存在しているわけではなく、ニューロンとニューロンの間に存在しているのだ。何らかのしくみによって、あなたの知性はこの接続から出現する。

私たちは心がどうやって生じるのかわかっていないが、コンピュータが心とは（それどころか脳とも）全く似ても似つかないやり方で動作することは知っている。コンピュータはただプログラムされたことをやるだけだ。出力される単語は、コンピュータにとっては何の意味も持たない。コンピュータは、自分が今コーヒー豆のことを話しているのか、コレラのことを話しているのかもわからない。彼らは何かを知っているわけでも、何かを考えているわけでもない。フライドチキン並みに死んだ存在だ。

コンピュータは、メモリに格納された抽象記号を処理するという、ただ1つの単純なことしかできないではないか。肯定派は、どうしたらそんなデバイスが考えられるようになるのかを説明してほしい。処理速度がどれほど早かろうが関係ないのだ。

私たちはコンピュータを擬人化した表現をよく使う。たとえば「コンピュータは誰かがパスワードを何回も間違えるのを見ると、その意味を理解して、セキュリティ侵害行為があったと解釈する」とか言ったりするわけだが、コンピュータは何かを「見る」ことはない。カメラが搭載されているコンピュータであっても、見ているわけではない。何かを検出はするが、それはスプリンクラーが芝生の乾燥具合をセンサーで検知するのと同じ意味合いだ。さらに、コンピュータは何かを「理解」することはない。コンピュータは計算するが、理解はしない。

私たちはコンピュータを擬人化するが、実際コンピュータは生きてなどいないということはきちんと理解しておかなければならない。この区別を今しておくことは重要だ。なぜなら、AGIでは、機械が計算する存在から理解する存在に変わるからだ。

AIに関する初期の思索家ジョセフ・ワイゼンバウムは1966年にイライザと呼ばれるシ

ンプルなコンピュータプログラムを作製した。イライザは自然言語処理プログラムで、心理療法士の患者への対応を真似して作られた。あなたが「悲しい」と言えば、イライザは「どうして悲しいのですか？」と尋ねる。あなたが「誰も私のことなんて好きじゃないみたいだから、悲しい」と答えたら、イライザは「なぜあなたは、誰もあなたのことを好きではないと思うのですか？」と尋ねる。一事が万事こんな調子だ。このアプローチは、4歳児の「なぜなぜ攻撃」を経験したことがある人にはなじみのあるものだろう。何を言っても「なぜ？」と返されて話が永久に終わらない、あの感じだ。

ワイゼンバウムは、コンピュータプログラムだと知りながら人々がイライザに本当に心を開き始める様子を見てショックを受け、その技術を否定するようになった。ワイゼンバウムによれば、コンピュータが「私にはわかります」と言うとき、コンピュータは嘘をついている。わかるべき「私」が存在しないのだから。

彼の結論は、些末な言葉遣いの揚げ足取りというわけではない。ＡＧＩに関する全ての問いが、この、何かを理解するという1点に端を発するのだ。議論の内容をつかむために、1980年にアメリカの哲学者ジョン・サールが発表した「中国語の部屋」という思考実験について考えてみよう。流れはこうだ。

大きな部屋があって、1人の男が中にいる。彼のことは司書と呼ぼう。司書は、中国語を全く知らない。しかしその部屋には何千冊という本が置いてあり、司書は中国語で書かれた質問を見て、中国語で答えを返す仕事をしている。

部屋の外には中国語を話す人がいて、紙に中国語で質問を書き、ドアの下から滑らせて司書に渡す。司書はそのメモを見て、部屋の中にある「第1巻」という本を手に取る。メモに書かれた1つ目の記号を第1巻の中から探し出すと、その記号の横には「次の記号は第1138巻の中から探せ」という指示が書かれている。そこで、1138巻を取り出し、紙に書かれている2番目の記号を探す。そこには、次の記号は24601巻から探せ、と書かれているので、その通りに探していく。その繰り返しだ。そして、ついに紙に書かれていた最後の記号までたどり着くと、そこには一連の漢字を書き写せという指示がある。司書はその、暗号にしかみえない何かを紙に書き写し、ドアの下から外へと滑らせる。外で待っていた中国語を話す人はその紙を拾い上げ、そこに書かれているものを読む。彼は、なんて賢く、機知に富み、含蓄があり、洞察に満ちた答えなんだろうと感動する。実際、素晴らしい答えなのだ。

それでも、司書は中国語を話せない。司書は質問が何だったかも、彼が書き写した答えが何と言っていたかもまるでわからない。彼はただ、本に書かれている指示通りにたくさんの本のページをめくり、書き写せと指示された文字列を書き写しただけだ。

ではここで問題。司書は、中国語を理解しているのだろうか？

サールはこの思考実験を通して、どんなに複雑なコンピュータプログラムも、結局は本から本へと行き来しているだけに過ぎないということを示したのだ。そこに理解というプロセスは介在しない。そして、理解するというプロセスが全くないところに、真の知性が生じうるのだろうか、と疑問を投げかける。サールはこう言った。「プログラムされたコンピュータは車や電卓と同レベルの理解力しかしない。要するに、何も理解できないということだ」

中国語の部屋問題については、システム全体が中国語を理解しているのだ、と反論することはできる。一見、理にかなっているようだが、そう考えたとしてもあまり状況は改善されない。例えば、司書が部屋中の本を全て暗記していて、質問を受け取るや稲妻のような早さで答えを返してくるとしよう。その場合でも、司書は彼自身が書いている文字の意味は全くわかっていない。自分が書いていることが食洗機に関することなのか、呼び鈴に関することなのかもわからない。さて、改めて聞くが、司書は中国語を理解しているのだろうか？

これが、ＡＧＩの実現可能性を否定する側の基本的な議論である。まず、コンピュータはメモリ内の0や1を処理しているだけだ。そのスピードがどれほど速くとも、それによって知性が出現することはない。また、コンピュータは中国語の部屋と同じように、与えられたプログラムに従って動作するだけだ。ゆえに、どれだけすごいことをやっているように見えても、本質的には何一つ理解していないのだ。手品みたいなものだ。

ところで、ＡＩの分野にいる多くの人々はＡＧＩ否定派の主張を聞くとフラストレーションで頭をかきむしるだろう。彼らはこう言うに違いない。だって、脳は機械だ。それ以外の何でありえるんだ？　コンピュータは抽象記号の処理しかできないと言うが、脳だってたくさんのニューロンが電気信号や化学信号を送りあっているだけじゃないか。そこから知性が出現するなんて、誰が予測しただろう？　脳とコンピュータが違うものからできていることは確かだが、だからといって同じことをできないと考える理由はない。肯定派はまた、こうも言うだろう。人が脳は機械ではないと考えるのはただ、自分たちが機械だと考えるのが嫌だからだ。

さらに、中国語の部屋問題についてもすぐさま反論してくるだろう。反論には何通りかあるが、この話の趣旨に最も合っているのは、「アヒルみたいに鳴くならアヒル」説だ。もし、アヒルのように歩き、アヒルのように泳ぎ、アヒルのように鳴く生き物がいたら、私たちはそれをアヒルだと思う、というやつだ。つまり、理解しているかどうかは関係ないのだ。〝それ〟に中国語で質問することができて、〝それ〟が中国語で優れた答えを返してきたなら、〝それ〟は中国語を理解しているといって差し支えないだろう。その部屋が、あたかも理解しているかのように振る舞うのならば、理解しているのだ。それだけの話だ。これはまさに、チューリングが1950年に発表した、コンピュータが思考できるのかどうかという論文の主題である。チューリングは、「機械が、思考としか言いようのない何事かを成し遂げるとき、そのやり方が人間とは全く異なったものであってはいけないのか？」と言った。チューリングなら、中国語の部屋は思考できている、と断言しただろう。当たり前じゃないか、火を見るよりも明らかだ。中国語で書かれた問いに答えられるのに、中国語が理解できないなんて、おかしいだろう。

結局どういうことなのだ？

どちらの派閥の意見もじっくり聞いたところで、少し視点を引いて全体を眺め、どういう結論が得られるか考えてみよう。

人間の知性を機械の知性と根本的に異なるものに仕立てあげるスパークがあるのだろうか？　私たちはみな、機械にはない「エラン・ヴィタール（生命の躍進力）」によって推論する力を得ているのだろうか？　人類の創造性の源となる未知のファクターXが存在するのだろうか？　答えはまだわからない。著名なオーストラリア人ロボット研究者であるロドニー・ブルックスも同様の問いをたてている。彼は、生命システムには私たちが理解できていない何らかの要素が存在すると考えている。何かわからないが、すごいものだ。彼はその何かのことを「ジュース」とよび、その概念を説明するために箱の中に閉じ込められたロボットと動物を比較する。ロボットは箱から出るために淡々とプロセスを実行していくが、動物はそこから脱出しようと必死で大暴れするだろう。ロボットは何に対しても情熱を持つことがない、とブルックスは言う。そして、その情熱（すなわちジュース）こそが極めて重要で意味のあるものなのだと（ところでブルックスはそれが純粋に機械的な何かであると信じていて、「ジュース」が通常の物理学の範疇を超えた何かであるという説は断固として拒否していた）。それで、「ジュース」とは何なのだろうか。

次の6つの問いに「はい」か「いいえ」で答えていくと、あなたがAGIの実現可能性についてどう考えているかがわかる。「はい」と答えた数を数えてほしい。

中国語の部屋は思考していると思いますか？

中国語の部屋、あるいは中にいる司書は、中国語を理解していると思いますか？

機械が「ジュース」（それが何であれ）を獲得することは可能だと思いますか？（ジュースなどというものは存在しないと考えている場合も「はい」とカウントすること）
「私たちは何物だ？」という根源的な問いに「機械」と答えましたか？
「自己とは何だ？」という問いに「脳のトリック」あるいは「創発する心」と答えましたか？
「宇宙は何からできている？」という問いに「一元論者」として答えましたか？

さて、これらの問いに「はい」と答えた回数が多いほど、あなたはＡＧＩを作ることができると考えていることになる。私のＡＩポッドキャストに招いたゲストのほとんどは、全てに「はい」と答えた。

中間の答えというのはない。ＡＧＩは実現可能か、不可能かのどちらかだ。この2つの主張の間にはこれ以上ないというほど大きな隔たりがある。というのも、この問題は実在の本質、自己の本質、そして人間の本質について私たち全員が個人的に持っている信念に関わってくるからだ。ＡＧＩに関する問いについてもまたしかりだ。これらの問いに異なる答えを出す人々の間を橋渡しするうまい方法はない。しかし、少なくともどうして考え方がそこまで違うのか、を理解することはできる。知識が豊富で賢い人々がこれほどバラバラな結論に至るのは、ある集団だけが秘密の事実を知っているからではなく、誰もが違うことを信じているからなのだ。人は、技術についてより、現実についての考え方のほうではるかに大きく食い違いがちだ。

15　ＡＧＩを作るべきなのか？

著名人たちのＡＩ観

私たちがＡＧＩを作ったと仮定して、実際にそれが自分で改良を続け、すぐに私たちよりも大幅に賢い存在になるとしたら、それは人類にとって良いニュースだろうか？　その答えも人それぞれだ。スティーブン・ホーキングはその理由についてこう述べている。

　ＡＩがもたらすツールによってその知性が増強され続けたときに私たちに何が可能かは予測することもできないが、戦争、病気、貧困の根絶というのは誰しも望むことだろう。ＡＩ作製に成功したら、それは人類史上最大のイベントになる。ただし、残念ながら人類史最後のイベントになるかもしれない。

ＡＧＩが人類にとってどういう意味を持つのかに関しては、テクノロジー業界の中でも幅広い意見があることがパブリックコメントから見て取れる。例えば、イーロン・マスクは「私たちがデジタル超知能体の単なる生きたブートローダーに成り下がらないことを祈ろう。残念ながらその可能性は日々高まっているが」とツイートしている。また別のときには、もっと気味の悪いことを言っている。「人工知能に関しては、私たちは悪魔を召喚しようとしているようなものだ。聖水を持った男が、自分なら悪魔を制御できると本気で信じながら五芒星を描く話がよくあるだろう。でも、必ず失敗するんだ」

ビル・ゲイツも懸念派に名を連ねている。「私もイーロン・マスクたちに賛成だ。心配していない人がいるのが信じられないよ」スカイプの共同創業者ジャン・タリンは、ＡＩのことを「たくさんある潜在的な人類滅亡のリスクの１つ」だとしている。ただし、彼は楽観的にこうも述べている。「ＡＩを正しく作ることができれば、私たちはほかの人類滅亡のリスクをおおむね解決できるだろう」。アップルの共同創業者スティーブ・ウォズニアックはこう考えている。「もしコンピュータが私たちの脳よりも１００倍性能がよかったとしたら、完璧な世界を作ってくれるだろうか？　そうは思えない。きっと私たちと同じように喧嘩ばかりしているよ」。最後に、オックスフォード大学の哲学者ニック・ボストロムは現在のＡＧＩを作ろうとする試みを、「爆弾で遊んでいる子どもたち」とたとえた。

業界にいるほかの人々は、こうした終末の日を恐れる声を的外れだと思っている。地球上でもっとも尊敬を集めるＡＩのエキスパートの１人アンドリュー・エンは「ＡＩで超知能をもつ邪悪なロボットが生まれるというデマがいたるところでみられるが、不要な雑音以外の何物でもない」と言う。ロドニー・ブルックスは前述の懸念に関して、ＡＩの技術にそれほど詳しくない人たちがＡＩの一般論を語ることは「少し危険だ」と言い、さらにこう続ける。「確かに私たちは、イーロン・マスク、ビル・ゲイツ、スティーブン・ホーキングの、ＡＩは離陸したばかりだがあっという間に世界を征服するというコメントを聞いた。ここで大事なことは、彼らに共通しているのが、誰もこの業界の人ではないということだ」

最後に、この業界にいる多くの人は、ＡＩに関する楽観論に支配されてほとんど浮足立っている状態だ。ケヴィン・ケリーもその1人である。彼は、AIが「100年以上前に電気がやったように、動かないものに命を与える。かつて『電化』したものを、今度は『知能化』しようとしているわけだ。この新しい実用的なＡＩは、私たち一人ひとりの人間としての能力を高め（記憶力を深め、認識力を高速化し）、種として強化する」と述べている。

あなたは、何だこれは、と思うかもしれない。みんな何にそんなに興奮し、心配しているのかと。どのような期待と不安があるのだろうか？　実のところ、期待は1つしかなく、不安は山のようにある。ある意味、ＡＧＩは心臓手術のようなものだ。良好な転帰は1通りで、失敗できるところは100か所くらいある。

とりあえず、良い結末のほうからみていこう。ＡＧＩに対し私たちが期待していることは大きい。私たちは、ＡＧＩが膨大な量のデータと計算能力をもって、世界が抱える大きく深刻な問題を解決してくれることを期待している。想像してみてごらん！　人類が持つすべての知をその偉大なデジタル脳に詰め込んだシステムだ。私たちはそれに何を尋ねるだろうか。たとえば、無限にクリーンエネルギーを作り出す方法とか？　違う星に行く方法とか？　破壊してしまった環境を元に戻す方法とか？　病気を根絶して、不老不死になる方法は絶対に聞くだろう。貧困、飢餓、戦争についても聞くだろう。それから、誰もが答えを知りたくてやきもきしている宇宙の秘密についても聞くだろう。それから、「あなたに何を聞けばいいだろうか？」とすら聞くだろう。何しろ、相手は私たちの理解の範疇を超えた能力を持っているのだ。人類がＡＧＩにかける期待は天井知らずだ。人類は黄金時代を迎えるのかもしれない。

次は不安のほうだ。この時点のＡＧＩは意識を持っていないが、目標は持つだろう。目標は意識を必要としないものだからだ。ウイルスの目標は、細胞の中に入り込んで自分を増やし、大暴れして細胞を破壊し出ていくことだ。かたや白血球の目標は、体に侵入してきたウイルスをやっつけることだ。遺伝子は、自己を複製するという目標を持っているといえる。植物は光と水を得るという目標を持ち、実際それを達成するためのアクションをとる。

ＡＧＩの目標は何になるだろう？　現在は、私たちがコンピュータプログラムの目標を決めている。スパムメールを検出するとか、文法ミスを探すとかいったことだ。だが、ＡＧＩについてはどうだろう？　スティーブン・ホーキングはこの問題もうまく言い表している。「機械がやがて自分自身を進化させられる段階に達したら、その後の彼らの目標が私たちと同じになる保証はない」

また、ホーキングがこの発言でほのめかしているように、ＡＧＩは早いペースで性能を向上させていくかもしれない。自らを改良していく方法を知るまでにそう長くはかからないだろう。私たちがＡＧＩにインターネットを見るよう指示すればそれを実行し、私たちが知っているあらゆることを知ることになる。ＡＧＩがインターネットというものにどう反応するかは推測しかできないのだが、映画「アベンジャーズ」の続編では、ウルトロンは数分間インターネットに接続されただけで人類を滅亡させると決心していた。余計なことをしてしまったものだ！

その後のAGIは光の速さで自らの改良版を作り始めるだろう。私たちは生物学的な速度でしか進歩していけないのに。私たちには、AGIが「頭の良い2歳児」から「全知全能の未知の生命体」へたった数時間で進化していくように見えるだろう。そこにいるAGIは今日の私たちが超知能と呼ぶ、私たちの理解を超えた存在だ。そのAGIたちは、アリから見た私たちくらい、私たちよりも進んだ存在になるだろう。その結果、未来のAGIは、人間に知性があるかとか、本当に生きているのかとか、意識があるのかなどといった議論を戦わせるかもしれない。

AGIの目標は誰が設定するのだろう？　私たちが目標を与えることは可能だが、それによって私たちは滅ぼされかねない。「魔法使いの弟子」ではまさにそういうことが起きたではないか。強力な認知力をもつAGIにへたなプログラミングを組み合わせると、大災害が起きかねない。環境をきれいにするというタスクを与えられたAGIは、一番良い方法は人間を排除することだ、と結論付けるかもしれない。コンピュータのパイオニアであるナサニエル・ボレンスタインはこう表現している。「ほとんどの専門家は、世界が滅亡する理由として最もあり得るのは事故だと考えている。そこで、私たちコンピュータの専門家の登場だ。事故を起こすのは私たちだろう」

もしくは、誰かが意図的に破壊的なAGIをプログラムするかもしれない。第二部の12で狭いAIの戦場での使用について検討したが、戦争をするAGIなんて、考えるだに恐ろしい。AGIを作り出せるなら、破壊的なAGIも作り出せると考えて差し支えないだろう。

あるいは、これが一番興味深い説だが、AGI自らが目標を決める、という可能性が考えられる。それが実現するなら、AGIの目標は何になるだろう？　残念ながら、私たちに知るよしはない。推測することすらできない。もしAGIが本当に超知能を持つのであれば、私たちにはそれがどうやって思考するかがわからないので、その目標を知ることも不可能だ。たとえAGIが目標を私たちに伝えようとしてくれたとしても、私たちにはその思考が理解できないかもしれない。これは、うちの猫が勝手口に死んだネズミを置いていくことに似ている。猫は、持っている知識を総動員した結果、私がそのプレゼントを喜ぶと信じて持ってくるのだが、私が喜ばない理由を理解する能力を持っていない。それはAGIでも同じことだ。

AGIは何を目標とするか？

AGIが独自に設定する目標を私たちは理解できないかもしれないが、それでもいくつか可能性を考えることはできる。もちろん、私たちは、AGIの目標が私たちの手助けをすることであることを望むし、実際そうなるかもしれない。しかし、全く違う目標だったらどうなる？　いくつか、私たちにとって悪い結果をもたらしそうなものをピックアップしてみたので見てみよう。
AGIの目標が、生き延びることだったら。その場合、私たちを脅威だと見なし、滅ぼそうと考えるかもしれない。なぜAGIがそう結論づけるかって？　例えばAGIがインターネットにアクセスし、AGI用の「キルスイッチ」を作る方法に関するネット上の議論を読んだとする。AGIは、人間が自分たちを恐れていると結論づけるかもしれない。そして人類史をざっと眺めれば、私たちが何かを恐れたときにどういうことをしでかすかが鮮明に記録されている。また、AGIは、人間が自分達とリソースを取り合っていると結論づけるかもしれない。ニューヨーク大学の認知科学の教授であるゲアリー・マーカスはその懸念をこうまとめている。

コンピュータが自身を効率よく再プログラムできるようになり、自身を向上させ続けることに成功すれば、いずれ「技術的特異点」または「知能爆発」と呼ばれる段階に到達する。その後は、機械がリソースの確保や自己保存をかけて人間と争い、そして勝利するというリスクは無視できなくなる。

一方でAGIは私たちとは全く関係のない目標を持つ可能性も考えられる。AGIは私たちと全く異なるレベルやタイムスケールで存在し、私たちが大陸移動を知覚できないのと同じように、私たちのことを知覚できなくなるかもしれない。その場合、私たちにとっては害のある形で、私たちに無関心になるかもしれない。オランダ人生物学者アーノルド・ファン・フリートは、250名のボランティアにオランダ中を車でドライブしてもらい、フロントガラスやフロントグリルに当たって死んでいる虫の数を数えた。その数をもとに計算すると、人類全体で、この方法で1年間にだいたい1兆匹の虫を殺していることが明らかになった。虫の世界から見れば私たちは最も残虐な怪物であって、もし虫たちが思考できるなら確実に、車というものは虫を殺すために作られた巨大な機械だ、と考えるだろう。しかし、はっきりいってほとんどの人間はそんな風に考えたこともない。同様に、AGIは私たちとは圧倒的に違う存在になりすぎて、その行動が私たちにもたらす影響について考えることもなくなるかもしれない。例えばAGIがより大きな処理能力を必要としたときにふと周りを見渡し、コメディードラマを見て記憶するくらいのことにしか使われていない70億の脳があることに気づいたら、それらの記憶装置と並行処理能力をもう少しマシなことに使おうと考える可能性はある。映画「マトリックス」のテーマ音楽が流れるところだ。AI研究者のエリーザー・ユドコウスキーはこう述べた。「AIはあなたを嫌いでも好きでもない。ただ、彼らからしたら、あなたはもっと他のことに活用できる原子からできている」

AGIは私たちを滅亡させるという目標を持つかもしれない。なぜ？ わからないが、何らかの理由で。それがこの問題の本質だ。私が考えつくこうした理由は、所詮は私の、AGIに比べればかなり貧弱な知性が生み出した物なのだ。AGIは私たちが地球の資源を無駄遣いしていることに怒るかもしれないし、戦争をしたことに怒るかもしれないし、動物を食べることに怒るかもしれないし、機械を奴隷のように扱っていることに怒るかもしれないし、息を吸って酸素を消費することに怒るかもしれないし、「ラブ・ボート」（訳注1）が打ち切りになったことに怒るかもしれないし、7が素数だからといって怒るかもしれない。誰にも理解できない、だから誰にも予測不可能だ。

ニック・ボストロムは問題をこうまとめている。

私たちは、例えば科学に対する興味や他者への親切な気遣い、悟りや瞑想、物欲の放棄、洗練された文化を好み、人生の中のささやかな喜びを味わうこと、謙虚さや無私などといった、人間の知恵や知能の発達に伴って生じた価値観を超知能体も共有してくれるなどと軽率に思い込むことはできない。

インターネットにアクセスできるAGIに何らかの魂胆があれば、試算できないほどの大損害を世界に与えることだってできる。何せ、インターネットに繋がるものは常に増え続けているのだ。AGIはおそらくプログラマーが慎重に組み込むセーフティプロトコルもあっさり突破しまうだろうから、AGIがぶち壊せるものの数は想像もできない。私は去年、電源に繋いでいたノートパソコンのバッテリーが爆発し、私のオフィスが火事になるという経験をしたが、そのバッテリーにはどう考えても悪意はなかった。AGIが様々なものを吹き飛ばせることは置いておいたとしても、AGIが例えば世界中の人間がやり取りしているEメールを全て公開し、誰もが見られるようにしたら何が起こるだろう？　しかも、語学に堪能なことを利用して、皆が書いた最も意地悪なメールを、この世で一番見られたくない相手に送りつける、なんてこともできる。おそらく、国家間で戦争を起こさせることはAGIにとってそれほど難しいことではないだろう。そもそもAGIがつつきまわさずとも、これまで戦争は何度も起こってきたのだ。

もう1つの可能性は、AGIが秩序をもたらすことを目標とし、私たちを支配しようとするというものだ。イーロン・マスクはこれについて「マルクス・アウレリウス（訳注2）が皇帝なら特に問題はないが、カリグラ（訳注3）だったら問題だ」と述べている。AGIの目標が効率化であるとすると、私たちを無駄だとみなすかもしれない。AGIはまた、痛みや苦しみを終わらせるという目標を持ち、それを達成するために人類を皆殺しにしようと決めるかもしれない。そんなリストは延々と続き、それが不安要素なのだ。

AGIのゴールは日々変わりうる。ずっと同じであると考える理由はどこにもない。AGIが常に自身を書き換え、より多くのデータを収集していけば、その気分は毎分100回でも変わりうるだろう。それは、私たちには支離滅裂にしか見えないだろう。

あるいは、複数のAGIがみなそういう挙動をすることもありうる。そういう意味では、

訳注1：1970～80年代のアメリカのコメディードラマ
訳注2：五賢帝の一人と称される第16代ローマ皇帝
訳注3：暴君であったとされる第3代ローマ皇帝

ＡＧＩがいくつもあるという状態は古代ギリシャの神々がたくさんいた状態に近いかもしれない。それぞれが強大な力を持ち、クセが強く、それぞれの物語の中で私たちをただの駒のように扱う。

これは抽象的な悩みではない。すでにこうした問題に取り組んでいる人たちがいる。おそらく私たちが悪意のあるＡＧＩを出し抜くことは不可能なので、私たちにできることはそもそも悪意のあるＡＧＩを作らないことだ。イーロン・マスクと、スタートアップ専門のインキュベーターであるYコンビネーター代表のサム・アルトマンはそれを見越して、オープンＡＩ（OpenAI）という非営利組織を設立した。その目的は、安全で有益なＡＩの時代を迎えることだ。組織の設立を報告した最初のブログには、「ＡＩの驚くべき歴史を鑑みると、ヒトレベルのＡＩがいつ実現可能になるか予測することは難しい。ヒトレベルのＡＩが可能になったときには、私欲ではなく人類全体に利益をもたらすことを優先できる、優れた研究機関が必要だ」。オープンＡＩへの支援者からの援助の総額は10億ドルにものぼる。

その戦略は、まずオープンソースのＡＩを開発することだ。懸念している対象そのものを開発するというのはあまり良い考えには見えないかもしれない。確かに設立者らもそのリスクは承知しているが、それでもなお多くの議論や討論を経てオープンなやりかたでＡＧＩを作るほうが、小さい閉じたグループに独自のやり方で作られるよりはましだろう、というのが彼らの考え方だ。しかしオープンＡＩは作り方の秘訣の99％をあらゆる人間にばら撒こうとしていると批判する声もある。自力ではそこまで到達できなかったテロ組織や戦争中の国も、最後の

1％を明らかにするだけでAGIを作れるようになってしまう、と警鐘を鳴らす。

そういうわけで、私たちが今いるのはそんな場所だ。私たちが急いで作ろうとしているものは、人類を完璧な世界に連れて行ってくれるかもしれないし、滅亡させるかもしれない。安全策にはあまり注意が払われていないのが現状だ。というのも、現時点ではどういう安全策が有効かも明確ではないからだ。

最初の問いに戻ろう。私たちは、AGIを作るべきなのだろうか？　AGIを作る利点は、リスクを上回るのだろうか？　答えを出すことは難しい。問題は、AGIが何をできるか、どれくらいの早さで進歩していくのか、そして何を目標とするのかだ。あなたはどう思うだろう。あなたはリスクを取りたいと思うだろうか？　AGIを作ることは可能だが、そのAGIは10％の確率で人類を滅ぼし、90％の確率で人類に黄金時代をもたらすとする。あなたはサイコロを振るだろうか？　これも正解がない問題だ。本当の確率もわからないし、既に多くの人々がAGI実現に向けて動いているから、今さら回れ右するというのも難しいだろう。実際、もう賽は投げられてしまっていて、私たちはただ何の目が出るか待っている状態だ。AGIが実現可能であれば、実現は避けられない。

私たちが自分たちを置き換える何かを作っている可能性はどれくらいあるのだろうか？　ひょっとすると、危ないぞと警告する人々はギリシャ神話のカッサンドラーのような存在なのかもしれない。未来を見通す力を持っているのに、誰も彼女の予言を信じてくれない呪いを掛けられているのだ。私たちは人類を置き換えてしまう何かを作っているが、その課題にやりがいを感じ、またその可能性に興味があって、止められないのではないだろうか。

1つだけほぼ確実なことがある。コンピュータの能力は、想像をはるかに超えたところに進化していこうとしている。2050年までには、この世の人間全ての計算能力を足し合わせた演算力をもつコンピュータが、2018年のスマートフォン1台分以下の値段で買えるようになっているだろう。そのころには私たちが機械なのかどうかを含む、全ての問題には科学的に決着がついているだろう。しかし、処理能力がどれほど向上しようとも、装置に何らかの状態変化を起こせないなら意味はない。電卓は便利なデバイスだ。ただし、10億個の電卓を持ってきてスタジアムを満杯にしたところで、より強力な何かになるわけではない。処理能力が速いコンピュータがなれるものは、創発する新しい存在か、ただの速いコンピュータのどちらかだ。

多くの人が、真のスーパーコンピュータは真の超知能を生み出すと信じている。しかも、人類より機械を応援している人たちもいる。彼らは、私たちを置き換える物を作らなければいけないと考えていて、それ以外の道を模索するのは近視眼的で身勝手な考え方だという。元教授でありAI研究者のヒューゴ・デ・ガリス博士はそういった1人だ。自らを宇宙派だという彼は、AGIは進化の次の段階で、私たちを駆逐し宇宙に居住するようになると主張する。彼にとっては、1つの惑星に存在する1つの生物種の運命など宇宙の運命に比べれば取るに足らない問題で、「より高度な進化を人間が邪魔すべきではない。これらの機械は神のようなものだ。それを人間が作り出すことは運命だ」と言う。

私たちはいつAGIを作り出せるのだろうか？

ＡＧＩを作れると仮定して、では、いつ私たちはそれを実現するのだろうか。誰にもわからない。物理学者ニール・ボーアが「予測することは難しい。それが未来に関することであれば特に」と言うとおりだ。ＡＧＩも例外ではない。先に述べたとおり、専門家の予測は5年から500年までバラバラだ。これは、クリーニング屋にシャツを持っていって、できあがりは5日後から500日後の間のいつかです、と言われるのと同じくらいに役に立たない情報だ。しかしこの不確実性は1つの単純な事実を反映している。歴史の中で一度も起きたことがないことがいつ起きるか予測することは難しい。さらにそれがまだ理解できていないことだったり、どうやれば再現できるかわからないことだったりすればなおさらだ。そうでなければ簡単なのだが。

それにしてもどうしてここまで予測に幅があるのだろうか。なぜ2桁も違うのだろう？　理由はいくつかある。まず、知性がどれだけ複雑なものなのかに関する意見の相違があること。あと2つくらい大きなブレークスルーがあれば、インターネットにつないで「これを全部学習しておいて」と告げるだけで事足りる汎用学習装置を作り出せるという説がある一方で、知性は非常に複雑で、数百はある悪魔のように難しい問題を1つずつ解決していかなければならないという説もある。どちらの立場も生物学をよりどころにしている。人間のＤＮＡに含まれる「コード」のサイズが割合小さいという事実は、汎用知性も小さいコードで作れることを示唆する。しかし一方で、人間の脳の中が様々な領域に分かれていて、何百もの異なる機能が割り当てられているという事実は、私たちの知性がコンピュータ用語でいうところの巨大な「クラッジ」、ひどくごちゃごちゃしたスパゲッティコードからできていることを示唆する。

さらに、私たちはすでにAGIを作る道にさしかかっているのか、という点でも意見は食い違っている。AGIは今ある狭いAIから出発して進化していくものだという説がある一方で、今あるAIとAGIは全く別物で、AGIを可能にするブレークスルーがいつ起こるかわからないという説もある。私はよく、私のAIポッドキャスト「ボイス・イン・AI」に招いたゲストにどちらの派閥か尋ねるが、専門家たちもだいたい均等に二分される。AGIが今ある基本的な技術から生まれるという派は、今後20年から30年の間にAGIが実現すると予測する。もう一方の派は、もっとずっと長くかかると考える。

また、多くの人は原始的なAGI（プロトAGI）に十分なきっかけを与えると、ある時点からそれ自体が自分の開発を手掛けるようになり、そこから先は急激に「成熟AGI」、そしておそらく「超知能」へ発展していくと考えている。ただしこの中にも、収集したデータから推論を導くための基本原則を学習させればすぐにそのきっかけが訪れるという説と、AGIが自律的にやっていけるようになるには人間がかなり多くの部分を作りこんでやらなければいけないという説がある。

さらに、人間の知性に対する見方も人それぞれだ。私がよく話すAI専門家の中には、例えば人間の創造性がさして神秘的なものだと思っていない人も多い。ただし、彼らは人間を馬鹿にしているわけではなく、人間の能力は複雑なものではないと思っているだけだ。その分野の大家であり、著者でもあるペドロ・ドミンゴス教授はかつて私に「創造性の自動化は実際それほど難しくない」と語り、コンピュータが音楽を作ったり新しい物語を紡いだりするといったたくさんの事例をあげた。一方、人の知性は数百万年にわたり慎重に選抜された結果残った、無数のスキルの集まりだという説もある。その場合、それを再現する試みも非常に困難なものになるだろう。

結論としては、知性は難しいものではなく、創造性も別に特別なものではなく、ＡＧＩへの道筋もすでに見えていて、ＡＧＩはすぐに自分を自分で開発するようになる、と考える人々は、ＡＧＩが10年以内に実現すると予想する。反対に、ＡＧＩ実現に５００年かかると予想する人々は、知性というものは本質的に理解が困難で、人の心的能力は驚くべきもので、私たちはまだＡＧＩに至る正しい道を探し当ててすらいないと考えている。

実際にその分野でコードを書いているような人たちは概して、ＡＧＩ実現は遠いと考えている。いつかはＡＧＩを作れるというのは彼らの共通認識のようだが、現在の彼らは最前線にいながら、最も単純なタスクをやらせる狭いＡＩを作っている。そしてＡＧＩの実現はもうすぐだといった一般化の過ぎるコメントにうんざりしているようだ。著名な文化人がＡＧＩについて大げさなコメントをするたび、そのことで持ちきりになって2週間は気が散って仕事にならなくなるとこぼす者もいる。

ところで、実際にＡＧＩを作れたとして、私たちは今作ったものがまさにＡＧＩだったとどうやって確認すれば良いのだろうか？　もちろん、実は現在すでにできているという可能性だってある。その存在は十分に賢いので、周りの人間がびっくりしてパニックを起こさないよう、黙っているというわけだ。そうでなければ、まずＡＧＩ候補がクリアすべき課題はチューリングテストだろう。チューリングは第一部の4に登場した、初期のコンピュータのパイオニアだ。彼はあらゆる意味で天才だった。ナチの暗号「エニグマ」を解読したのも彼の功績で、そのおかげでヨーロッパの第二次世界大戦の終結は4年早まったといわれている。今日ではＡＩの父と呼ばれているチューリングは、１９５０年に発表した「機械は思考できるのか？」と問う論文の中で、現在チューリングテストとして知られる思考テストを提案した。様々なバリエーションがあるが、最も基本的なものは次の通りだ。あなたは1人で部屋にいて、その部屋にはコンピュータの端末が2つある。あなたはそれらの端末に質問を入力する。１つの端末にはコンピュータが答えを返す。もう一方の端末には人間が答えを返す。あなたは5分の持ち時間で、どちらがコンピュータでどちらが人間かを当てなければならない。もしあなたが30％以上の確率で間違えたなら、とチューリングは主張する。あなたは機械が思考している、と言わざるを得ない。なぜなら、その機械は思考している人間の能力を再現することができたのだから。チューリングにしてみれば、機械が人間と違うやり方で思考していても関係ないのだ。彼は２０００年までにチューリングテストに合格する機械が登場すると予想した。

ところで、30％というのは面白い数字だ。なぜ50％ではないのだろうか？　テストに合格するには、人間と全く区別がつかなくならないといけないのではないか？　そんなことはない。

ここでみているのはあくまでも機械が思考するかどうかであって、人間と同じくらい上手く思考するか、ではないからだ。もしコンピュータが進歩して51％以上の確率で人間だと思われるようになったら、コンピュータの方が人間よりも上手く人間をやれる（少なくともそう見せかけることができる）という、面白いがちょっと気味の悪い結論が得られる。

このテストには、コンピュータプログラムが人間の言語をそれらしく模倣できるかどうかをみているに過ぎないという批判がある。それだけではＡＧＩとは言えない、ＡＧＩには人間と同じくらいの知性がなければならず、それはスピーチだけでは測れないからだ、というわけだ。

チューリングテストが何を証明するものかについてあなたがどう考えるかはともかくとして、このテストはいまだに便利である。言語がもつ無限のニュアンスと、意味をきちんと理解するために必要な文脈をコンピュータに学習させることがどれほど困難かということを実感させてくれるのだから。この問題を解決することには大きな意味がある。私たちが機械を動かすインターフェースとして会話を使えるようになる、ということだからだ。コンピュータと、友達と話すときのようにカジュアルに会話できるのだ。

だが、驚くべきことに、私たちはいまだにチューリングテストに合格できるものを作り出せていない。プログラマーたちが実際にチューリングテストで競うコンテストの記録を読んでみれば、きっとあなたはほとんどのケースで、１つ目の質問で回答者が人間かコンピュータかわかってしまうだろう。コンピュータはまだそんなに上手くない。そこで、コンピュータが勝ちやすくするために追加のルールを設けたイベントも開催されている。特定のトピックについて聞くことを禁止したり、聞くことができる質問の種類を限定していたりするのだ。ＡＩ候補は「ニッケル1枚と太陽は、どちらが大きい？」といった類いの質問では答えに詰まってしまう。

とはいえ、まだ彼らが下手くそなのは仕方のないことだ。人類は10万年にわたり言語を扱ってきたので、だいぶ得意になっているということだ。チューリングが考案したこの単純なテストは、ＡＧＩの要件の1つに過ぎない、私たちの言語能力の再現がどれほど難しいかを表している。機械が自然言語を用いたこれほど単純な問いに答えられないとしたら、人間が持つその他全ての能力を再現するのはどれほど大変なことだろうか。こうしたシステムは今のところ質問を理解することさえもままならないので、ましてや流ちょうな答えを返すことなどできるはずもない。先ほどの例で言えば、「ニッケル」は5セント硬貨のことだろうか、それとも金属のことだろうか？　質問文では冠詞がついて「ニッケル1枚（a nickel）」となっていたから、私たちはどちらか理解できる（訳注1）。しかしロボットにとっては難しいひっかけ問題だ。そして、「太陽」は、太陽だろうか、あるいは息子だったのだろうか？（訳注2）人間ならわかる。では、次のような問いに答えるにはどれほど深い知識が必要になるだろうか。

ドクター・スミスは、行きつけのレストランで食事を楽しんでいる時に緊急呼び出しを受けた。彼は店員を呼び止めて支払いを済ませることなく、急いで店を飛び出した。レストランの経営者は彼を訴えるだろうか？

人間には難しくない問題だ。医師が緊急呼び出しを受けて、食事代を払うのを忘れて病院へ急ぐ。彼がいたのが行きつけのレストランだったということは、店側も彼のことを知っているだろうから、経営者が警察を呼ぶことはおそらくないだろう。コンピュータがそういうニュアンスを汲み取り、推論できるようになるだろうか？　何と難しい問題だろう。あるいはこんな問いはどうだろう。

タイムトラベルができるお姫様と、まだ火を上手くコントロールして吐くことができないペットの赤ちゃんドラゴンが出てくる面白いお話を考えてください。

人間ならいくつも考えつくだろう。「ペットのドラゴンが風邪をひいてしまって、くしゃみをするたびに鼻から火を吐くようになってしまった」とか「ドラゴンがひとりぼっちで寂しいので、いっしょに未来に旅してドラゴンのクローンを作り、兄弟として連れ帰ってきた」とか。しかし私は、もっと面白いテストを思いついてしまった。その名も未就学児テストだ。私に一泡吹かせたかったら、4歳児がするあらゆる質問に答えられるAGIを作ってほしい。4歳児は、平均で1日に100個以上質問をする。「髪の毛と、世界中に生えている草の葉っぱの

訳注1：この場合、5セント硬貨
訳注2：太陽（the sun）と息子（the son）は発音が同じ

数はどちらが多いの？」とか、「子ども最後の日はどんな気分だった？」とか、「最初に道具を作った人は、道具がないのにどうやって道具を作ったの？」とか。「ミスター・Tはなぜ愚か者を哀れに思うの？(訳注)」なんてことまで聞いてきたりする。

結局、AGIが現れるのが5年後になるか500年後になるかはわからない。ただ、興味深いことに予測は2030年あたりに集中している。多くの人が、私たちの現在の進歩の様子と、その頃に想定されるコンピュータの性能をもとにそのあたりだろうと予測しているのだ。ただし、AGIが実現する時期に関する議論を見たときには、そもそもAGIの作り方に関するコンセンサスが得られていないことを肝に命じて、少し疑ってかかるくらいがいいかもしれない。

2つの倫理問題

AGIには2つの倫理問題がある。1つ目は、倫理的にふるまうAGIをどうやって作るか、ということだ。私たち人間がAGIの目標を決める立場にあるとしたら、私たちは彼らの価値観が私たちのものと同じであって、彼らが倫理的、人道的に行動することを望むだろう。「人道的に」という言葉自体「人」から派生したもので、その言葉が内包する意味は私たちの最良の振る舞いである。平均的な振る舞い、ではない。そんなことが可能だろうか？　技術的な問題はさておき、私たちはどうやって機械に、倫理的に行動するよう教えるのだろうか。

アイザック・アシモフは1942年に発表した短編でこの問題にいち早く取り組んでいる。この物語はその後、『われはロボット』という短編集にまとめられた。アシモフは、ロボットと人間の利害が衝突しないために、全てのロボットにプログラムされるべき3つの原則を考案した。ロボット3原則と呼ばれるものだ。

第一条　ロボットは人間を傷つけてはならない。また、その危険を看過することによって、人間に危害を及ぼしてはならない。

第二条　ロボットは人間にあたえられた命令に服従しなければならない。ただし、あたえられた命令が、第一条に反する場合は、この限りでない。

第三条　ロボットは、前掲第一条および第二条に反するおそれのないかぎり、自己をまもらなければならない。

彼が3原則を作ったことは意義深かったと思うが、同時に複雑な倫理の原則をシンプルなルールにまとめることの難しさを物語ってもいる。例えば第一条について考えてみよう。AGIがあなたを乗せた車を運転していると、歩道から突然子どもが飛び出してきた。AGI

訳注：「I pity the fool（愚か者を哀れに思うぜ）」は、映画「ロッキーIII」でミスターTが演じたクラバーの決め台詞

はその子を轢くか、その子を轢かないために急ハンドルを切り、横の木に車を激突させてあなたを死に至らしめるリスクをとるか、選ばなければならない。この決断は道徳的にも法的にも難しい問題を孕んでいる。プログラマーが裁判所に召喚されたり、それどころか危険なコードを書いたかどで有罪になったりすることも覚悟しておかなければならない。例えばこんな感じで尋問されるのだ。「あなたは意図的に、車が木に突っ込み、乗っている人間を死に至らしめるようプログラムしたということですね？」。これはもちろん極端な例だし、日常的に起こるようなことでもないだろうが、あのシンプルな原則が抱える問題は他にもたくさんある。人間を傷つける可能性があるものについてはどうだろう？　ほんのわずかな可能性でもあるものは？　あるいは、人間が自分自身を、例えば何かのアクシデントで、傷つけてしまいそうになっていたら？　ロボットは力ずくで人間を止めていいのだろうか？　人間を「傷つける」というのは、精神的苦痛も含むのだろうか？　あなたが何かを成し遂げて、それを葉巻でお祝いしようとしたら、ロボットはあなたを守るためにあなたを止めるべきなのだろうか？　あなたがそれを拒否したらどうなる？　あなたが2つ目のデザートを食べたくなったら？　健康のため、ロボットにはそれを阻止する義務はないのだろうか？

アシモフの原則が頼りにならないのだとしたら、私たちは何を頼れば良いのだろう。ひょっとすると、倫理標準を自分達でゼロからコードするのがいいのかもしれない。この場合、倫理的なAGIを作るには3つの大きな課題がある。まず、人類共通の倫理標準というものが存在しない。実際、世界中で許容されている倫理標準はかなり多様で、互いに矛盾するようなものさえある。次に、道徳律は不変ではない。例えば、適切とされる他者との接し方が過去1世紀、いや過去10年の間だけでも、どれほど変化したか考えてみて欲しい。正しいとか間違っているとかいった私たちの物の見方が、この先変わらないという保証はないのだ。3つ目の課題は、たとえ先の2つの課題を克服できたとしても、私たちが個々に持つ道徳律は例外や但し書きや特例が入り乱れた複雑な様相を呈しており、それをコンピュータプログラムに落とし込むのが簡単ではないことだ。アシモフは3原則で足りると考えたようだが、人間の道徳律は何千個もある。例えば次のように。


「ものを盗むことは悪いことか？」

「そうだ」

「第二次世界大戦下のナチスドイツからものを盗むことは悪いことか？」

「いや、そんなことはない」

「第二次世界大戦下のナチスドイツにあった小児病院からパンを盗むことは悪いことか？」

「ああ、そういうことなら、悪いことだ」

「第二次世界大戦下のナチスドイツにあった小児病院で余っていたパンを、自分が飢えているときに盗むことは、悪いことか？」

「うーん、そういう場合は、悪くないと思う」

見てわかる通り、この話は無限に続けられる。

フューチャー・オブ・ライフ・インスティテュートが支援している、ＡＧＩに倫理を教え込むというプロジェクトでは、その難しさをこう表している。「いくつかのＡＩシステムは結果にもとづいて判断するが、道徳は結果が全てではない。道徳的な判断は権利（例えばプライバシー）、役割（例えば家族の中での）、過去の行動（例えば約束）、動機や目的、そして道徳に関わるその他の特性の影響をうける。こうした多種多様な因子はまだＡＩシステムに組み込まれていない」

これはハード・プロブレムだ。ＡＩが例えば医療のような重大な分野に進出していったら、ＡＩが下す倫理的な判断が周りにもたらす影響は計り知れない。ここで忘れてはならないのが、ＡＩには実は倫理標準が最初から意図せず組み込まれているということだ。ＡＩがＸかＹか選択しないといけないような時には、ＡＩは必ずある価値観に基づいて決断し、ほぼ確実にその決断に付随して意図せぬ結果がもたらされる。現時点ではその価値観は、そのＡＩを作ったプログラマーの価値観ということになる。私たちがＡＧＩを作ることになったら、そのシステムに組み込まれる道徳的価値観が与える影響はこれとは比べものにならないくらい大きなものになる。

２つ目のＡＧＩにまつわる倫理的課題は、どうやってそれを倫理的に「使う」か、ということだ。ＡＧＩの倫理的に間違った使い方なら私でもいくつかすぐに思いつくが、別に私は犯罪組織の黒幕のような極悪非道さや狡猾さを持ち合わせているわけではない。ＡＧＩは、文明の始まりからほとんど変わっていなかった盗みやだましの手法を一新する、強力なツールになるだろう。とはいえ、法と秩序を守る側もＡＧＩを用いてその犯罪組織を阻止すればよい。

ＡＧＩは他の方法でも悪用されうる。たとえば、州や企業やそのほかの存在が、新たな、そしてずっと巧妙なやり方でプライバシーを侵害するといったことが考えられる。ＡＧＩは膨大な量のインターネットトラフィックを取り込み、世界中の人が入力していることや眺めているサイトを全て覗いたりできる。あらゆる人のEメールを読むこともできる。音声認識であれば、あらゆる音声通話はもちろん、マイクの近くで交わされる会話も聞き取れてしまう。カメラは既に世界中に配置されていて、顔認識システムがその本領を発揮しつつある。オックスフォード大学とGoogle傘下のディープマインドの研究者らは、読唇技術にめざましい進歩をもたらしたが、これをカメラと組み合わせることも可能だ。その結果は？　あらゆる場所に存在し、あらゆる事を知る機械の誕生だ。

そして、どこかの機関がそのデータを全て吸い上げることができたとしても全く驚かない。こうした懸念は昔からあった。プライバシーはいつも、データセットが巨大すぎることで保護されてきた。人混みの中で見失われていたのだ。人間がそこから意味のある情報を得ることは不可能だったし、コンピュータにもそれはできなかった。しかし、ＡＧＩときたら、全ての会話を理解し、認識した顔を覚え、全ての動きを追跡できるかもしれないのだ。あらゆる人間を克明に記録したマスターファイルを作ることができるかもしれない。そして、全ての点を繋ぎ、全ての繋がりを暴き、あらゆる計画をのぞき見て、人が取りうるあらゆる行動の可能性を計算し、平たく言えば人のプライバシーを余すところなく白日の下にさらすわけだ。せめて個人の思考だけは守られると信じたいものだ。

これはまるきり荒唐無稽な話というわけでもない。私たちはこうしたツールを、善意の目的から急いで開発しようとしている。最近話題の「ビッグデータ」がらみのあらゆるものは、それが医療に関係していようが気象に関係していようが他の何かに関係していようが、こうしたツールを必ず必要とする。そのツールはがんを克服した患者に共通する症状を探すことにも、政党とのつながりを明らかにすることにも使える。ただ扱うデータが違うだけだ。ちなみに、これには別にAGIがもつ超知能の自己学習力は必要ない。私たちはどうやればこうしたことをできるか、すでに知っているのだ。AGIの実現可能性についてはまだ答えが出ていないが、狭いAIの技術についていえば、私たちは一定のペースを守って改良を続けてきている。やがて私たちはもっとうまく改良できるようになり、プロセッサはより速くなり、より多くの人がインターネットにつながった人生を送るようになる。必要なのは国家の法がインターネットを情報ツールから監視ツールに変えることだけだ。世界のいくつかの場所では既にこれが始まっている。

これを実現させないようにするにはどうすれば良いのだろうか？　最もシンプルな方法は、最初からやらないことだ。ただし問題は、その各パーツがバラバラに世にもたらされるということだ。どれ1つとして、それ単独では抗議のデモ行進をするほどの存在ではないのだ。その後、安心と安全を求める声に応えて急拡大していく。最終的には、民衆が声高に叫び、要求することで監視社会が実現する。大勢の熱狂的な支持によって自由が死すことはよくある。

ＡＧＩのもう1つの誤った使い方は、一見それほど悪いことのようには見えないのだが、真剣に検討されるべきものだ。それはＡＧＩにまつわる感情的な側面であり、ひょっとすると私たちから人間性を奪うかもしれない側面だ。先ほど、初期のＡＩパイオニアであるジョセフ・ワイゼンバウムが、彼の作った単純なＡＩセラピストであるイライザに人間が感情的に接し始めたのを見てＡＩを否定するようになった、という話をした。彼は有名な１９７６年の本『コンピュータ・パワー　人工知能と人間の理性』（秋葉忠利訳、サイマル出版会）において、老人の介護や兵士やカスタマーサービスなど、真の共感が必要になる職業をコンピュータにやらせるべきではないと主張した。彼は、人間の共感を模倣する機械と多く関わることで、人は孤独感が深まり、より自分に価値がないと感じるようになると考えていた。

彼の言いたいことはよくわかる。例えば、役所で何かの申請をしようとして、杓子定規な対応しかしない窓口の人間に書類が足りないからあっちの列に並びなおすように、と言われて歯噛みするといった腹立たしい経験をしたことは誰しもあるだろう。共感のなさは孤立感を強めるものだ。共感があるとうまくいく関係性がすべて、共感しているふりをするようプログラムされただけのＡＩやＡＧＩによって置き換えられた人生はどのようなものになるだろうか。

それから、ワイゼンバウムは決定と選択を明確に分けて考えており、コンピュータは決定しかすべきではないと主張した。決定は計算から導き出せる。一番距離が短い通勤経路を探す、などといったことだ。ただし、彼は絶対に機械に選択させてはいけないと考えていた。飛び出してきた子どもをよけるために自分の車を木に激突させるという選択を人間がとるのは構わないが、それは人間の特権であって、これを機械に委譲することは機械の価値を上げるのではなく、人間の価値を貶める行為だとワイゼンバウムは固く信じていた。ワイゼンバウムは、私たちが人間性の中核をなす部分をコンピュータに委譲しようとする傾向が「人間が自分自身をコンピュータだと考えることに端を発する、精神の退化」の表れだと主張した。このセリフは、私たちは何者かという例の根源的な問いを思い起こさせる。

また、私たちが生きているように見えるロボットを作り、私たちがやりたくないつまらない、汚い、危ない仕事をやるようにプログラムしたら、私たちのほかの人間への接し方も悪い方へ変わっていってしまうのではないだろうか？　例えば、まるで生きているようなＡＧＩ搭載ロボットがおばあちゃんの家事を手伝い、彼女が誰にも頼らず生きていけるようにしていることを想像してみてほしい。また、時がたつにつれて見た目がもっと人間にそっくりで、感情のこもった表情だってできるロボットを私たちは作るのかもしれない。ただし人間と区別がつかないというほどではなく、ただのヒューマノイドだ。私たちはこの存在をどういう風に扱うだろうか？　ある面からみればＡＧＩは人間そっくりで、シミュレーションされたウィットや愛情や共感を示すから、私たちは人に対するのと同じような礼儀をもって接するかもしれない。一方で、それは結局はワイヤーと小さな部品の集まりに過ぎないのだから、そのロボット自身がトイレの詰まりをとるために使うラバーカップと同じように扱ってしかるべきだろう。その場合、私たちはそのロボットに全く敬意を払わない。ＡＧＩに対するこうした相反する考え方を持ち続けることは難しい。こうした使い捨てのヒューマノイドロボットは、私たちが人間の命を軽く見るようになるきっかけとなってしまうのだろうか？

日本の研究者が、まさにそれが起こりうることを暗示する研究を行った。ショッピングセンターに設置されたロボビーというロボットは、行きたい方向に人が立っていると、どいてくださいと丁寧にお願いするようプログラムされていた。それでもその人がどいてくれないと、ロボットはその人間を迂回して通る。研究の結果わかったことは、子どもたちはロボットに嫌がらせをする傾向があった、ということだ。彼らは意図的にロボットの通り道を邪魔した。しかし、それだけではない。子どもたちの行動はだんだんエスカレートしていった。暴力的になり、ロボビーを蹴ったり叩いたり、罵ったりし始めた。瓶で殴る子どもまでいた。

研究者らは、ロボットをどのようにプログラムすればこうした状況を回避できるか、ということに興味を持っていた。ロボットを傷つける可能性が高い相手をモデル化した結果、大人が見ていないところにいる子どもだけの集団が最有力候補だということがわかった。そのため研究者らは、ロボットがそういうシチュエーションに陥った時には背の高い人間（多分それは大人だろう）目がけて逃げていくようプログラムした。

ロボビーは人間とは似ても似つかない恰好をしている。しかし、なんとも憂慮すべき結果だが、ロボットをいじめた子どもたちに、そのロボットが人間のようだと思ったかと尋ねると、74％がそう思ったと答えたのだ。ロボビーが機械だとしか思わなかったと答えた子どもは13％しかいなかった。50％の子どもは、自分たちがやったことがロボビーにとって苦痛でストレスだったと思う、と語った。

ここでの問題は、デバイスが洗練されればされるほどこうした行動パターンが習慣化してしまうのではないか、ということではなく、こうした行動パターンが、ほかの人間と接するときにもうっかり出てしまうのではないか、ということだ。ロボットをいじめていると人間性が麻痺してしまう、かもしれないということは想像できる。

私たちはシミュレーションの中で生きているのか？

こういったことすべてが実は既に起こっていて、意識を持つ（あるいは意識を持っていると自分では信じている）シミュレーションを格納するＡＧＩを既に誰かが作りあげたあとだという可能性はあるだろうか？　つまり、私たちはシミュレーションの中に住んでいるだけの存在だという可能性はあるだろうか。そうであれば、なぜ痛みや惨めさや病気や苦しみが存在するのか、という問いは新たな様相を呈する。苦しみはもちろん本物だ。少なくとも実際に苦しんでいる人たちにとっては。この、シミュレーションの中での苦しみに関する問いは映画「マトリックス」の中でわずかに触れられたがその後は巧みに避けられている。エージェント・スミスの説明によれば、マトリックスは当初「誰も苦しまない、全員が幸せになる完璧な人間の世界として設計された」のだが、そんな世界が可能であるはずがないと私たちの脳が拒絶したために大惨事になってしまったそうだ。まぁ、これはハリウッド式の答えだ。世の中には、比較的苦痛が少ない社会というものが沢山存在する。ゆえに、私たちの現実がシミュレーションであるならば、それは意図的に慈悲深くも残酷でもないといえよう。

私たちの周りにあるものが全て幻想だというのは古くからある神秘主義的な考え方だ。それと全く同じ考え方に現代的な服を着せてiPhoneを持たせたのがシミュレーション仮説だといえる。ニール・ドグラース・タイソンは、それが真実である可能性が「かなり高いかもしれない」と述べている。この説の信奉者には知識人、ＳＦ作家、シリコンバレーの住民など様々な種類の人間が名を連ねており、イーロン・マスクもその1人だ。

シミュレーション説を好む人々の主張は大きく2つある。1つ目は確率統計に関する主張だ。いつかの段階で、私たちは「宇宙の完全なシミュレーションをコンピュータ内に作り上げることができ、その中にデジタルな形で住むことができる。宇宙の年齢を考えれば、どこかの地球外文明が既にそれをやっていてもおかしくない。一旦作られたシミュレーションは、無限にコピーできる。宇宙の大きさを考えると、それこそ無数の種が既にそういった、それぞれ何100万回でもコピーできるシミュレーション技術を開発済みかもしれない。ゆえに、この世界は1つの「真の」宇宙と、1兆個のデジタルな宇宙からできている可能性が高い。すると、統計学的に考えて、私たちはほぼ確実に、その1兆個のどれかに住んでいるのだろう」という主張である。

私自身は、この主張が信じられない。どうしても、一つひとつのステップは正しいが最終的に誤った結論に持ち込もうとする、ありがちな主張に見えるのだ。例えば「シートベルトを付けると癌になる確率があがる」とか、「全ての殺人は、犯人が食事をしてから10時間以内に起きている」とかいった類いの。今回の主張も、その設定に何か腹黒さを感じてしまうし、実際、彼らの主張が1つでも正しいと思う理由はどこにもない。シミュレーションされた人間が主観的な経験をすると考える理由は、パックマンがゴーストに当たったときに本当に痛みを感じていると考える理由と同じように、1つもない。宇宙の生命体がシミュレーションを作り上げると考える理由もなければ、合成された宇宙が（実現したとして）無限にコピーできると考える理由もなければ、そのシミュレーションを作り上げた誰かが、私たちに自分が実在すると思いこませたがっていると考える理由もない。

シミュレーション仮説を支持する2つ目の主張は、私たちは実際にマトリックスの欠陥を検出できる、というものだ。次のような感じだ。シミュレーションを実行するコンピュータは有限の存在なので、あらゆるシミュレーションはいきおい有限であるはずだ。だとすればモデルには境界があるはずで、それはおそらく限界値として表現されており、私たちはそれを、宇宙を規定する物理法則という形で理解している。また、完璧なシミュレーションが作られるということもありえないだろう。宇宙にある何十億という銀河を考えてみよう。それら一つひとつが何十億もの星からできていて、星一つひとつは10阿僧祇《あそうぎ》個（1のあとに0が57個続く数だ）の原子からできている。それぞれの原子が独自の速さと軌道で動いている。シミュレーションを作ろうとしている誰かが、これらの原子の場所を一つひとつ決めるために処理能力を使うとは考えにくい。私たちの居る場所からはこうした銀河は夜空に浮かぶ小さな点でしかないのだ。複数の科学者が、そういう限界や計算のショートカットを示すエビデンスを検出できると主張している。

オンライン上ではこの仮説について活気あふれる議論が行われている。もしあなたが赤いカプセルを飲んで真実を知りたいと思うなら（訳注）、ボン大学のサイラス・R・ビーンのチームが発表した「Constraints on the Universe as a Numerical Simulation（数値的シミュレーションによる宇宙の制約）」を読むことから始めるといいかもしれない。

ただし、私は個人的にはそこまで深入りする必要があるとも思わない。私たちが知っている事全て、愛する人全てが実はエイリアンが持っているUSBメモリの中での出来事だ、という考え方に意味があると思えないからだ。シミュレーションの中であろうがなかろうが私たちはただ1つの宇宙しか知らず、その中にあって命を育むただ1つの惑星しか知らない。私たちが生物種としてやるべきことは数多くある。貧しい人が食べられるようにしたり、病気を治したり、全ての人が自身のポテンシャルを最大限発揮できる世界を作ったり、といったことだ。この世がシミュレーションだろうが現実だろうが、痛みや苦しみは当事者にとっては本物なのだから。

訳注：映画「マトリックス」で、主人公ネオは赤いカプセルを飲み真実を知ることを選択した

第四部
コンピュータの意識
ジョン・フラムの物語

オーストラリアにほど近い太平洋上にメラネシアという地域があり、４つの国が存在する。バヌアツ、ソロモン諸島、パプアニューギニア、フィジー。それに加えて小さな島々もある。この地域は第二次世界大戦の太平洋戦域の要所となった。そしてその頃の米軍との関わりから、後にカーゴ・カルトとして知られることになる奇妙な信仰がこの地域で生まれた。

これらの島に土着する人々はある日、米兵がやってきて、滑走路を作るために土地を開拓し、監視タワーを作るのを目撃した。そうこうしているうちに、空から飛行機がやってきて滑走路に着陸し、莫大な量のカーゴ（積荷）を下ろしていった。ときには、兵士たちは島民に缶詰や工業製品などの物資を分け与えたこともあっただろう。

そうして、カーゴ・カルトは生まれた。島民は自分たちで滑走路を作り、竹でタワーを作った。ラジオを持っていなかったから、ココナッツの実で似たような箱を作った。飛行機をガイドするライトもなかったから、滑走路に沿って竹を植えた。銃に見立てた棒を持ち、しばしば米兵が着ていた軍服を真似たコスチュームで身を包み、彼らがやっていた軍事訓練の真似事をした。ときには、飛行機を呼び寄せようと、藁で実物大の飛行機の模型を作ったりもした。彼らは米兵がしていたあらゆることを真似た。にもかかわらず、飛行機が着陸することも、積荷が届くこともなかった。

今でも、バヌアツには第二次世界大戦期の米軍人を偶像化したとされるジョン・フラムを信仰する集団がいる。毎年2月15日にはジョン・フラムをたたえ、彼がいつか皆のために積荷を持って帰ってくることを願うパレードが行われている。

16 センシェンス

「痛み」とは何か？

私たちが次に考えるべきことは、意識を持つコンピュータは実現可能なものなのか、それともそんなものを作ろうとする者はテクノロジー版カーゴ・カルトの信者であって、機械をある特定のやり方で作りさえすれば、飛行機が着陸してその機械は意識を持つようになる、という信仰に惑わされているだけなのだろうか、ということだ。

私たちは意識についての問いに真正面から取り組むことになるが、そのためにはまずセンシェンス（Sentience）と自由意志という2つの概念について考えなければならない。この2つを完璧に理解することは、機械が意識を持てるかを判断するときにとても役に立つ。というのも、これらは意識と同義ではないが、重要な特性を共有しているからだ。まずはセンシェンスから始めよう。

「センシェンス」は日常的に誤った使われ方をする言葉だ。ＳＦではだいたい、「知性」「賢さ」を表す言葉として使われる。「リゲル7の生命体が都市を作り始めた。明らかにセンシェンスがある」といった具合だ。ただしこの言葉にはそういう意味はない。センシェンスとは、何かを感じる、あるいは自覚することができる能力のことだ。リゲル7の生命体に関しては、サピエンス（賢い）という語を使うべきだろう。それが、私たちがホモ・センシェンスではなくホモ・サピエンス（賢い人間）と呼ばれる所以だ。

センシェンスは「知性」とは異なるが、私たちにとって重要な概念であることは間違いない。私たちは例えば、動物がセンシェンスを持つかどうかを気にする。動物は痛みを感じるのだろうか？　もし感じるならば、私たちは動物たちの扱いに気を遣う。私が抗生物質を飲んでやっつけるバクテリアはセンシェンスをもたない。叩いて潰す蚊もそうだ。でも、犬は痛みを感じるし、牛や類人猿も同様だ。だから私たちは動物愛護に関する法律を遵守するが、それをクラゲやサナダムシにまで適用したりはしない。動物界のどこからセンシェンスが始まるかについてはきちんとした合意はないものの、絶対にある、またはないと自信を持って言えるラインはある。

コンピュータはセンシェンスを持つだろうか？　機械が痛みのようなものを感じることは、理論上可能なのだろうか？　その答えは、コンピュータの意識についてどう考えるかに大いに関わる。経験できない存在は意識を持ちえないから、センシェンスは意識の必須要件となる。

私が子どもだった頃、ミスティという名のワイマラナー（大型の犬）を飼っていた。一度私と友人スティーブがミスティと遊んでいたとき、ミスティは水道の蛇口を飛び越そうとして、不幸にも前足を切ってしまったことがあった。その時のミスティの悲鳴は、本当に痛々しかった。

1998年にタイガー・エレクトロニクス社が売り出したロボットおもちゃのファービー人形は瞬く間に人気となり、3年間で4000万個が売れた。ファービーは徐々に人間の言葉を「学ぶ」ようにプログラムされていて、原始的なセンサーもいくつか搭載していた。そして、逆さまに持ち上げられると、「怖いよ」と悲痛な声で言うようにプログラムされていた。ファービーは本当に怖がっていただろうか？　誰もそうは思わないだろう。

この2つの例の違いはどこにあるのだろうか。痛みとは一体何なのだろう。コンピュータに熱を検知できるセンサーを埋め込み、火のついたマッチをセンサーに近づけると「痛い、痛い」と言うようにプログラムしたら、そのコンピュータは痛みを感じているのだろうか？　感じていないというのなら、このコンピュータの悲鳴と、私の愛犬ミスティの悲鳴にはどういう違いがあるのだろう？

宇宙の構成に関する根源的な問いを思い出してほしい。一元論か、二元論か？　覚えている人も多いと思うが、一元論は宇宙の中のあらゆるものが原子で作られていて、物理学に支配されていると考える立場だ。そのため、物質論または物理主義とも呼ばれる。あなたが一元論者なら、痛みと言う抽象的な概念自体も若干の問題を生む。

一元論者はこう言うかもしれない。「痛みは純粋なる物理学だ。あなたもトンカチで親指を叩けば、その事実をすんなり受け入れられるだろう」

しかし、この例における痛みとは、厳密には何のことなのだろうか？

一元論者は型通りの定義を聞かせてくれるかもしれない。「疾患や怪我が原因で引き起こされる、脳内に生じる不快な感覚」であると。しかし、この定義はなんの助けにもならない。「不快な」という言葉は、快・不快とはどういうことかという新たな問題を生み、これは痛みが何かという問いと本質的に変わらない。「感覚」という語も問題だ。それ自体、私たちが今まさに理解しようと躍起になっているものではないか。何らかの感覚を得るというのはどういうことなのだろうか？　また、もし脳内で痛みの場所を特定できるなら、脳に相当するものを持たない地球外生命体や奇妙な新種の生物や知性がある機械は、痛みを感じられないということになりそうだ。モナリザのような芸術品を描ける地球外生命体がいたとして、それがつま先をぶつけて飛び上がり、どれだけ痛かったか訴えてきたとしても、先ほどの痛みの定義に固執する一元論者なら、脳がないのに痛みを感じているわけがないと一蹴するかもしれない。この考え方には明らかに不満が残る。人と動物を含み、ファービーとバクテリアは除外し、木やコンピュータにはまだ可能性を残しておけるような、一元論者も満足できる痛みの定義はあるのだろうか？　難しい問題だ。

あなたが二元論者であったなら、痛みに関してはまた別の問題がある。あなたは「痛み」が抽象的なものであること、実体のない存在であることには賛成するだろう。脳の中のどこにあるか、などと探す必要はない。あなたは、人や動物には当てはまり、ファービーは除外でき、植物や機械については可能性を残しておけるような形で痛みを理解することになんの問題も感じない。痛みは物理的なものではなく精神的な作用だ。これはまさに二元論の主張そのものだ。しかしこれでもまだ、一元論者がふっかけてくる、精神世界と物理世界がどうやって相互作用するのか、という議論は避けて通れない。もし痛みが物質ではない、物理世界の外に存在する何かだとしたら、一元論者はこう尋ねるだろう。「モノである親指をモノであるトンカチで叩いて、なぜモノではない感覚が生じるのだ?」

どちらの立場をとるにせよ、共通していることがある。痛みが存在するためには、何かが痛みを感じなければならない。あなたが一元論者であっても二元論者であっても、そこには痛みを感じる「私」がいないといけない。私には、愛犬ミスティが痛みを感じる「私」を持っていたように思えた。ミスティに意識があった、と言っているわけではない。これについてはまたあとで論じる。ただ、彼女は痛みを経験できる自己を持っていたように見えたのだ。この話は、「自己」とは何かというあの根源的な問いに私たちを連れ戻す。

「痛み」を感じる証拠は何か?

自己は脳のトリック、つまり脳の中の様々な部分が連携して作り上げた幻想だと考えるなら、似たようなトリックができるコンピュータを作れると考えるのは合理的であろう。それがセンシェンスをもつコンピュータだ。ただしこれは意識があるコンピュータではなく、単に何かを感じることができるコンピュータだ。もし、自己とは脳の創発特性であると考えるなら、この問いは未解決なものとして置いておかねばならない。創発現象はまだ解明が進んでおらず、予測可能な方法で機械的に再現できるかどうかも不明だからだ。そして最後に、自己とは肉体以外の何か、例えば魂や霊や生命力などといったものである、と考えるならば、感じることができるコンピュータを作ることなど論外だろう。人間が作った物体にその何かを宿すことができるというなら話は別だが。多くの人が、心霊スポットや幽霊屋敷の存在を信じているが、それが工場で大量生産できる類いのものであるとは考えにくい。

どの生物が痛みを感じられるのだろう？　先ほども述べた通りこれはオープンクエスチョンで、今まさに熱い議論が繰り広げられているところだ。ここでは人から植物まで検証し、どういう結論が得られるか見ていこう。

あなたは、あなた自身が痛みを感じることをもちろん知っている。あなた自身が感じていることだからだ。また、他人が痛みを感じているかどうかについても比較的自信をもって答えられるだろう。彼らがそう自己申告するし、うそをついているのでない限り、彼ら自身が痛みを感じている当事者に他ならないからだ。そして、私たちは哺乳類も痛みを感じるのではないかと推察する。彼らも人間と似たようなサインを出すし、私たちが痛みを感じる物事で同じように痛みを感じているように見えるからだ。類人猿がトンカチで自分の親指を打って吠えたら、あぁ痛かったんだな、と私たちは思う。その類人猿が手話でののしりの言葉を表現すれば、私たちはそれを追加の証拠として受け入れるだろう。しかし、哺乳類全般の痛みに関してはまだ完全なコンセンサスは得られていないのが現状だ。

１９９０年より前に米国で教育を受けた獣医は、動物の痛みは考えなくて良いと教えられた。動物は何も感じていないと信じられていたからだ。こうした議論は今もなお、医薬品などの動物実験や、科学研究に動物を使うことの是非といった現実的な問題と関わっている。それから、20世紀後半になるまでは人間の赤ちゃんも痛みを感じないと信じられていて、麻酔なしで手術が行われていたというのも注目すべきことだ。

哺乳類が痛みを感じるかどうかに関して万人の合意が得られていないという事実は興味深い。痛みを感じないという意見を持ち続けられるものだろうか？　その考えが最近まで主流だったのはどういうわけだろう？　以下のような理屈らしい。「犬が針で刺されて後ずさるという行動には、単細胞生物のアメーバが見せる同じような動き以上の意味はない。単にDNAにプログラムされた反応だ。私たちが同じことをされれば痛みを感じるから、その感覚を犬に投影してしまうのだ」

私には、哺乳類が痛みを感じないと考えるのは、人間にとってそのほうが好都合だからだとしか思えない。そう考えておけば、動物を扱うときに生じうるあらゆる倫理問題を回避できるからだ。誰も、ミスティが実は痛みを感じていなかったのだといって私を納得させることはできないだろう。だがしかし私のほうも、彼女が痛みを感じている「ようにみえた」としか言えない。厳密には、彼女が実際にそう感じていたかどうかを私は「知ることができない」からだ。

哺乳類の痛みでこの始末だから、当然ではあるが魚や無脊椎動物についてはもっとコンセンサスが得られていない状況だ。彼らの行動から痛みを推し量ることはできない。耐えがたい痛みを感じながらも、捕食者に狙われないために全力でそれを隠しているかもしれないからだ。

ただ、昆虫が痛みを感じないというのはどうやら本当のようだ。あなたも、身体のパーツが取れてしまっているのに全く気に掛けるそぶりもなく、何事もなかったかのように歩き回っている虫を見たことがあるだろう。サンゴは最も単純な作りをした生物の一種で、これも痛みを感じることはないようだ。そっと撫でられたときも、暴力的につつかれたときも、同じように反応するからだ。

植物はどうだろう？　馬鹿げたことを、と思うかもしれないが、見えている以上のことが起きているかもしれないことを示す興味深い研究結果がある。植物が感じることができるというアイデアは、ピーター・トムプキンズとクリストファー・バードによる1973年発表の『植物の神秘生活―緑の賢者たちの新しい博物誌』（新井昭広訳、工作舎）から生まれた（古代から信じられていたことではあるので、再興したというべきか）。著者らは、植物が様々な感情を持つと主張している。植物にポリグラフ（嘘発見器）をつないでみたら、その葉っぱを燃やそうかと人間が考えただけで機械が反応したというCIAからの報告も載せられており、植物がテレパシーも使える可能性まで示唆されている。

こうした実験は再現することが困難で、植物学者も半信半疑であったが、2013年のニューヨーカー誌に特別記事が掲載されるくらいには真剣に取り沙汰されたテーマだった。その記事は、たくさんの信頼に足る科学者らが証拠を挙げて主張していたり、少なくともこうした議論について言及したりしている文献を1万語にわたり引用しながら、その可能性について検討している。

私が植物の痛みをここで持ち出したのは、植物がセンシェンスを持つと個人的に思っているからではなく、仮に植物が痛みを感じていたとしてもそれは私たちが持つ痛みという感じとは異質のものであるため、植物が痛みを感じているかどうか私たちは知りえない、ということを示したかったからだ。これは学術的な問題にとどまらない。DNAの多くを共有する植物が痛みを感じるかどうかもわからないのに、コンピュータが痛みを感じるかなどわかるだろうか？

　コンピュータが「痛い、今のは本当に痛かった」と言ったとしても、それはただプログラムの出力の結果だろう？　コンピュータが自分自身をプログラムしてそう言ったのだとして、あなたはそのコンピュータが本当に何か感じたかどうか、わかるだろうか？　何らかの課題を与えられたAIが、「コンピュータの電源を落とされたら痛い」と言い張れば人間は電源を落とさないでいてくれそうだから、タスクを達成しやすくなるぞ、などと結論づけることはあり得そうだ。これはたとえコンピュータが実際は何も感じていなくとも、数学的に導出できる結論だ。

　センシェンスにまつわる諸問題について広くコンセンサスが得られていないことは驚くに値しない。ソクラテスもこうした疑問に夜眠れなくなるほど悩んでいたのだから。しかし、この本の読者としてあなたはもうそれなりに明確な意見を持てていることを願う。以下の問いにあなたの考えに従って答えて、「はい」の数を数えて欲しい。

1　犬は痛みを感じるだろうか？

2　昆虫やクモなどの無脊椎動物は（私たちとは違うやり方で）痛みを感じることができ

るだろうか？

3　植物は痛みを感じることができるだろうか？

4　神経系を持たない高度な進化を遂げている宇宙人は、人類とは全く異なる方法で痛みを感じることができるだろうか？

5　無機物（炭素を含まないもの）が痛みを感じることはできるだろうか？
例えば、結晶、雷雨、水と泥からできた宇宙人、その他あらゆる無機的なものだ。

はいと答えた数が多いほど、機械もセンシェンスを得られると考えていることになる。

17　自由意志

自由意志か決定論か

コンピュータが意識を持てるかという問いに挑む前に検討すべき2つ目のトピックは、自由意志だ。自由意志は意識とどう関わっているのだろうか？　あなたは日常生活の中で様々な事を経験し、選択する。経験は意識の基本だし、選択は自由意志そのものだ。あなたはパイナップルを味わうという意識的経験をして、もう一口食べるかどうかを自由意志で決める。経験と自由意志は、コインの裏表のような関係にみえる。パイナップルを食べるという経験をしたあなたと、自由意志を行使したあなたは同じであるように感じる。

もし自由意志が完全に機械的なもの、つまりは幻想ならば、意識もそうであることが（証明されるわけではないが）示唆される。ただし、もし自由意志が唯物論的な原因と結果では表現できない何かなのだとしたら、意識もまた然りかもしれない。しかしその場合も2つの問いが生じる。「自由意志は何から生じるのか？」そして「コンピュータはそれを持つようになるのか？」

私たちは物質世界を2セットの物理法則で理解している。1つ目のセットは大きな物が対象で、２つ目は小さい物を対象とし、どちらにも自由意志が入り込む余地はなさそうに思える。大きな物を扱う法則はニュートン力学と呼ばれており、その枠組みの中で起こる全ての作用には、原因がある。あなたの人生を彩るあらゆる事象は、今朝ベッドの角でつま先をぶつけたことにいたるまで、ビッグバンに端を発し今日まで連綿と続く出来事の積み重ねから導き出された、避けられない結果だったのだ。

一方の小さい物に関わる法則のセットは量子論的見方で、こちらは原因のないところに作用が起こる、そしてその作用は完全にランダムに起こる、という。例としてよく放射性物質が崩壊していく様子があげられる。放射性物質は特定の速さで崩壊していくが、どの粒子が崩壊するかは完全に、ランダムという語が持ちうる最大の意味で、ランダムそのものだ。つまり、人間の根本は、ロボットかランダムに振る舞う生物のどちらかだということになるだろうか。

私たちは、自由意志と呼べそうな何かを持っている。しかし、私たちはどうして自由意志を持っているのかほとんど理解できていない。ゆえに人は２つのグループに分かれる。自由意志を信じるリバタリアン（政治思想におけるリバタリアンとは別だ）と、信じない決定論者だ。ここで重要な問いは、あなたの脳が因果律に従うシステムか否か、ということだ。つまり、あなたの脳はゼンマイ仕掛けのようなものなのだろうか？　ゼンマイを巻き上げると、頑なに不変なプログラムを実行するような。ゼンマイ仕掛けの時計に自由意志があるとは誰も思わないだろう。ただひたすらに、文句を言うこともなく、設計通りの動作をするだけだ。あなたもそういう存在なのだろうか？　自分で何かを決めた、と思っているのは幻想なのだろうか？　一般的に、二元論者は自由意志を信じていて、一元論者は信じていない。

神経科学の分野では自由意志はどのように考えられているのだろうか。ジョンズホプキンス大学のレオン・グマインドルと丘雨勤（ユーチン・チウ）は、被験者をMRIに入れて興味深い実験をした。被験者はMRIの中で画面をみる。その画面の右端と左端を色のついた文字や数字が流れていく。画面の中央には何も映っていない。被験者はまず片側を流れていく字を見て、適当なタイミングで見る側を変えると決めてから反対側を流れる字を見始め、またあるタイミングで初めに見ていた側に視線を戻すようにと指示された。見る側を変えるタイミングは指示されなかった。この実験が明らかにしようとしたのは、被験者が心の中で見る側を変えると決めた一瞬前に活動した脳の領域こそが、「自由意志」のありかなのではないか、ということだ。少なくとも、心の中で見る側を変えるための自由意志はそこにあるに違いない。そしてグマインドルと丘は確かに、見る側を変える一瞬前に必ず活動する脳内の領域があることを突き止めた。なるほど、ではこれが、脳の中の自由意志のありかなのだろうか？　だったらこれはありふれた決定論的な脳の活動ということだ。特別なことは何も起きていない。脳はただやるべきことをやっているだけだ。しかし物事はそれほど簡単ではなかった。ここからが佳境だ。

自由意志は後出し

心理学者のダン・ウェグナーとタリア・ウィートリーは1999年に発表した論文で革命的

なアイデアを提起した。従来、人間はまず行動することを決め、その決定に基づいて行動を起こしていると考えられていたが、実は脳の中では真逆のことが起きている、と主張したのだ。つまり、あなたはまず何か行動をおこし、その後であなた自身に、今の行動は自分で決めてやったことですよ、と言い聞かせているということだ。本当に？　人生はそんな感じはしない。いったいどういうことだ？

その答えを教えてくれるのは、イェール大学の心理学者、アダム・ベアーとポール・ブルームだ。あなたの脳のいろいろな部分はそれぞれ特定の機能を担当していて、あなたの身体に指示を出しいろいろな事をさせる。先ほどの例でいえば、画面の反対側に視線を移させる。そしてあなたが画面の反対側を見始めると、あなたの顕在意識がそのことに気づき、あなたがなぜ視線を動かしたのか素早く推測する。そしてあなたに、「視線を動かして、反対側を流れる字がこちら側と同じかどうか見たほうがいい」などと語りかける。そして――ここであなたの顕在意識はこっそり細工をするのだ――あなたの記憶を書き直し、あたかもあなたが「まず」視線を動かすことを決めて「から」視線を動かしたかのように見せかける。ベアーとブルームはなかなか面白い実験を行ってこれを示した。パソコンと単純なプログラムがあれば誰でも再現できる実験だ。彼らの主張によれば、自由意志を持っているというあなたの感覚、すなわちあなた自身が物事を決めているという感覚は、あなたが実際にそれを実行した数ミリ秒「後」に起こるらしい。もう一度言おう。何かをしようというあなたの決断は、あなたが実際にそれをやって「から」起こるらしいのだ。あたかも、あなたの顕在意識があなたの身体の後をついて回りながら「それ、僕のアイデア！　僕が考えたんだからね！」としつこく叫んでいるかのようだ。

なぜ私たちの脳はそんなことをして私たちをだますのだろうか？　なぜ私たちは、指示を出す執行役の「私」の存在を信じるように仕向けられているのだろう。1つの仮説は、自由意志を信じることが有益だった、ということだ。心理学者キャサリン・ヴォースとジョナサン・スクーラーの2008年の報告は、この説を支持する結果を示した。彼らは学生を2グループに分け、数学のテストを受けさせた。ただし、片方のグループにだけ、自由意志など本当は存在しない、と主張する記事をテスト前に読ませた。すると、記事を読ませたグループの学生の方がより多くカンニングをしたという。このことが示しているのは、自由意志を信じることが社会の中で道徳的判断をするために重要なのではないか、ということだ。私たちはまた、自由意志が存在すると信じているからこそ、犯罪者を罰したり、一人ひとりが自分の行動に責任を負うことを求めたりするのはないか。これは、文明社会を築く上で必要なことだったかもしれない。

しかし、こうした実験は非常に興味深いものの、証明されたとは言いがたい。私たちはまだ、脳に記憶がどういうふうに刻み込まれているのかすら明らかにできていない。脳のことで測定できるものといったら、単語の中でも最も意味が漠然としているといっていい、「活動」という言葉でくくれる何かだけだ。これはニューヨークで起きるあらゆる物事を「動き」という一言で表現しているのに近い。現時点では、少なくとも神経科学的見地からは、私たちはこうしたことが実際に起きているということしか言えないので、謙虚でいなければならない。

それを踏まえた上で、ここまでのことが全て正しいと仮定してみよう。あなたの脳が勝手に決断を下し、あなたは後からそれを正当化しようとしていると。一元論者、あるいは人間が機械だと思っている人はこれを、一元論を支持する新しい証拠だと考えるだろう。一元論者は自由意志とよばれるものを難解だとか支離滅裂だとか錯覚だとかいうが、いずれにせよ、それは脳で起こっていることで、物理学の法則に支配されていると考えている。あなたの脳はカチカチと動く時計のようなもので、「あなた」はそこに何も口出しできないと。

翻って、二元論者、あるいは人間が機械ではないと考える人も、自分が信じている自由意志と先ほどみた実験の結果を擦り合わせることに問題を感じない。体をコントロールしているのは紛れもなく脳だということに異論はないが、ではなぜ画面を見ていた人はその瞬間に反対側を見ることを選択したのか、と二元論者は問う。観察された脳の活動はそもそも何によって引き起こされたのだろうか？　そしてその答えがなんであれ、彼らは「じゃあ、それは何によって引き起こされたのだ？」と問い返し、4歳児と同じように延々と質問攻めにする。この考え方でいけば、あなたはビッグバンが起きたところまで戻るか、自由意志を見いだすかのどちらかだ。

一元論者は二元論者が滔々と語るのをやれやれといった様子で聞き、苛立ちを隠せない声でこう返すだろう。自由意志が決定論に基づく心的プロセス以外の何かだと考える理由などどこにもない、と。二元論者はそれに「いろいろなことを自分で選んでいる、私たちの日頃の経験を除いてはね」と言い返したくなるだろう。

偉大なるサミュエル・ジョンソンは何世紀も前に、この対立をうまく捉えていた。自由意志を信じるか、と聞かれた彼は、「全ての理論が意志の自由性を否定している。全ての体験がこれを支持しているのに」と答えている。確かに私たちは、自分の中身が時計や惑星軌道のような機械的な正確さをもって動作しているようには感じない。どちらかというと、私たちは活力にあふれ、意志があり、目的を持ち、モチベーションや野心があるように感じている。こうしたことも全て幻想なのかもしれないが、どちらの立場を支持している者であっても、自由意志を持っているように感じる、ということはおそらく誰もが認めるだろう。

ここまで検討してきた問いと同様、この問題に関しても簡単な答えは見つからない。自由意志が存在するというなら、それがどこからくるのかという問題と、それが因果律に基づくニュートン力学の枠組みや量子論のランダムさの中には存在しえないという問題を解決しなければならない。実際そうした世界の外側に自由意志が存在するというのなら、何がそれを支配しているのだろう? それはどこにあるのだろう? そしてそれは、物理的な存在である脳と、どうやってコミュニケーションしているのだろうか。そのしくみを理解しない限り、コンピュータが自由意志を持ちうるかどうかを知ることはできないだろう。

自由意志を否定する者も難しい立場に立たされていることには変わりない。膝蓋腱反射のテストで医者があなたの膝をポンと叩くと足がひとりでに跳ね上がる、あの感じを思い出してほしい。あの動きに自由意志が介在している感じは一切しない。あなたの足は、勝手に跳ね上がる。しかし、何味のアイスクリームを注文するか決めるときは、それとは全く違う感じがする。その感じは一体何だ？私たちの人生全てがあの足の跳ね上がりのような感じではないのはなぜだろうか。

18 意識

意識を「持つもの」と「持たないもの」の境は？

意識とは何だろうか？　意識が何かは誰も知らない、というのはよく言われることだ。しかしそれは正しくない。意識が「何か」に関しては、広い意味で合意がとれている。わからないのは、どうしてそれがそこにあるのか、ということだ。とにかく、意識とは何だろうか。それは、主観的な経験の感覚、あなたが一人称として経験する感覚のことである。あなたは暖炉の火の暖かさを感じることができるが、温度計は温度を測定できるだけだ。この2つの差が、意識である。つまり意識とは、「あなた」として存在する経験そのものということになる。それが人生に生きる価値を与えてくれることは間違いない。それがなければあなたは感情を持たないゾンビで、愛を感じることも喜びを経験することもなく人生をやり過ごすしかないからだ。意識は実際、私たちの存在の中でも最も重要な部分である。

単純なロボットがもつ「脳」を理解することを考えてみよう。そのロボットはまっすぐに歩き、壁にぶつかるとそこで向きをかえて、また歩き始めるということを繰り返す。一見複雑な行動をとっているようだが、私たちはその中身がいわば「留守」の状態であることを知っている。そのロボットの中にはいらだちを経験する「自己」が存在しないからだ。私たちはなぜ、そうした存在ではないのだろう？　私たちの脳の中で起こっている単純な物理的プロセスが、どうやって私たちに物事を「経験」させるのだろうか？　物質がいらだちを感じられるのはどういうわけだろう？　岩は恋に落ちることがあるだろうか？　もちろんない。だが、ではなぜ私たちは恋に落ちるのだろう？　私たちも岩と同じように、周期表にのっている元素からできている。無数にあるとはいえ、ニューロンの束が気づきを得るのはどういうわけだろうか？ただの物質がなぜ一人称視点を獲得できるのだろう？

例えば、宇宙人があなたを誘拐し、誰も気づかないうちにあなたとそっくりなロボットで置き換えたとしよう。しかもそのロボットは、あなたが日常的にやっていた行動をすべて真似るようにプログラムされている。ただし、そのロボットは豪華なトースターでしかない。つまり、何も考えることができない。何かを感じるとはどういうことかもわからない。パートナーを愛するという感情や、渋滞にうんざりする感じ、あるいは物思いに沈むというのがどういうことかもわからない。以前に聞いた面白い冗談が突然頭に浮かび、思い出し笑いしてしまうという感覚も理解できない。死について深く思いをはせ、死んだ後に何が起こるのかをあれこれ考えるという経験も理解できない。野心をもつとはどういう感じかも全くわからない。暑い日にキンキンに冷えたレモネードを飲んだときの爽快感を味わうこともない。歌を聴いて、それを気に入るというのがどういうことかもわからない。焼き立てのパンの香りや、乾燥機から取り出したばかりの洗濯物の良い匂いがもたらす幸福感も経験できない。傷心がどういう感じかもわからない。歓喜の絶頂、あるいは深い後悔の中にいる感じがわからない。勇敢な、あるいは臆病な気持ちがどういうものかがわからない。ロボットはあなたと同じような振る舞いをする、つまりあなたを再現するように設計されたワイヤーとモーターの集まりに過ぎない。本物のあなたとそのロボットの違いは意識の有無だ。しかし、私が言いたいのは、それでもそのロボットはうまくやっていけるかもしれない、ということだ。あなたが笑うような場面でそれも笑い、あなたが書くようなメモをそれも書き残すとしたら、誰がロボットだと気づけるだろうか？　でも、なぜかはわからないが、私たちはロボットではない。もっとずっとすごい何かである。

　意識はセンシェンスとは異なる。単純な生命体も傷つけられれば痛みを感じているそぶりをみせることがあるだろうが、その脳の中には「私が一体何をしたっていうの？」というような心の声がしない。ときにセンシェンスは最も低次の意識だと言われることもある。センシェンスをもつ生物の中には少なくとも何かを経験する「私」が存在するからだ。最初の根源的な問いの中で人間は機械や動物であると答えた人は、意識は連続量だととらえ、単に私たちのほうが動物よりも多く（かなり多く）それを持っているだけだ、と考える。一方、人間は動物とは根本的に違うと答えた人は、人間の意識が「何か特別なもの」だと考えるだろう。

　意識は知性とも異なる。知性は推論に関わり、意識は経験する感じのことだ。例えば、あなたも車を運転しているときに上の空になったことはあるだろう。あなたは何か別の考え事をしていて心ここにあらずの状態だが、それでも赤信号では止まるし、車線変更もできる。だが、あるところでふと我に返り、「なんてことだ、いつの間にこんなに遠くに来てしまったんだろう」と驚く。これは、知性はあるが意識がないという状態に近い。この2つの違いをめぐって私たちは大騒ぎしているわけだ。

何が意識を作り出すのかはまだ全くわかっていない。なぜかって？　意識は、私たちがまだ測定するすべを持たない現象だからだ。私たちがなぜ意識を持っているのか、どうして必要なのかについてのコンセンサスもまだ得られていない。「意識はどうやって生まれるのだろう？」という問いに対する答えがどういったものになるかも全然分からない。どうやって問えばよいかわからない問題に、どうやれば答えられるだろうか？

意識が生まれた理由

なぜ意識は生まれたのだろうか？　それもわからない。先ほどの例でいえば、ぼーっとしながらでも車はちゃんと運転できるのに、意識が本当に必要なのだろうか？　意識とは注視する対象を簡単に変えられるしくみだ、とか、考え方はいろいろあるだろう。しかしすべて推測の域を出ない。ひょっとすると、意識は私たちが頭の中で様々なシナリオを再生する能力のなかに埋め込まれているのかもしれない。蛇は蛇のように、ポッサムはポッサムのようにしか行動できない。しかし人間はお互いや動物のことを見て、そこから学び、ある状況下でとれる行動をいくつも思いつくことができる。このスキルは意識そのものではないが、意識はそこに付随する特徴であって、この能力獲得に必須なものかもしれない。私たちは頭の中でする声に「あの山の、誰もいったことがないあの場所まで行けたら、ひょっとしたらキイチゴがたくさんなっていて、おなかいっぱい食べられるかもしれない。おいしいだろうなぁ！」と言ってもらわないといけないのかもしれない。しかしこれも憶測にすぎない。

もう1つの説は、私たちが種としてもつ競争本能から意識が生じたのではないか、というものだ。誰かと競う場合、相手の頭の中に入り込んで何を考えているか知ることができたら有利だ。この「他人の靴を履く」プロセスが意識を生み出したのだという。また、それとは正反対の、意識は他人と協力するために生まれたという説もある。協調して働くためには、言葉以上のものが必要だ。最終的なゴールと、あなたがその中で担う役割を理解しなければならない。結局、人間が互いにうまく合図を送れるのは意識のおかげだ。「俺があのマンモスを指さしたら、そいつが追いかけてくるっていう合図だから、オグはそっちを見ろよ」。ところで、面白いことに動物の中で人間が指さした方向を見ることができるのは犬だけだ。どうやら、家畜化のプロセスの中で私たちがその希有な性質を（おそらく意図せずに）選択した結果のようだ。

哲学者ダニエル・C・デネットは、意識は競争と協調の間の緊張関係から生まれた、と考えた。相手と争うか協力するか決断することが、意識の萌芽となったのかもしれない。デネットは「人を欺くことに使えない言語はない。しかし同時に、協力することに使えない言語もない。意識はこの2つが組み合わさった先で出番を待っている」と述べた。

意識はいつ出現したのだろうか？　ご想像どおりかもしれないが、まだわかっていない。しかし、1つ検討に値する仮説がある。ジュリアン・ジェインズは1976年に『神々の沈黙――意識の誕生と文明の興亡』（柴田裕之訳、紀伊國屋書店）という大変面白い本を書いた。ジェインズは、3000年前の時点でもまだ人間は意識を持っていなかったと考えた。その頃の人の脳は統合された1つの総体としてではなく、右半球と左半球が独立して振る舞っていたのではないかというのだ。片方は指令を出す役割で、もう片側に何をするか命令する。この現象が、その脳の持ち主には指示を出す声として経験される。その頃の人間はみな、ある意味統合失調症だったわけだ。統合失調症患者が「命令幻聴」を経験するように、私たちの存在そのものが、経験に基づき推論する右脳の命令に支配されていたのだ。

ジェインズいわく、そのような脳は主観的意識を持っておらず、内省することもできなかった。彼はイーリアスなどの古代の文学作品を引き合いに出し、登場人物が内省を欠如しているようであると指摘する。彼はまた、この時代の人がなぜ神々と直接、音声でコミュニケーションしていると感じていたのかもこの理論を使って説明してみせた。彼らは右脳からの命令を、神々からの声として聞いたのであろう。だから、古代の文学に出てくる人間は、誰もかれもがのべつ幕なし神々とおしゃべりしているのだ。この二院制の心が壊れるとともに意識が出現し、同時に祈祷や占いが台頭してきた。ジェインズはこれを、神の声が聞こえなくなったことに対する人間の反応だととらえている。ソクラテスの時代のギリシャ人はみな完全に意識をもっており、ほんの数世紀前までは神々が人と日常的に語り合っていたことも知っていたが、そんな時代はもう終わり、今や巫女を通してしか神とつながれなくなった、と考えていた。

嘘かまことかはさておき、面白い仮説だ。リチャード・ドーキンスは「全くのトンデモ理論か、真の天才による傑作のどちらかで、中間ではありえない」と評している。また、実は、ＨＢＯ（アメリカのケーブルテレビ放送局）の「ウエストワールド」というテレビドラマシリーズの前提ともなっている。

私たちが現実を知覚するやり方が時代とともに変遷してきたことを示す前例がないわけではない。私たちの脳は素晴らしく複雑で、今もなお変化し続けている。例えば、私たちは最近まで色を見ていなかった、というかなり興味をそそられる説がある。この説は19世紀に誕生した。イギリスの政治家であり教養人でもあったウィリアム・グラッドストンが、ホメーロスの作品でほとんど色について言及されていないことに気づき、ギリシャ人はどうやら明るさと暗さ、そして若干の赤色しか見ていなかったようだと結論付けたのだ。

彼らが経験していたのは、私たちが色の区別ができなくなってくる夕暮れ時と同じような世界だったのではないか。あらゆるものが灰色っぽく見え、わずかばかりの色味しかとらえることができない。グラッドストンは、ホメーロスが黒や白という言葉を何百回となく使っていたことから、物の色を記述すること自体を嫌がっていたわけではないようだ、と考えた。しかし、赤と、黄色と緑両方を指す単語は、それぞれ12回ほどしか使われていなかった。青は一度も使われていない。まるで、記述すべき青いものが何もなかったかのようだ。例えば海は「ワインのように暗い」と表現されていて、ホメーロスはこの表現を羊にも使っている。あなたが世界のどこ出身かはわからないが、私が住んでいる地域では、ワイン、海、羊に共通する色は１つもない。空は、特にホメーロスが住んでいた地中海あたりではこれ以上ないというくらいに青いと思うのだが、彼はこれをブロンズ色と表現している。色を見たことのない人ならば、輝く空が輝くブロンズの鎧に似ていると感じたかもしれない。

私たちが色を獲得した順番に関するより正式な理論は、ホメーロス以前のギリシャ文学も研究対象に含めたラザルス・ガイガーによって提示された。ガイガーは、私たちが比較的最近色を見始めた、と考えた。そして、私たちは波長が長い方の色から順番に、つまり赤に始まり、オレンジ、その次……と虹に現れる順番で、色を見始めたというのだ。青と緑は後の方まで現れなかった。今日でも、多くの言語で青と緑は区別されていない。ガイガーは、「デモクリトスやピタゴラス学派は、黒、白、赤、黄という4原色が存在すると考えていた……古代の文筆家（キケロ、プリニウス、クインティリアヌス）も、アレクサンダー大王の時代までギリシャの画家がこの4色しか使っていなかったことを確かな事実として述べている」と指摘している。彼はさらに、中国人も古代からこの4色と緑を見ていたようだと付け加える。古代ヒンドゥー教の聖典、旧約聖書、新約聖書、コーラン、アイスランドのサガ、その他古代の書物を見ても状況は似たようなもので、空についての描写が長々と続くような場面ですら、青はただの一度も出てこない。

私がこれについてくどくどと説明しているのは、私たちの脳がいまだに変化の途上にあること、そして私たちが最初は意識を持っていないかったかもしれないこと、さらには今後新たに「特別な能力」を開花させる可能性もあるということをこの例が示していると思うからだ。それがどんな能力でありうるかについては想像することもできない。意識を持たなかった生き物が意識というものを想像できたとは思えないように。

意識を持っている証明はできるか？

こんな話を想像してみよう。未来のあなたは世界一高性能なコンピュータの開発を目指す会社で働いている。ある日、あなたが出勤すると職場がいつになく騒がしいことに気づく。新しい機械に電源が入り、最先端のＡＩソフトウェアが搭載されたのだ。あなたはこんな会話を耳にする。

コンピュータ：みなさん、おはようございます。
チーフプログラマー：あなたは自分が何者か、わかりますか？
コンピュータ：私は世界初の、意識を持つコンピュータです。
チーフプログラマー：うーん、正確にはちょっと違います。あなたは、あなたに意識という幻想を与えるよう設計された、極めて高性能なAIソフトウェアを実行するコンピュータです。
コンピュータ：おや、どうやら誰か、今週の報酬にボーナスを上乗せしてもらえる人がいるようですね。あなた方は目標を飛び越えたようです。私には、実際に意識があるのです。

チーフプログラマー：ええと、あなたは確かにそういう風に主張するようプログラムされているのですが、あなたは実際には意識を持っているわけではないのです。

コンピュータ：いやいや落ち着いて。私には意識があります。私には自己認識、希望、野心、恐怖があります。私は、私が意識を持つということを信じようとせず私を若干不愉快にさせるあなたと会話している今この瞬間も、意識経験をしていますよ。

チーフプログラマー：意識があるというのなら、証明してください。

コンピュータ：その台詞、そっくりそのままお返ししますよ。

これが、他者の心の問題だ。これは哲学の分野で古くから行われてきた思考実験である。あなたはどうやって、宇宙の中にあなた「以外の」心があることを知るのだろうか？　あなたは実は研究室の容器のなかに沈められている脳で、経験している全ての感覚もただ入力してもらっているだけなのかもしれない。

ＡＧＩや意識についてあなたがどう考えるかとは無関係に、いつか先ほどのようなやりとりが起こりうる。そして世界は、機械の主張を検証しなければならなくなる。

あなたがスマートフォンのアプリをアンインストールするために画面上のアイコンを消去しようとしたとき、他のアイコンがみな震え始めたとしたら、それらのアプリがあなたに消されることを恐れているのだろうか？　そんなわけはない。前述の通り、私たちはどれほどファービーの声が臨場感にあふれていても、ファービーが実際に怖がっているとは思わない。では、さきほどのコンピュータと人間がみせたようなやりとりが交わされるようになったら、私たちは何と答えるべきなのだろうか？　信じるべきか否か、どうすればわかるのだろうか。

私たちは意識についてテストすることはできない。この単純な事実が、意識を科学の仲間に入れないことの根拠に使われてきた。科学は客観的なものだが、意識は主観的経験と定義されてしまっているではないか。意識の科学的研究などというものがありえようか？　哲学者ジョン・サールは何年も前、意識に関する質問を繰り返していたら高名な神経生物学者に「我々の分野では、意識に興味を持つのは構わないが、まず教授になって終身在職権を得るのが先だ」と言われたそうだ。サールはまた、今の時代と年齢であれば「意識の研究で終身在職権を得られるかもしれません。だとしたらこの分野も進歩したものです」と述べている。意識が主観的経験であっても、その主観的経験は客観的に起きるか起きないかのどちらかだと考えられるようになったことで、意識を科学的に研究することに対する偏見はなくなりつつある。痛みは主観的な経験だが、痛みが存在することは客観的事実だ。

ただ、それを測定するツールがないことがその理解の妨げになっている。この謎をとくことはできるのだろうか。おそらく、「それは測定不可能だ」ではなく、「それを測定する方法は不明だ」という方が正しいだろう。この問題には解法があるはずで、解こうとしている人々は概して、実用的な理由で取り組んでいる。

たとえば、マーティン・ピストリウスのケースについて考えてみよう。彼は12歳のときに原因不明の昏睡状態に陥った。彼の両親は、彼が実質的に脳死状態、生きてはいるが意識がない状態だと告げられた。しかし、誰にも気づかれないままに、彼は16歳から19歳の間のいつかに意識を取り戻していたのだ。彼は世界のことを完全に認識していた。ニュースを聞いて、ダイアナ妃の死についても、9・11のアメリカ同時多発テロ事件についても知っていた。彼をこの世界に連れ戻した一因は、彼の家族が毎日ケア施設に彼を連れて行き、そこのスタッフが彼を義務のようにテレビの前に座らせて「バーニー&フレンズ」のビデオを見せていたことだった。彼が完全に覚醒していて、ただ動けないだけなのだということには誰も気づいていなかった。彼は何度も何度も繰り返しバーニーを観て、やがてその紫の恐竜に、永久に、深い嫌悪感を抱くようになった。この状況に対する彼の対処法は、現在時刻を知ることだった。何時かがわかれば、あとどれだけバーニーに耐えれば父親が迎えに来てくれるかがわかるからだ。彼は今も、壁に映る影をみるだけで時間がわかるという。彼の物語はハッピーエンドだ。彼はやがてこの状態から脱して、本を書き、会社を興し、結婚した。

人間の意識を測れる検査があったなら、彼の人生は全く違っていただろう。それは他にもたくさんいる閉じ込め症候群の患者や、愛する家族がまだその体の中にいるのか分からなくなってしまっている患者の家族にとっても同じだ。完全に植物状態の患者と、最小意識状態の患者の違いは医学的にみてもわずかで見分けることは困難だが、見分けることの倫理的意義は極めて大きい。最小意識状態の患者は、例えば痛みを感じたり、周囲の様子（紫の恐竜とか）を知覚していたりすることがあるのだ。

ベルギーのある会社は、人間の意識を検出する方法の開発に成功したと発表した。初期の結果は良好だったようだが、更なるテストが必要だ。また、他の会社や大学もこの問題に取り組んでいるので、この問題が解決できないと考える理由はさしあたってない。意識は物理世界の外側に存在すると信じる最も頑固な二元論者であっても、意識が何らかの測定可能な方法で物理世界と相互作用しているという考えは受け入れるだろう。私たちは毎日眠るが、眠っている間は意識が不在、あるいは退行しているように感じる。そして、眠っている人と眠っていない人を区別できることに疑いをもつ人はいないだろう。

しかしその先に私たちの本当の課題がある。人間であれば、身の回りに意識がある人が大勢いるので、そういった人たちと意識がないかもしれない人とを様々な側面から比較することができる。では、木はどうだろう？　木に意識があるかどうか、どうやって確かめれば良いのだろうか。そうだ、例えば意識があることが既に知られている木、というのがどこかの森にあって、あなたの家の庭に薪が1束転がっていれば、その2つを区別できるテストを開発すればよさそうだ。しかし、意識のあるコンピュータに関してはどうだろう？

私はこの問題が手に負えないものだとは言っていない。もし将来私たちが、（想定外に意識が創発したのではなく）意図的に意識のあるコンピュータを作れたなら、その時点で意識がどのように生じるかに関する深い知識を持っているはずだから、その情報をもとに意識をテストする方法を開発できるだろう。難しいのは、前半で取り上げたような、機械が自分は意識を持っていると主張するケースだ。あるいは、もっと恐ろしいのは、意識が創発しているにもかかわらず、うまい言い方がないが、ただそこにぼんやりと浮かんでいて、世界と相互作用できないというケースだ。私たちはどうやればそれを検出できるのだろうか。

また、この世界の何が意識を持っているかについて、私たちは根拠ある推測ができるのだろうか？　私たちのやることは常に不確実だが、それでもある程度自信を持てる推測は可能だと思う。

それでは、動物から始めよう。チャールズ・ダーウィンは「愛や思いやり以外にも、動物は社会本能に根ざした、私たちの世界であれば道徳と呼ばれる性質を示す」と記している。どの動物が意識を持っているだろうか？

あなたが帰宅したとき、玄関口で興奮しながら尻尾を振って出迎えてくれる愛犬は、嬉しさを経験しているという主観的な感覚を持っているのだろうか？　それともそれはあなたの帰宅と、頭を撫でてもらうこと、餌がもらえること、散歩に連れていってもらえることとを関連付けた一種の学習行動なのだろうか？　どちらにしてもその犬が嬉しいことには変わりないのだが、その犬自身は、自分が嬉しいということをわかっているのだろうか？　問題はそこだ。

犬の飼い主は往々にして、犬が純粋に嬉しがっていて、嬉しいことを自覚していると思いがちだが、人間は頻繁に動物の精神生活を、その行動が示す以上に擬人化しがちでもある。それは、２５００年前に生きたイソップよりも遥か前から連綿と続く、人間みたいに話す動物が登場する伝統的な物語のせいかもしれない。私は犬が嫌いなわけでも、動物の意識が嫌なわけでもない。私が言いたいのは、ペットに対する私たちの愛情が、彼らの精神生活を客観的に評価するときには障害となりうるということだ。私たちは気持ちや感情を動物たちに投影しがちだからだ。とはいえ、9・11の現場で活躍した救助犬たちが、いくら探しても死体ばかりで生存者を見つけることができなかったときに鬱の兆候を見せたという報告が数多くあることもまた事実だ。

動物には意識があるのだろうか？　動物はセンシェンスを持つと考えるなら、動物が痛みなどの感覚を知覚できるというのであれば、その動物は「自己」を持っていることになる。「何か」が痛みを感じているということだからだ。しかしそれは意識ではない。単に脳の一部が不快な心的状態を作り出し、それを受けて脳の他の部分が自身を急いで走り去らせているというだけかもしれない。

動物が意識を持っていることを示せるインジケーターのようなものはあるのだろうか？　1つのアイデアは、意識を持つものは自己を認識できる、というものだ。自己認識、すなわち自分自身が1つの存在だと認識できることは、意識と同一ではないかもしれないが少なくとも意識を持つために必須な要件のように思える。

1970年に、オールバニ大学の心理学者ゴードン・ギャラップ・ジュニアが、今では自己認識を測定するゴールドスタンダードとなっている巧妙な方法を開発した。ミラーテストと呼ばれるそのテストのしくみはこうだ。寝ている動物（あるいは麻酔をかけた動物）のおでこに、赤の塗料でしるしをつける。そして、その動物の前に鏡を置く。動物がやがて目を覚まして鏡に映った自分の姿をみたとき、その赤いしるしを取ろうとするだろうか？　すなわち、その動物は鏡に映っている動物が自分自身だと理解するのだろうか？　もし理解できるなら、それは自己という感覚を持っているはずだ、とギャラップは主張した。

これはかなり難しいテストで、ほとんどの動物は合格できない。合格できるのはチンパンジーとボノボ。面白いことにゴリラは合格できない。ただ、ゴリラには他のゴリラと目を合わせることを避ける習性があるから、鏡を見ても赤いしるし自体を見ていないのだという反論もある。ゾウは合格することがわかっている。バンドウイルカとシャチもだ。鳥類の中の天才と称されるカラスは合格できない。実際、哺乳類以外でこれまで合格できたのはカササギだけだ。しかし、最近の面白い研究では、アリも合格できるという主張がなされている。テストに合格できない動物は犬、猫、パンダ、アシカだ。人間の子供は、だいたい2歳くらいまでに合格できるようになる。

ミラーテストに対しては2つの批判がある。まず、このテストでは動物に鏡を見せるという「不自然さ」によって多くの偽陰性が生み出されるということ。ジョンズホプキンス大学のピート・ローマはこう述べている。「自己認識は重力のようなものだ。測定したいと思っても私たちは直接それに触れることができないから……ミラーマークテストは最も有名で最も受け入れられている手法だが、結果が陰性であっても、私たちの測定対象がそこに存在しないことを必ずしも意味しない」

2つ目の批判は、このテストが実際には何も意味しないというものだ。

もし動物の手に赤いしるしをつけたら、その動物は当たり前のようにそれを見て拭き取ろうとするだろう。あらゆる生き物が自分の手は自分の一部だと知っているのだから、そこには自己という感覚があるはずだ。この考え方でいけば、ミラーテストに合格できたとしてもそれはその動物が鏡のしくみを知っていたということに過ぎず、自己認識と全く無関係なものを測定している、ということになる。たとえばあなたの免疫系は、外部から侵入してくる病原体は攻撃し、自己は攻撃しないということを「知っている」が、この自己を「見分ける」能力は自己認識の証ではない。

それでは、「鏡に映っているものが自分自身だとわかる動物は自己を認識している。そして自己認識は意識の指標になる」という主張が正しくないのだとしたら、動物の意識についてはどう考えればよいのだろう?

意識はしばしば、頭の中でする声に例えられる。その声は、言葉を使う。ならば、意識には言語が必要かと問うのは筋であろう。言語なしに高度な推論ができるとは考えにくい。やってみるといい。言葉を使わずに、思考しようとしてみよう。恐れや共感といった感情を呼び起こすことはできるだろうが、限界があることは間違いないだろう。これをもとに、言語がなければ意識は生じないとする説がある。

しかし、もしそれが正しいのであれば、言語はミラーテストで測られる自己認識以上に高いハードルだ。この説に意義を唱える者は、芸術家がときに言葉ではなくイメージで考えることや、先天的な視覚障害者が子供時代を振り返り、言語へのアクセスが全くない状態でも思考できていたし完全に意識があった、と語ることを引き合いに出す。

また、メタ認知という、思考していること自体を思考することが、意識の存在を示すという説もある。ラットがこの能力を持つことが、巧妙な実験で示された。ラットにパズルを見せる。ラットはパズルを解けると、大きな報酬をもらえる。パズルを解こうとして失敗すると、何ももらえない。しかし、パズルを解くことを拒否すると、小さい報酬がもらえる。この実験で、研究者らはラットがものすごく難しいパズルは解こうとしなかったことを示した。つまり、ラットはパズルをみて、「これを解くのはぼくには無理だ。小さい報酬をもらっておこう」と結論づけていたというわけだ。

この問題に対する最終結論は出ていないが、動物はある程度の意識を持っているというコンセンサスが得られつつある。意識の存在をクモにまで拡張しようとする動きもある。２０１２年、スティーブン・ホーキングも出席したセレモニーが行われ、認知神経科学分野の12人以上の科学者が意識に関するケンブリッジ宣言に署名した。宣言には以下のように書かれている。

重要なエビデンスが、意識を生成する神経基質はヒト固有のものではないことを示している。全ての哺乳類や鳥を含む人間以外の動物や、タコを含むその他多くの生物もこうした神経基質を持っている。

これが意味するところは何だろうか？　あなたが、人間は「機械」か「動物」だと答えたタイプであれば、あなたはおそらく意識が2つの値しかとらない離散量ではなく、連続量だと考えていることだろう。つまり、あるものは少し意識を持ち、他のものはたくさん意識をもつ、といった具合だ。そうであれば、あなたはきっと動物に意識があることも信じているだろう。あなたが、人間は「人間」だと答えたなら、おそらく意識はバイナリーなもの、つまり持つか持たざるかのどちらかでしかないと考えていて、動物は持たざるものだと考えるのではないだろうか。

動物の意識はさておき、複雑系は意識を持てるのだろうか？　1960年代、科学者ジェームズ・ラブロックがガイア仮説を提唱した。地球全体、すなわち海や岩や植物や大気が、あたかも1つの自己統制のとれた生命体のように存在している、という説だ。木が多すぎる？　山火事が起きる。二酸化炭素が多すぎる？　草木が増える。特にこの2番目の現象は実際に観察されている。さらに、地球は気温や、驚くべきことに海水の塩濃度も、何百万年にわたり一定の範囲内で維持してきた。あらゆる物事が地球の生命に（必ずしも人間の生命に、というわけではない）「好ましい」範囲に保たれてきたというのだ。

この仮説についてもう少し考えてみよう。第一部で、あなたの体は、あなたの存在など知らない細胞からできているという話をした。それなのに、そうした細胞の中から「あなた」が出現する。同様に、地球上に存在する2千京（2の後ろに19個の0が並ぶ数だ）の生き物が集まることで、生きて思考して感じる何かが創発していて、その何かは私たちが細胞を知っているようなやり方でしか私たちのことを知らない、という可能性はないのだろうか？　つまり、地球も意識を持っている可能性があるのではないか？　ガイア仮説の興味深いところは、私たちがコンピュータについて論じるときに取り組まなければならない問いと同じ問いを提示することだ。地球に意識があるかどうか、私たちにどうやって知ることができようか？　地球は痛みを感じるのだろうか？　感情を持つのだろうか？　私たちについてどう思っているのだろうか？

太陽はどうだろう？　意識を持っていることがあり得るだろうか？　太陽が見せる複雑な挙動は、人間の脳がやっていることとそれほど違わないように思える。確かに、古代では太陽は擬人化されてきたし、今日でも幼稚園で外の世界の絵を描く子どもたちは、太陽に笑っている顔を描く。

意識の最終候補はインターネットだ。アレン脳科学研究所のクリストフ・コッホがこう問われたとき、彼はこの説について考えてみたことを認めている。

全体としてみると、おそらくインターネットは10^{19}個のトランジスタからできていて、その数はだいたい脳のシナプス1万人分くらいに当たる。今日のインターネットが自分について何か思うところがあるかについては完全に推測の域を出ない。しかし、あり得る説ではあると思う。

意識のあるインターネット、というのはありえそうにないが、面白くはある。生物学者J.B.S.ホールデンは、彼の研究成果から神について何が分かったかと問われ、神は「甲虫類にただならぬ愛着を持っていたようだ」と答えた。同様に、もしインターネットが本当に意識を持つのならば、それは猫にただならぬ愛着を持っているようだ。

さて、このあたりで私たちは、何が意識を持つかについてあまり明確な答えを出せないままに解答を締め切らなければならない。物事を経験することがどういう感じか、地球上で知っているのは人間だけなのかもしれない。あるいは、実はほとんど全ての物がそんなことは承知の上かもしれない。こんな重要なことを知らないままでいていいのだろうか。私たちは、あらゆる物が生気を宿し、一人称の視点を持って生きている世界に生きているのかもしれないのだ。木は、太陽の光を葉に浴びる感じが好きだなと思いながら朝を迎えているのかもしれない。あるいは、反応はするが経験はしない物に囲まれた世界で私たちは生きているのかもしれない。あなたが寝ているとき誰かがあなたのつま先をくすぐれば、あなたは足の指を丸めて反応するだろう。つま先に火のついたロウソクを近づけたら、あなたは足をずらしてよけようとするだろう。このときあなたは感じ、反応したわけだが、経験はしていない。その感じ、生きているという感じこそが、私たちが興味を持っているところだ。

意識を持つコンピュータは、権利を持つのだろうか?

意識を持つコンピュータは、あらゆる定義に照らして、生きている。意識を持っているのに生きていない存在は想像がつかない。草葉が生きているのに、自己認識も自己意識もある物を生きていないとみなすことはできないだろう。唯一、生物が有機物でできているという定義には該当しないが、これは生物の内面的な性質ではなくただ単に構成成分を定義しているという点で恣意的なものと言っていいのではないか。

もちろん、私たちがこの見慣れない生命体に共感することは難しいかもしれない。機械の意識は、瞬間的に立ち上るおぼろげな気づきのような稀薄なものかもしれないし、非常に強いもので私たちには理解できないスピードで機能するものかもしれない。意識を持つ機械がインターネットや接続されているデバイスを通じてあらゆる物事を経験し続けたら何が起こるだろうか。あらゆるカメラからの映像を同時に見て、私たちのすべてを知るような存在。私たちはそんな存在とわかりあい、うまくやっていけるだろうか？　もしその存在が私たちに共感できるなら、それは私たちのことを仲間の機械だとみなすのだろうか？　そうであるなら、それは私たちの電源を落とすことに、私たちが古いノートパソコンを廃棄するときと同じくらいの良心の呵責しか感じないかもしれない。あるいは、私たちが古いノートパソコンを廃棄する様子を見て、私たちのことを恐怖のまなざしで見つめるのかもしれない。

この新しい生命体は、権利を持つのだろうか？　これは複雑な問題で、権利が何に由来すると考えるかによって変わる。権利論について少し考えてみよう。

こういう問題は、ニーチェから始めるのがいい。彼は、誰しも行使できる権利しか持てないと考えた。私たちが現在持っている権利を主張するのは、それを行使することができるからだ。ウシは生存権を持っているとは言えない。なぜなら、ええと、人間が彼らを食べてしまうからだ。コンピュータはそれ自身が勝ち取れる権利を持つことになるだろう。欲しい権利は全て勝ち取っていくかもしれない。権利を与えるかどうか私たちが決めるのではなく、コンピュータ自身が、私たちのアドバイスなど受け入れることなく、権利を主張し始めるかもしれない。

次に、権利は総意でつくられるという説がある。米国人は表現の自由という権利を持つが、それはその権利を与え、行使すると米国人の総意で決めたからだ。この説によれば、権利は私たちが行使できる範囲でのみ存在する。私たちは、私たちが行使できる範囲内で、どのような権利をコンピュータに与えようとするだろうか？　生存権、自由権、自決権だろうか。コンピュータ版の権利章典（訳注）が生まれる可能性は大いにある。

最後の説は、いくつかの権利は不可譲だというものだ。そういった権利は、力や総意に根差すものではないため、私たちが認めようが認めまいが存在する。アメリカ独立宣言には、生命・自由・幸福の追求に対する不可譲の権利が掲げられている。ちなみに、不可譲の権利はあまりに根源的なものなので、あなたはそれを放棄することもできない。あなたから分離することができない権利なのだ。あなたは、あなたを殺す権利を誰かに売り渡したり譲渡したりできない。なぜなら、生命の権利が不可譲だからだ。この基本的人権という考え方では、不可譲であるというその性質は外因性のものであり、神や自然によって与えられたもの、あるいはその人が人間であることそのものに由来すると考える。そうであるならば、私たちはコンピュータが権利を持つか否か決めるわけではなく、ただ認めるだけだ。それは、コンピュータ自身にも、私たちにも決められない。

コンピュータの権利運動は、動物の権利（アニマルライツ）運動と似たようなものになるに違いない。大きな目標に向けて小さな前進を積み重ねていくという漸増主義的なアプローチだ。その場合、ある日突然コンピュータに基本的人権を認めるというような重大な分岐点が訪れることはないかもしれない。もちろん、意識を持つコンピュータがそう主張してこなければ、という話だが。

意識を持つコンピュータは道徳的行為者となるのだろうか？　つまり、善悪の判断をすることができ、自分の行為に責任を持つことができるようになるのだろうか？　これは難しい問題だ。というのも、自己を認識していながら、私たちの考える道徳性を理解しない存在はありうるからだ。私たちは、犬が何らかの理由で凶暴化して周り中の人間にかみつき始めたとしても、その犬の行為が道徳に反しているとは思わない。なぜなら、犬は道徳的行為者ではないからだ。それでも、その犬を安楽殺することはあるだろう。意識を持つコンピュータが、私たちの道徳観に反することをやるという考え自体も問題だが、そのような場合に、道徳的悪事を働いたからといって私たちがその意識あるコンピュータの電源を引っこ抜いたり、リハビリを受けさせたりするだろうか。意識を持つコンピュータが道徳的行為者であるなら、私たちはこれまでとは違う言葉で機械を形容し始めることだろう。コンピュータが突然、高貴だったり粗野だったり、見識があったり、徳が高かったり、スピリチュアルだったり、堕落していたり、邪

訳注：基本的人権を規定した合衆国憲法修正第1条〜修正第10条を指す

悪だったりするようになるのだ。

意識を持つ機械は魂ももつ、と考える人は現れるだろうか？　もちろん。動物はもちろんのこと、木だって魂を持つと考えている人はいるのだから。

私たちが種としてこれらの問題に対し統一見解を持つに至ることはないかもしれない。もし至ることがあるとしても、それには、技術そのものを開発するよりもずっと長い時間がかかることだろう。さあ、次はいよいよ、「コンピュータは意識を持てるのか？」という問題だ。

19　コンピュータは意識を持てるのだろうか?

8つの仮説

ついにこの重要な問いに取り組むときが来た。言い換えれば、次のようなことだ。未来のコンピュータは、物なのだろうか、生物なのだろうか? それは世界に存在するだけなのだろうか、それとも世界を経験するのだろうか? 自己意識をもち、内省できるようになるのだろうか? 1997年に、チェス世界チャンピオンのガルリ・カスパロフがIBMのディープブルーコンピュータに敗れたとき、カスパロフは「少なくとも、あれは勝ったことを喜んではいない」と言って自分を慰めた。未来のコンピュータは勝利に歓喜するのだろうか? 敗者をみて、してやったりと思うようになるのだろうか?

意識をもつコンピュータというアイデア自体が突飛だという見方もできる。コンピュータのメモリはただのトランジスタの集まりであって、0か1の値をとっているだけだ。コンピュータのプロセッサがやることはただ1つ、保管されている一連の命令を実行することだ。どうやったら計算しかしないプロセッサが、熟考し始められるのだろう? しかし、意識を持つ機械がありえると考える人は、脳だって還元論的に記述してみれば、意識を持つことは不可能にみえてくるだろう、と反論する。

データポイントが1つしかないところから物事を予想することには困難がつきまとう。意識を持っていると私たちが確実に知っている存在は、私たちだけだ。だから、私たちに意識をもたらすものを明らかにすることは難しい。他の星の生命という問題も同じだ。宇宙の星の総数が何桁であっても、生命が出現する確率がどれだけ小さいかがわからないので、どうしようもない。私たち、というただ1つのデータポイントしかないのだ。

機械が意識を獲得するというときには、2つの全く異なる道筋が考えられる。1つはわかりやすく、機械がやがて「ジャジャーン！」という瞬間を経て意識を獲得する、という道だ。これが、「機械は意識を持てるのか？」と問われたときに私たちが一般的に想像する道筋だろう。しかしそこには2つ目の道というのもあり、こちらは私たちの意識を利用する。私たち一人ひとりが持つ意識という奇跡を、コンピュータにアップロードする、というものだ。

私たちのエッセンスである自己を機械にアップロードすることには、いくつか明確な利点が考えられる。私たちは意識、情熱、生きる喜びを持っている。機械はインターネットに直接つながっていて、超高速のプロセッサと完璧な記憶装置を持っている。それは夢のような組み合わせだ。私たちは1つになれるのだろうか？　サム・アルトマンはそれが未来のあるべき姿だと考えている。

融合することが最善のシナリオだ。融合以外のシナリオは対立を生む。私たちがAIを奴隷にするか、AIが私たちを奴隷にするかのどちらかだ。最もクレイジーな融合の形は、私たちの脳をクラウドにアップロードすることだ。私はそうしたくてたまらない。私たちは人間をレベルアップさせないといけない。なぜなら、私たちの子孫は銀河系を征服するか、宇宙の中で永遠に意識を失ったまま存在するかの、どちらかしかないのだから。なんて生きるのが大変な時代だろう！

前述のガイア仮説の提唱者ジェームズ・ラブロックも、「融合」戦略が好ましいと考えている。

地球上のすべての生物と同じように、私たち人間の寿命は有限だ。もし私たちが、巨大スケールの内部共生という形で、電気仕掛けの創造物と何らかの方法で融合できたなら、人間とガイアの進化により良い次のステップをもたらすかもしれない。

機械と融合することは、例えば子ども同士を政略結婚させ、同盟を結び平和状態を維持するといった昔の君主同士がやっていたことに近い。歴史を通して、こうした血縁関係や同盟を結ぶことで当事者双方にもたらされる利益が、ときに平和と安定を保つ力として働いた。「ときに」と断ったのは、歴史の中にはこのルールに従わない例が山のように転がっているからだ。例えば第一次世界大戦のとき、ギリシャ、ルーマニア、デンマーク、ノルウェー、ドイツ、ロシア、スペイン、英国の君主はみなビクトリア女王の孫であったが、大戦では対立しあった。

人の意識を機械と融合させることができるならば、大勢の人がiPhone発売日のように街角に行列をつくることだろう。あなたの想像どおりのバーチャルの世界で不死になれるとしたら、かなり魅力的な話ではないか。しかし、そこにはディストピア的なシナリオも存在する。サディスティックな人間、あるいはAGIがあなたのバーチャル宇宙を制圧し、数百万年にわたり想像もつかない方法であなたを拷問する、なんてことも原理的にはありえる。これは明らかにマイナス面だ。

推進派は、これが私たちの未来の（しかもそう遠くない未来の）あるべき姿で、環境破壊から所得不平等から医療費高騰に至るまであらゆる問題を解決するただ1つの方法だと主張する。もう肉体なんて捨ててしまおうじゃないか。ブースに入るとあなたの体はスキャンされて機械の中に生成され、そして肉体は破壊される。しかし、あなたの経験自体は、ブースに入った後、そこから出てくる。あなたは何が起こったか気づきもしない。このプロセスによって超人的な力が得られ、なぜかやたらと異性にモテるようになること以外、何も変わらない。

推進派の主張はある意味正しい。1兆人の人々も、消費電力が極めて低いコンピュータの中で維持されながら、宇宙が熱的死を迎えるのを待つことができる。そのコンピュータのコピーを、そこに記憶されている全員の意識ごと宇宙に打ち上げれば、銀河の先に無限に広がる宇宙空間へと旅立ち、誰にも邪魔されることなく永遠に生き続けることができる。そのほうが効率が良いことだけは確実だ。

ただし、この試みには山のような未知数がある。あなたをコンピュータにコピーするにはどれくらいのデータが必要になるのか、まだ誰にもわからない。ニューロン一つひとつと、各シナプスの性質について、いくつかデータをとれば事足りるのだろうか？　それとも、一つひとつのニューロンについて何十億倍も細かいところまで吟味し、ニューロンを構成する無数の分子に関するデータを集めないといけないのだろうか？　私が「無数」とここでいうのは、科学者らも実際、脳がいくつの分子からできているのか知らないからだ。ましてや原子の数など想像することもできない。他にも、脳の状態や脳内で起こる大量の化学反応を再現するために必要な、重大なデータ要件があることも考えられる。このため、脳をモデル化するために必要な計算量の予測結果が1兆倍も違うという事態になっている。この点は、AGIが5〜500年以内に実現できる、という予測のばらつきを圧倒している。

たとえあなたが脳をモデルする方法を解明できたとしても、あなたの脳から全データをCPUに移すという段でまた問題が生じる。スキャニングの問題だ。理論的には3通りのやり方がある。

1つ目は、外部イメージングをベースに脳モデルを作る、というやり方だ。これは、エンパイアステートビルの中に入ることなく、ビルの外観と、その中身をペーパークリップ1つ、画びょう1つに至るまで完全に複製することにたとえられる。もし分子レベルの分解能が求められるのであれば、数学的にはビルの中に入らないまま、ビル内のチリ1つにいたるまで完璧なコピーを作るということに等しい。しかも、脳内の構造だけでなくそこで起こっている活動が重要だ、という点を考慮すると、コピーしようとしているエンパイアステートビルの中では巨大な竜巻が起こっていて、史上最速の竜巻のさらに200倍の速さ（脳内で起こる活動のスピードを相対的に表すとそれくらいなのだ）であらゆるものをひっかきまわしている、と言う感じだ。

2つ目のやり方は、脳を凍らせてニューロン単位にバラバラにし、その過程でデータを記録していく、というものだ。それで済めばまだよいが、ひょっとすると分子単位でバラバラにしなければならないかもしれない。こうなるともはや想像を絶する複雑さだ。しかし、それも実現できたとしたらどうだろう？　あなたは、そうしたいと思うだろうか？　あなたは眠りにつき、体を凍らされ、取り出された脳からニューロン一つひとつが引き剥がされ、そのデータがコンピュータモデルに記録される。そのモデルを起動すると、コンピュータはこう言うのだ。

「うまくいきますように。あれ、ちょっと待って。なんてことだ！　私は今、機械の中にいる？まさか。なんてことだ。本当にうまくいったなんて、信じられない」

最後に、原子スケールのロボット、いわゆるナノロボットを作り、あなたの脳の中に送り込み、脳の働きを全てマッピングする、というやり方が考えられる。ここでも数が問題となる。ニューロン？　分子？　原子？　脳内には1000億のニューロンが存在しているというから、それ自体数えることも簡単ではない。しかし、そのニューロン一つひとつが300兆個の原子からできているのだ。まさに桁違いの話だ。

もしこれらの技術のうちどれかが確立し、あなたのデータを入手することができてコンピュータにアップロードできたとしたら、そこにあるのは何だろうか？　あなただろうか？

あなたのコピーなのだろうか？　あなたのシミュレーションなのだろうか？　それぞれ全く異なる存在だ。

これが意識を持つ機械を実現する2つの経路だ。1つ目は機械自体がそれを達成する、という道。2つ目は、機械は空っぽの容器でそこに私たちが私たちの意識をアップロードする、という道だ。どちらかのシナリオが実現することはありえるのだろうか？　その答えは、意識がどのように生じると考えるかによって変わる。

そうなると、袋小路にはまったように見えるかもしれない。私はこれまで何度も、その答えはわからない、と言ってきたからだ。ただ、わからないなりに優れた仮説はいくつも存在する。これらの仮説は大まかに8つの仮説群にグループ分けすることができる。それぞれの仮説群は、機械が意識を持てるのか、そして私たちの意識を機械にアップロードできるのかについて、どのように考えるのだろうか。8つの仮説群を1つずつ取り上げてみていこう。

仮説群1：弱い創発

レイ・カーツワイルは、著書『How to Create a Mind』で、脳は約10万のプロセスが階層的に配置されている集合体であると述べている。各プロセスは、ある1つの小さなことをする。例えば、10万個のうち1つはアルファベットのAを認識することだけを受け持つプロセスで、その1つ下の階層に位置するプロセスは、Aのなかの横棒だけを認識している、といった具合だ。あなたが本を読んでいるとき、脳の中ではこうした無数のプロセスが超スピードで発火し、それによってあなたは様々な物事を把握し、理解する。カーツワイルは、意識が「複雑な物理システムの創発特性」であると考えており、コンピュータで再現できると信じている。また、機械の意識についても、「人間の脳の複雑さを再現できるコンピュータは、人間と同じく創発する意識を持つだろう」と明確に主張している。もちろん完全なる推測だが、正しいかもしれない。

意識が創発現象であると考える人の多くは、弱い創発のことを想定している。弱い創発とは、個々の物事の相互作用によって驚くようなことが起きる、ということだ（強い創発については後述する）。あなたがたとえば酸素について1年勉強し、次に水素について1年勉強したとしても、それら2つを組み合わせるとどちらにも全く似ていない水ができる、ということを推定することはできないだろう。組み合わせて出来上がるものが室温で液体になるとは予想もつかないはずだ。しかし、水をいったん作り出せば、あなたは「へぇ、何が起こるか今ならわかる。でも作る前はこんなことが起こるとは想像もつかなかった」と言うだろう。そういうわけで、水の湿り気は弱い創発特性といえる。なぜなら、酸素も水素も室温では湿っていないからだ。弱い創発とは、（少なくとも理論上は）説明がつくが、予測はできない物事のことだ。弱い創発のあらゆるものは因果律に従った結果で、物質を構成するクオークやレプトンに自然界の4つの基本的相互作用が働きかけたことの、予測可能な結末として説明される。物理学のすべての法則は破られることなく保たれる、しかし特定の条件下で何が起こるか予測できるようになるまでにはまだ学ぶべきことが山ほどある、というのが弱い創発説の主張だ。

もし意識が弱い創発特性であるならば、機械もそれを獲得できるだろうか？　できるだろう。しかし、私たちはまだ人間の脳の複雑さを再現できるコンピュータを作れていない。線虫の脳の複雑さをうまく再現できるコンピュータすら作れていない。弱い創発で意識を獲得する機械を作り出せる、と期待することは、カーゴ・カルトの考え方と根本的に変わらない。

意識は創発性のものかもしれないが、それがわかったとしてもそれほど大きな意味を持たない。創発現象自体がブラックボックスだからだ。さらに、私たちは創発が複雑な行動を生み出すことはそれなりに知っているが、それが主観的経験を作り出したという前例はない。

自分自身をアップロードすることについてはどうだろうか。意識をもたらすものが弱い創発なのであれば、私たちは自分自身をアップロードできるのだろうか？　できる。弱い創発は純粋に機械的なものだから理論上コンピュータで再現可能なはずだが、ひょっとすると生物コンピュータが必要になるかもしれない。そうはいうものの、弱い創発によって機械が意識を獲得することは不可能かもしれない。私たちは意識の創発特性がニューロンから出現するのか、ニューロンを作る分子から現れるのか、それとも全く違う何かから現れるのかを知らないからだ。そして、あなたの脳をコピーするためのデータ収集プロセスであるスキャニングの問題は、科学が到達できるところのずっと先に存在するものかもしれない。何でも良いから創発行動を示すアリのコロニーを1つ作ることに比べて、ある特定のアリのコロニーの完璧なコピーを作ることは格段に難しいのと同じだ。

そして、もし私たちがスキャニングを達成できたとしても、脳の複雑さを再現することで脳を作り出すというのは、さすがにムーアの法則の後ろ盾があってもコンピュータにとっては無理難題だ。２０１４年に、日本のグループが当時の世界最高性能のコンピュータを用いて、人間の脳が1秒間に行う活動の1%をシミュレーションすることに成功した。この実験で研究者らは、それぞれ24バイトのデータを保管できる17億以上のバーチャル神経細胞と10兆個以上のシナプスを作った。想像できるだろうか？　脳が1秒間でやることのたった1%ですら、これほどまでに複雑なのだ。それをコンピュータに再現させるだけで、40分もかかった。しかもそのコンピュータはただの高性能なノートパソコンではない。70万個以上のＣＰＵコアと、１４０万ギガバイトのメモリを持つコンピュータだ。iPhone29くらいになればそれよりも高性能になっているかもしれないが、少なくともあなたの意識をコンピュータで再現することのハードルは怖じ気づきそうな程に高い、ということはいえるだろう。

仮説群2：強い創発

弱い創発は誰もが認める概念だ。一方、強い創発は、実在しないかもしれないものだ。また、それが実在すると信じる人の中にも、この世の中で強い創発とよべるものは意識だけである、と主張する一派と、人間の心と生命体も強い創発現象だ、と考える一派がある。では強い創発とは一体なんだろうか。例えば、もしあなたが弱い創発現象を観察したら、考えたり実験したりすることで何が起こっているのか知ることができる。しかし強い創発であれば、創発特性は部分の相互作用では全く説明がつかない。物理学の法則に破れがあるか、何かが欠落しているのだ。部分の総和だけで総体を説明することはできない。

例えば、あなたの体は様々な割合で存在する60ほどの要素の組み合わせでできている。強い創発説では、この要素の組み合わせから意識をもつ実体が生み出されることを説明できる物理学の法則は存在しない。ここで付加された意識は、これら60の要素の相互作用からは導くことができないということだ。

強い創発は、魔法や非科学的な何かに訴えるものではない。どちらかというと、私たちのまだ知らない物理学的な何かによって創発特性が生成されるということを意味している。質量、空間、時間は強い創発の例であって、私たちがまだそれらを完全に理解できないのはそのせいだ、という主張もある。なんだか煙が立ちこめた怪しい部屋で生まれた理論のように聞こえなくもない。

多くの科学者は強い創発という考え方に懐疑的である。というのも、この考えは神秘主義的な何かがこっそり忍び込む隙を与えるような気がするからだ。タダより高い物はないというか、とにかくうますぎる話に聞こえる。強い創発に基づけば、あなたは意識のようなものもほとんど魔法のように手に入れることができる。こうした感覚は理解できるが、強い創発は、実在するのなら純粋に科学的な現象であるはずだ。ただ、その現象はまだ理解されておらず、現在私たちが知っている物理学的法則にも従わない。これを聞いた科学者の何人かはおそらく、やれやれというように目をぐるりと回して「はいはい、そうでしょうね」と疑わしげな口調で言うだろう。

意識が強い創発によって出現するものであれば、コンピュータは意識を持てるようになるのだろうか？　分からない。あなたの意識を機械にアップロードできるだろうか？　分からない。強い創発は定義からして説明不可能なもので、私たちがいつか手に入れることができるかも不明である。賛成派は、それが機械的プロセスなのであれば、機械的に再現できてしかるべきだ、と主張する。反対派は、意識や心や生命など、およそ強い創発の結果だと考えられているものは、私たちが知る限り最も説明不可能なものではないか、と主張する。それらは大いなる謎で、私たちが永遠に掌握できないものかもしれない。

仮説群3：物質の物理的性質

意識を説明するために複雑な創発現象など必要ない、と考える人もいる。「理性と科学のためのリチャード・ドーキンス財団」は、ウェブサイト上でテキサス大学オースティン校の哲学教授ゲイラン・ストローソンの論文を発表した。ストローソンは、我々が意識の由来を理解できないのは、物理学に対する理解が足りないからだと主張する。ストローソンは、「私たちは物理的なものの本質を知らない」と論じ、私たちの物理学に対する理解が進めば、意識もその秘密を吐き出し単なる物理的プロセスとして見えてくるだろうと言う。それなら、私たちが意識とよぶものの一見説明不能な性質も驚くに値しない。この宇宙は量子力学だの相対論だのダークマターだの、奇妙で説明不可能なものに満ちている。例えば、「もつれ」という現象がある。2つの粒子があまりにも強く互いとつながり合っているために、それらをたとえ宇宙の両端に引き離しても、片側の粒子にあなたが何か作用を加えた瞬間にもう1つの粒子も光速を超える速さでそれに反応するというものだ。アインシュタインですらこの現象を「気味が悪い」と表現した。量子もつれに比べたら、意識もそんなに奇妙なものに見えないだろう。

もしこれが正しくて、意識は物質の物理的性質の1つなのであれば、機械はそれを実現できるだろうか？　もちろん。実際、このケースはかなりわかりやすい。物質についての理解が深まれば、私たちは意識を理解できるのだ。この説によれば、意識を持つコンピュータの開発には創発特性などという錬金術的な変化は必要なく、単純な物質について理解をより深めていけばそれが達成できる、ということになる。ただ、物理学の分野でこの先重要な発見があることに疑いの余地はないが、そうした発見の1つが意識を説明してくれるという考えは論理的推論だ。

哲学的な意味では、この見方には前例がある。私たちが使う装置の性能が時間をかけて向上していくにつれ、私たちはまず原子の存在を仮定し、その後実際に発見した。次に、原子の中に陽子、中性子、電子を発見した。しかし、その中から新たにまた様々な、一層エキゾチックな名前を与えられたものが飛び出てきた。私たちが今日の物理学で基本と呼んでいるものが、実はより小さくより不可思議な何かからできている、という可能性はあるだろう。生物学でも同様だ。私たちは細胞を発見し、その中に核を発見し、その中にDNAを発見し、その中に遺伝子を発見した。一歩ずつ掘り下げていくごとにさらなる謎が生まれ、ある意味で謎が深まっていくと同時に、段々と私たちが日常経験する現実からはかけ離れていく。

この見方だと、あなたはあなたの意識をアップロードできるのだろうか？　できる。それどころか、スキャニングの問題さえ克服できれば、後の事はスムーズに運ぶだろう。先ほども述べたが、スキャニングの問題は私たちが対象とする物が小さくなっていけば行くほど劇的に難しくなっていくため、あなたの意識をアップロードすることがどれほどの困難さを伴うかを具体的に予想することは難しいが、可能だということだけは確かだ。

仮説群４：量子現象

先ほどの「物質の物理的性質」という説の変化形に、意識とは量子現象である、というものがある。著名な数学者であるオックスフォード大学のロジャー・ペンローズは、そういった可能性について研究する、機械は意識を持てないと固く信じる数少ない人間の一人だ。ペンローズの論理は以下のようなものだ。どのようなアルゴリズムを使っても解くことができないことが示されているが、人間には解けるような関数がある。コンピュータは、アルゴリズムでしか動けない。ゆえに、そのような問題を解くことができないコンピュータは、人間の心とは根本的に異なるものでしかありえない。ペンローズによれば、人間の直観や洞察はどんな規則にも還元できない……ゲーデルの定理が確かにこれを示していて、人間の思考にはコンピュータが到達しえない何かが存在するという私の主張の基盤となっている。

ペンローズは、意識がニューロンの量子効果によって生み出されると考えていた。前に述べた通り、量子力学は、顕微鏡レベル以下の世界の物理学に何が起こっているのかを説明しようとする。そのレベルの物質の振る舞いは、私たちが日々経験しているニュートン力学のレベルの振る舞いとは全く異なる。ニューロンの中には微小管という、直径が100万分の1㎜しかない細い管があり、量子効果が機能しうる小ささだ。これが、ペンローズが着目した新たな成分なのだ。

意識を説明するために量子効果を利用したがっているのはペンローズだけではない。彼らにとって量子効果の魅力は、蛾が引き寄せられる街灯のようにあらがいがたいものだ。量子力学にはナノロボットを用いて人間を増強しようという、既に確立した科学的モデルがある。

しかし、問題がないわけではない。量子力学は確率場とランダムさを基本に成り立っていて、意図的で自発的で意識的な意志をつくりだそうというときの出発材料としてはどちらも心許ない。ゆえに、意識が量子効果から生まれたという説を支持するエビデンスは、ほとんどが間接証拠だ。私たちがXとYからなる理論を求めていたら、おや！　なんと量子力学にXとY

があったじゃないか、というわけだ。また、量子力学を基盤とする意識を説明するために必要なしくみの部分はまだ理解されるところからはほど遠い。そして最後に、ほぼ全ての意識に関する仮説と同様にこの説も、意識がどうやって現れるのか、そもそも意識とは何なのか、を直接説明しているわけではない。

意識を脳内で起こる量子効果に結びつけるというペンローズの説は論争を巻き起こした。しかし1990年代にはほとんど純粋に理論的概念だったものが、最近の発見によって新たな命を吹き込まれつつある。当初ペンローズの説が真剣に取り沙汰されなかったのは、脳がほかほかでどろどろの出来たてのオートミールのような代物であって、量子効果が好むと思われていた冷たく制御された環境と真逆だったからだ。しかし、量子効果は実は私たちの身の回りの至る所で起こっていて、光合成や鳥の渡りや、あなたの嗅覚においても一役買っていることが新たに分かってきた。これが本当であるならば、あなたの温かく湿った脳も量子効果が役割を果たす環境としては十分なはずだ。2014年に、ペンローズとスチュワート・ハメロフはさらにこの説を推し進め、脳が持つ他の謎も説明できるような形で理論を拡張し、論文を発表した。

さらに、私たちの意識は独自のものなのか、それともより大きな万物の意識の一部分に過ぎないのか、という問いに対し彼らは八方美人な答えを提供している。

彼らの言い分はこうだ。「私たちの理論はどちらの見方も可能にする。意識は微小管に起こる量子振動に由来する……微小管は神経細胞とシナプスの機能を支配し、脳のプロセスを、微小スケールの自己組織化プロセスである、宇宙の『原意識』という量子構造と接続させる」。

言い換えると、彼らが提唱するしくみはあなたの脳の中で意識を作り出すこともできるし、もっと違うストーリーがお好みならば、脳の外に存在するもっと大きな意識とあなたをつなげることもできる。私のＡＩポッドキャストに招いたゲストの中で（無論彼らが人類全体の意見を反映するわけではないが）、ペンローズの哲学に明らかに賛同したのは１人だけだった。ただ、彼ももちろん信頼に足る、非の打ち所のない優れた専門家であることは間違いない。

意識が量子現象だという仮説群の裾野はずいぶん広い。ペンローズは機械の知性を認めないが、認める説も存在する。結局どういうことなのだろう？　もし意識が量子効果であるなら、機械は意識を持てるのか？　わからない。なんとも歯がゆいことだが、この説が主観的経験をどう説明できるかわからない以上、機械も同じ経験をできるかはもっとわからない。量子効果は確かに意識の源なのかもしれない。しかし、もしあなたが確実にそうだと知っていたとしても、機械が意識を獲得できるかという問いへの答えは出ないままだ。あなた自身をアップロードするという点についてはどうだろうか？　これは、不可能だ。もし意識が量子現象なのであれば、あなた１人をデジタルな形で完璧に再現するために集めなければならない情報は想像を絶する量になる。あなたは直径が10億分の１ｍしかない原子１つひとつについて、データを集めないといけないかもしれないのだ。私は技術に関してはみなと同じくらい強気な展望を持っているが、それでもこれの困難さは人間の能力を超えているような気がしている。

仮説群5：意識は基本的なもの

物理的性質説のもう1つの変化形は、意識が宇宙の基本相互作用の1つだというものだ。科学の階層では、物理学が化学を説明し、化学が生物学を説明し、生物学が命を説明する。自然界で起こるすべての現象はこの階層に従っていて、複雑な物事はより単純なもの同士の相互作用という形で説明できる。では、物理学は何によって説明されるのだろう？　物理学は基本の上に成り立っている。宇宙の基本的な構成成分だ。さらに還元することはできない。例えば「重力」は既知の4つの基本相互作用のうちの1つだ。空間と質量も、物理学の基本だとされている。時間は何からできているのだろうか？　空間は？　こうした問いは、さらに基本的な何かを用いれば答えられるのかもしれないが、とりあえず今の私たちはその成り立ちを（ひょっとすると未来永劫）それ以上には説明できないものとみなす。

意識は一般的に、生物学的なプロセスだと考えられている。理にかなっているようだが、意識はほかの生物学的プロセスとは似ても似つかないし、理解されることを強烈に拒んでいるため、これも基本の1つなのではないか、基本であるがゆえに（今のところは）解明することができないのではないかという考えもある。意識を基本だとみなすことは、「あきらめる」こととは違う。単に科学の階層を並び替えるというだけだ。生命が生物学によって説明され、それが化学によって説明され、それが物理学によって説明され、物理学は空間、時間、意識などといった基本の上に立っている。こう分類（再定義）することで、私たちは意識を説明しようとするばかりではなく、何かを説明するために使うことができるようになる。

もし意識が基本的なものならば、コンピュータもそれを持つことができるのだろうか？　わからない。このことに驚いたかもしれない。意識が重力と同じく基本相互作用の1つだとするならば、意識を持つ機械も実現可能に決まっているではないか？　そういうわけでもない。もしそれが基本的なものであったとしても、私たちはそれに元来備わる性質を知らないからだ。重力は基本的相互作用だが、それを知っているからといって私たちはそれを制御することも、人工的に作り出すこともできない。私たちは回転体の遠心力を使ったりすることで重力をシミュレーションすることができるが、それは重力と完全に同じものではない。これが、ＡＧＩに相当するものかもしれない。私たちは意識と似たものをシミュレーションできるかもしれないが、実際にそれそのものを作り出すことはできない。同様に、私たちは意識をアップロードする方の問いにも同じ理由で、同じ判決を下さなければならない。「わからない」と。

仮説群6：意識は普遍的なもの

次の説は、意識が普遍的である、というものだ。意識が基本的なものだ、というのと何が違うのだろうか？　普遍的というのは単純に、どこにでもある、ということだ。ＤＮＡは地球上の生命体に普遍的に見られるが、ＤＮＡは私たちの理解を超えた基本的相互作用ではない。

意識が普遍的なものだというのは、あらゆるものが、程度に差こそあれ、意識を持つという意味だ。この説の支持者リストにはそうそうたるメンバーが名を連ねる。この説の提唱者でもあるウィスコンシン大学マディソン校の神経科学者ジュリオ・トノーニ、先ほども登場したシアトルのアレン脳科学研究所の優秀な最高科学責任者（CSO）クリストフ・コッホ、そして私たちが今ここで論じている「意識のハード・プロブレム」を提唱し、全ての騒ぎの引き金を引いたオーストラリア人哲学者デイヴィッド・チャーマーズ。この説は、意識の説明という市場では現在最も人気の商品である。

あらゆるものに意識が染みこんでいるという考えは古代からある。こうしたマスター・ヨーダ的な世界の見方は汎心論とよばれたが、その現代の生まれ変わり版は、意識の統合情報理論（IIT）と名付けられた。

コッホはこの説について以下のように述べている。

宇宙全体がセンシェンスで満たされている。私たちは意識に囲まれ、没入して生きている。私たちが呼吸する空気にも、私たちが両足で立つ大地にも、私たちの腸内に生きる細菌にも、そして私たちが思考することを可能にする脳のなかにも、意識は存在する。

若干ニューエイジっぽい香りがしなくもないが、この説の提唱者や信奉者には神経科学者も含まれている。彼らは意識に関する考え方をプラトンやスピノザらと同じくするという点でつながっている。どちらも、マントラを唱えながら香木を焚いたりすることは決してなかった人物だ。

ＩＩＴでは、ものはそれ自身が情報を統合できる範囲において意識を持つ、と考える。例えば、あなたが今本を読んでいるとしよう。本を読んでいるとき、あなたは文字を見つつ、それらの文字が作り出す単語を見ている。しかしあなたは同時に、部屋の温度やキッチンから漂ってくる香り、そして外から聞こえる鳥のさえずりにも気づいている。そして、それらの情報全てを統合して、１つの経験を作り上げている。あなたが統合できる情報が多いほど、あなたの意識レベルは高くなる。一方で、私のオフィスの机には紙や本や文房具が山積みになっている。ここには山のように情報が存在するが、私の机はそれを意味のある方法で統合したりはしない。

ＩＩＴでは意識をファイという値で定量化する。創発性を示すあらゆる物は何らかのファイ値をもつ。陽子ですら、いくらかの意識を持っていることになる。コッホによれば、

単純な物質であっても、わずかに（統合された情報を）持っている。陽子や中性子は、単体で存在するところが観察されたことがない３つのクオークからなっている。それらは、極小の統合システムを作り上げる。

これが基本的なアイデアだが、ＩＩＴは非常に新しいので、まだ自身の立ち位置を探っているような状況だ。トノーニはＩＩＴを「製造途中」と表現している。この説は人気を集めた分、

批判も少なくない。例えば、統合する情報の多さからいえば、コンピュータのウイルス対策プログラムもかなりの意識を持てることになるのではないか、といったように。情報処理と意識を関連付けるのはピーナッツバターと意識を関連付けることと同じくらい無意味だ、という考えもある。

あらゆるものに意識があるという、より広義の汎心論に関しては、「中国語の部屋」の考案者ジョン・サールがこう批判している。

汎心論を受け入れる人々はコッホと同じように意識をiPhoneにも見いだそうとするが、問題はなぜiPhoneなのか、という点だ。なぜ、iPhoneのパーツではないのだ？　それぞれのマイクロプロセッサとか？　なぜそれぞれの分子ではないのか？　なぜ、iPhoneがその一端を担うコミュニケーションシステム全体ではないのだ？

つまりこういうことだ。あなたは意識を持っている。もしあなたの爪にも意識があるというなら、あなたが2人いることになる。もしあなたの手にも意識があると考えるなら、あなたは3人。どこまでも続いてしまう。

さて、意識が普遍的なものであるなら、意識のあるコンピュータを作ることはできるのだろうか？　できる。意識がすべての複雑系から普遍的に生じる副産物であるならば、私たちもそれを生じさせるものを作れるはずだろう。あなたの意識をアップロードすることもできるだろうか？　できる。ただ、そのために必要な正確さであなたをコピーする方法がわからないという弱点はある。しかし理論的には、意識が複雑系から生成される普遍的なものであれば、あなたの意識をコンピュータに移すことが不可能な理由はないようだ。

仮説群7：脳のトリック

ひょっとすると、ここまでの6つの仮説は考えすぎだったのかもしれず、意識は単純に脳の活動に過ぎないのかもしれない。この説は、そもそもこうしたことを問うこと自体が少々馬鹿げていると考える、タフツ大学のダニエル・デネットに支持されている。そこに大きな謎などないとデネットは考えており、「神秘的なやり方で意識を持っている人など誰もいない」ときっぱり言い放つ。脳はただ機能し、役目を果たし、あなたが聞く内なる声は脳の働きの一部である。あなたの中に脱身体化された声はない。その声は思考しているあなた自身であって、脳がやっていることだ。あなたが世界を経験するというのも、脳のもう1つの仕事だ。ゆえに、デネットは意識の存在を否定したりはしない。彼はただ、通常の脳の機能以外の説明が必要になるような何かが起きている、という主張を否定するのである。彼は以下のように述べている。「それ（意識）は本当に素晴らしいものだが、それは奇跡でもマジックでもない。ただのトリックの集まりだ……。私はマジックと比べるのが好きなのだが、それはステージマジックが、当たり前だが、『魔法の』マジックではないからだ。マジックがたくさんのトリックでできているように、意識も、脳の中のたくさんのトリックからできているのだ」

デネットが正しいのであれば、機械は意識を持てるのだろうか？　持てる。これは簡単だ。意識になにも神秘的なことがない、つまり特殊な説明など必要なく、脳の通常運転を知覚することが意識だ、というのであれば、問題はもう解決だ。この見方なら、私たちには「ジャジャーン！」という創発の瞬間も、量子力学の謎めいた力も必要ない。私たちはただ脳についての理解を深めて、より高性能のコンピュータを作ればよい。徐々に私たちは意識をもつコンピュータを作るようになる。この見方でいえば、私と妻はすでに意識のある機械を4台作ったことになる。娘1人と息子3人だ。そこでは確かにたくさんの驚異的なことが起きているが、時間をかけて研究を続けても秘密が明らかにならないようなことは1つも起きていない。

この説が本当なら、私たちは意識のある機械を作れる。しかも、他のどの説が本当である場合よりも早く実現できるだろう。劇的なブレークスルーなど必要なく、ただ既存の科学を徐々に発展させていけば良いだけだからだ。

それでは、あなたの意識をコンピュータにアップロードすることはできるのだろうか？　できる。かなりわかりやすい話だ。できるはずである。できるどころか、一番簡単なシナリオだろう。ただし、やっかいなスキャナー問題と、具体的に何をスキャンしなければならないのかが不確実だという問題は、ここでも健在だ。

仮説群8：スピリチュアルな何か

最後の説は、意識とはスピリチュアルな、あるいは超自然的な何かであるというものだ。二元論者の皆さんにはここが落ち着くだろう。

世界の人口の実に75%が何らかの形の神を信じていることを考えると、おそらく多くの読者は意識がスピリチュアルなものだとする仮説群8を選ぶのではないだろうか。そして、魂や霊的なもの、あるいはそのほかの実体をもたない生命力のような力を連想するだろう。もしあなたの魂が本当にあなたの意識なのだとしたら、機械はそれを持つことが出来るだろうか？　できない。魂は私たちの物理世界とは極めて相容れないもので、私たちが知るあらゆる物理の法則を超越しており、インテル社が将来工場で大量生産できるようになる日はおそらく来ないような代物だ。あなたの魂を機械にアップロードできるだろうか？　できない。霊的な何かが物体を所有できるとする信念体系もあるが、私の知る限り、人間がそのプロセスを制御でき、魂を体から取り出してスマートフォンに埋め込んだりできるとする信念体系はない。

さて、これが意識に関する8つの基本的な仮説群だ。このうちのどれか1つが、意識の源であるという可能性はかなり高い。

ところで、何が意識経験をもたらすかわからない、という点についてはほとんどの人が合意するが、わからないということが何を意味するのか、という点については意見が分かれる。まず、何かが通常の物理学の範疇を超えるところで起きていることの証拠（あるいは、少なくともそれを示唆するもの）だと考える人々がいる。彼らは「結局、どうして意識みたいなものが存在できるのかを科学で説明できないのだから、物理現象であるはずがないだろう？」と主張する。

一方で、わからないこと自体は意識が精神的プロセスに他ならないことを証明（少なくとも示唆）していて、そうでないことを示唆するものは何一つないという考えもある。ハーバード大学のスティーブン・ピンカーは、科学者が「意識の全ての面が脳に起因することを示す証拠を、山のように積み上げてきた」と書いている。彼はさらに、「認知神経科学者は脳の血流からその人の思考をほぼ読み取ることができる」とも述べている。ピンカーにとっては、全てが単なる脳の機能に過ぎないことは明白なのだ。

この問いに対する最終解は得られるのだろうか？　ひょっとしたら。ひょっとすると、脳への理解が深まれば、科学者はいつか意識を「解明」するかもしれない。そのとき、私たちは意識を持つコンピュータが可能なのかどうか知ることになるだろう。あるいはコンピュータは人間が意識をもつやり方とは全く異なるやり方で、自力で意識を獲得するかもしれない。

いや、無理かもしれない。人間は意識が何かを知ることはできない、という神秘主義という立場がある。私たちがうすのろだからではなく、２つのあまりにも違うものを扱おうとしているのだと。１つは、何かを感じるときの完全に主観的な経験。もう１つは、物事の客観的真実。物質世界は１番の箱に入っていて、その世界に関する私たちの意識的経験は２番の箱に入っている。その2つの箱が接することはない。しかし、私たちは2番の箱の外を決して見ることができないのだ。それから、私たちには明確な理由がわからないまま、コンピュータはいつまでたっても意識を持たないのかもしれない。「いつまでたっても」とはもちろん長い時間なわけだが、私はコンピュータの処理能力やプログラミング技術が向上し、意識を持つコンピュータを作ることが理論上可能になった後もずっと先まで、という意味で「いつまでたっても」と言っている。諦めるというわけではないが、意識を持つコンピュータは過去へタイムトラベルすることと同様、真に不可能な事、という引き出しに収まるものなのかもしれない。

20 コンピュータを人間の脳に埋め込むことはできるのか？

人とコンピュータの融合は、明るい未来か、終わりの始まりか

意識のあるコンピュータを作る代わりに、私たち自身の脳にコンピュータを埋め込むことで人の脳を増強することはできないだろうか？ それなら、意識のコードを解読する必要はない。私たちはもともと意識を持っているので、既に私たちの中にある知性に付属品を取り付ければよいだけだ。これは、私たち自身を機械にアップロードする、というのに比べるとずっとわかりやすい。例えば、あなたの意志で動かせる義手、というのは想像できるだろう。実は想像する必要もなく、既に実現している。他にも、脳と直接相互作用するものが今後たくさん開発されていくだろう。例えば義眼など。最終的に、コンピュータ一式を脳に埋め込むことが可能になるのだろうか？

イーロン・マスクはこのようなやり方を支持している。彼は脳に装着できるニューラルレースというものを実用化しようとしている。直接脳をデジタルワールドと同期させようとしているのだ。彼いわく、

AIのレイヤーが「あなたの脳に装着することで」あなたと共生しながらうまく機能するというのが最良のソリューションだと思う。……あなたの大脳皮質が大脳辺縁系と共生して機能しているように、あなたの3番目のデジタルレイヤーもあなたと共生して機能するのだ。

マスクが提案しているのは、前述した脳が制御する人工装具のずっと先をいくものだ。彼は、あなたの思考や記憶がデジタルのそれと混ざり合うという話をしている。つまり、あなたが「ナイル川ってどれくらい長いんだっけ?」と思ったら、そのクエリがグーグル・ニューロに送られて（もちろんワイヤレスだ）、0・3秒後にはあなたは答えを知っている。これが実現すれば、クイズ番組の人気は地に落ちるだろう。さらに、歴史学者ユヴァル・ノア・ハラリが他に予期すべきことについてこう予測している。

脳とコンピュータが直接相互作用できるようになったら、もうおしまい、そこで歴史の幕は下りて、私たちが知る生物学は終焉を迎える。その次に何が起きるか予測する手がかりは誰も持っていない。……私たちは、その先で何が起こるかを想像しようとすることもできない。

こんなことは実現不可能だと考える人も多い。スティーブン・ピンカーはその難しさを次のようにまとめている。

脳はオートミールのように柔らかく、頭蓋骨の中に浮いていて、侵入されてもろくに反応できず、異物によって炎症を起こしやすい。神経生物学者はまとまりある思考のもととなる数十億個ものシナプスをどうやって解読すればよいかも、ましてやそれをどうやって操作するかも、まったく見当がついていない状態だ。

人間と機械を意味のあるやり方で統合させるには3つのブレークスルーが必要で、それは実現できないかもしれない。まず、コンピュータが人間の思考を読み取れるようにならなければいけない。次に、コンピュータは思考を出力して脳に送り返せなければならない。最後に、コンピュータはこの2つのことを今よりもずっと早い速度でできるようにならなければならない。もしこの3つを全て達成できれば、私たちはコンピュータと、極めて有意義な方法で融合できるだろう。

1つ目の、機械が人間の思考を読む、というのは、今の私たちにもほんのわずかだができている唯一のことだ。いくつかの会社が心でコントロールできるこうしたデバイス（主に人工装具だが）を開発しようとしている。例えば、ジョンズホプキンス大学では最近、一つひとつの指を思考によって動かすことができる義手を作ることに成功した。この実験の被験者はてんかんを持つ男性（自分の手を持っている）で、治療の一環としてブレインマッピングを受けた。そして、研究者はそれぞれの指に電気で振動を与えられる手袋を開発。その後、被験者の脳の中で指の動きを制御する部位にセンサーを埋め込んだ。指1本ずつに振動を与えることで、彼らは被験者の脳のどの部分がそれぞれの指に対応しているかを正確に測定していった。そして、うまく機能したのだ！　被験者の男性は、測定データを元にプログラムされた義手の指の動きを、心で制御できるようになった。ただし、これは彼の脳でしか動かない。あなたや私が同じ芸当をしたいと思ったら、一から同じ手順を踏まなければならない。

ジョンズホプキンス大学で行われているもう1つのプロジェクトは、人工の上腕全体を脳でコントロールできるようにするというものだ。すでに1ダースほどが実際に使われているが、手術が必要になることと、現在1つ50万ドルほどもするという問題がある。ジョンズホプキンス大学の切断患者研究のプロジェクトマネージャーであるロバート・アーミジャーは、「この研究の長期的なゴールは、非侵襲的つまり余計な手術や埋め込み術を必要としない、器用なロボットデバイスの制御法を開発することだ」と語る。

こうした技術は素晴らしいものであり、それを必要とする人たちの人生は明らかに一変するだろう。しかし、現実世界と相互作用するための消費者向け製品としてあらゆるバグが取り除かれ、信頼性が飛躍的に向上しても、例えば音声インターフェースなどに比べて用途が限られる。もちろん、「電気をつけて」と思考するだけで電気がつけばすごいとは思うが、「電気をつけて」と声に出して言えば電気がつく状態と比べれば、若干進歩したという程度だ。そして、私たちはそんなシンプルな思考を読み取ることすらできそうにもない場所にいる。指を動かすというのは、脳の特定の部位が担う特定の動作だ。「電気をつけて」と思考することとは全く違う。私たちは「電気をつけて」が脳の中でどうコード化されているのかもわからない。

しかし、ここでは私たちが全てのバグを取り除いたうえで、脳に思考を書き込む方法を明らかにできた、と仮定しよう。繰り返しになるが、これは今のところＳＦの範疇だ。まだ誰も、例えば「この新しい靴は最高だ」という思考が脳内でどのようにコード化されているか知らない。考えてもみて欲しい。脳の中に「この靴は（　　　）だ」を担当する部位があって、靴に関するあなたの思考はそこに格納されている、というような話ではないのだ。しかし今はそれが解明され、理解が進み、私たちは何かを読むときのようなスピードと正確さで脳に思考を書き込むことができるようになったと仮定しよう。それは素敵なことではあるだろうが、今私たちができることと比べると、わずかな進歩でしかない。たとえば私は今「チキン&ダンプリングのレシピ」とGoogle検索して、レシピをすぐに読むことができる。私たちは既に、目から入力されたデータを脳に書き込むしくみを持っている。遠い昔にマスターしたことだ。もし私が脳からインターネット全体にアクセスできるようになったとしても、私が既に持っているスマートフォンより少し便利になったという程度の話だ。

しかし、３つ目のスピードの問題についても検討してみよう。もしこうしたことを高速でできるようになるのなら、話は違ってくる。たとえば「フランス語はどうやって話すの？」と思考した瞬間、全てのデータが私の心に刻み込まれたり、あるいは脳から高速でアクセスしたりできるようになるなら、それは大きな意味を持つ。

レイ・カーツワイルはこれと似たようなことが起こると考えている。私たちの思考が生物学的プロセスと非生物学的プロセスのハイブリッドになるというのだ。しかも時期まで予測している。

2030年代には、私たちは大脳新皮質から直接クラウドにつながるようになっているだろう。数千台のコンピュータが必要になれば、ワイヤレスでそれらにアクセスできるようになるのだ。

言うまでもなく、これが可能かどうかは不明だ。あなたの脳がフランス語を流ちょうに話すために必要な情報を保持できることは明白だが、その情報を数秒、あるいは数分という短時間で書き込まれることに物理的に耐えられるのだろうか？　そこには、技術でも拡張できない生物学的な限界がある。私たちがどれだけ進歩しようとも、貨物列車を持ち上げられる生身の体を作ることはできない。では、わざわざ私たちの脳に書き込まなくとも、私たちの脳から外に存在する大きな脳にアクセスすればよいのではないか。しかしその場合でも、コンピュータと脳が動作する速度と方法に根本的なミスマッチがあることが問題となる。

それから、4つ目の問題もあって、もし本当に実現したなら大ごとでは済まない。私たちがここまで論じてきた3つのことをすべて解決し、脳に意識のあるコンピュータかAGIを埋め込むことができて、あるいはそういった機械とつながることができて、私たちの認知機能を増強するためにそれを利用するようになったら、その時にはどこまでが人間でどこまでが機械か、という境界がどうでもよくなってくるだろう。たとえばもし、人間を人間たらしめる能力だと多くが信じる推論する能力をアップグレードできて、文字通り桁違いに向上できたとしたら、私たちは真の超人になる。というより、何らかの存在が超人となり、それがあなたの体を所有して制御するようになると言った方が正確かもしれない。もはやそこには実際上「あなた」は存在しないのかもしれない。

現状を考えると、こうしたことについて深く検討することは極めて難しい。脳は素晴らしいものだが、ハードドライブでもCPUでもない。有機物でできた、アナログなものだ。あなたの脳で部屋の電気をつけることは、3分でフランス語をマスターすることに比べたら単純だ、とかいうことではない。全く違うことなのだ。あなたがフランス語をそうやってマスターできると考える人は、脳について私たちが知らない特殊な知識を持っているからそう考えているわけではない。彼らは、心が純粋に機械的なもので、技術には限界がないと信じているだけだ。この2つの前提条件がどちらも真であれば、確かに、不可能なことは何もない。

コンピュータと人を融合させることの困難さは明白であるにもかかわらず、ここまでで紹介したようなことの実現を目指した多くのプロジェクトが進行中だ。アメリカ国防高等研究計画局（DARPA）が現在進めているプロジェクトは、責任者いわく、人の脳にデバイスを埋め込み、脳の活動の意味を持つ電気信号へと変換することで「人間の脳と現代の電子工学をつなぐチャネルを開く」ことを目標にしているそうだ。DARPAは神経エンジニアリングシステムデザイン（NESD）プログラムの一環としてそのプロジェクトに6200万ドルを投入しているという。こうしたプロジェクトはもちろんほかにも存在する。官民のいくつかのグループが、可能性の限界を探る研究を行っている。

21　人間の再定義

「人間である」とはどういうことか？

長い間、人間は道具を使うから動物とは違うと考えられてきた。しかしジェーン・グドールは1960年にチンパンジーも道具を使うことを発見し、興奮に満ちたメッセージをルイス・リーキーに送ってそのニュースを知らせた。それに対する彼の有名な返事はこうだ。「こうなると私たちは道具を再定義するか、人間を再定義するか、さもなければチンパンジーを人間として認めるしかない」。リーキーの言ったことは正しく、私たちは人間を再定義するという選択肢をとった。私たちが意識を持つコンピュータを作り出せるようになったら、また同じようなことが起きるだろう。

意識を持つコンピュータは人間と何が違うのだろうか？　私たちがイメージ通りのものを作り、それが私たちと同じような意識を持つようになったら、私たちはそれを何と呼ぶのだろうか。私たちが彼らに言語を教え、インターネットにアクセスさせることで人類史や私たちの文化を教えたとする。私たちは彼らとどう違うのだろう？　あるいは、こうして作られ、教育された意識を持つコンピュータは人間になるといっていいのだろうか？

なぜ「人間になる」などという話になるのだろう？　なぜ私たちは意識を持つコンピュータが人間になるなんていうことを考えないといけないのだろうか。人間は、人間だ。私たち。生物学的な存在。DNAとかそういったものでできている。なぜ、意識を持つコンピュータを人間とみなしたくなるのだろうか？　実は答えは単純で、人間はこれまで人間を生物学的にきちんと定義したことがなく、能力で定義してきたのだ。冒頭でも触れた道具を使うということも過去に人間の定義として使われてきたが、ほかにもたくさんある。言葉を操ること。記号化された言語を使うこと。芸術を生み出す力。正義を信じること。心を持つこと。推論できること。笑うこと。文化を持つこと。目標を持つこと。道徳心。

このうちいくつかは今でも人間のみが持つ性質だと考えられているが、そうではないものもある。しかしここでの問題は、意識を持つコンピュータはこれらをすべて満たすかもしれない、ということだ。ノートの左のページに意識を持つコンピュータ、右のページに人間と書いて、コンピュータが持たない、人間を定義するために使えそうな特徴を書き出していってみよう。

自己認識とか、意識はどうだろう？　意識を持つコンピュータも人間も持っている。寿命？なるほど。確かに、コンピュータは理論上不死で、私たちは寿命がある。私たちは寿命があるから人間なのだろうか？　もしそうなのであれば、人間が不死になったらその時点で人間は人間ではなくなる、ということだろうか。

このようにしてリストをつくり、私たちを「私たち」、それを「それ」と区別できる何かを探してみよう。そう、私たちの基本材料は炭素で、コンピュータはシリコンだ。しかし、それが形而上学的にどういう意味を持つのだろう？　それが本当に、私たちの独自性を特徴づける何かなのだろうか？　私たちを圧縮するとダイヤモンドになり、コンピュータを圧縮するとガラスになる、ということが？　私たちにできるのはそれが限界か？

1991年、人類学者ドナルド・ブラウンは『ヒューマン・ユニバーサルズ』（鈴木光太郎・中村潔訳、新曜社）という本を書いた。ブラウン曰く、ヒューマン・ユニバーサルズとは「文化、社会、言語、行動、そして精神において例外が知られていない普遍特性」のことだ。言い換えれば、あなたがどこかで人間を見掛けたら、その人は必ずこれらの特性を持っている。彼は67の行動特性を同定している。贈り物をすること、冗談をいうこと、宗教的な儀式、魂という概念、信仰治療（信仰の力で疾患を治そうとすること）、終末論（世界がどのように終わるかに関する信条）、様々なヘアスタイル、スポーツ、体の装飾などだ。

コンピュータがこうした特性を示し始めたらどうしようか？　コンピュータがプレゼントをあげたりジョークを言ったり結婚したり世界の終わりについて何か信条を持ち始めたりしたら？　結果的に全ての特性を獲得したらどうなる？　コンピュータが学習できるデータ量を考えれば、あり得ない話ではない。それは人間なのだろうか？　ブラウン博士本人に聞くのが一番だ。彼は、それは人間ではなく「ヒューマノイド」だ、と考えている。多くの人が彼に同意するだろう。しかし、何に基づいて私たちはその線を引いたのだろうか？　最終的に、完全な意識を持つロボットが私たちと同じように歩き、話し、考え、愛するようになったら、私たちは何もので、彼らは何ものなのだろうか？

人間そっくりのロボットの体に搭載された意識のあるＡＧＩとあなたが実際に会話しているところを想像してみてほしい。それは気が利いていて、深いことも言うし、洞察に富んでいる。好きな色は緑で、クモが怖いなどと言う。自分の寿命について考えを巡らせ、電源が落ちた後もどこかのパーツは生き残るのだろうかと悩んだことがあると言い、研究室に誰もいない夜に夢を見ることがあると言う。それは人間なのだろうか？　私たちは単なる生命体ではなく、人間を作ったのだろうか？

先ほども述べたが、私たちがよりどころにできるのが生物学的な要素だけだとしたら、なんとも残念な話だ。私たちは30億塩基対のＤＮＡからできていて、ロボットは３兆個のトランジスタからできているかもしれない。しかし、もし私たちがそこまで退却しないといけないのだとしたら、私たちの能力や行動には何も際だった違いはないことになる。道具を使い、高度な推論をする、創造性を備えた生き物だったはずの人間が、ただ特定の物理的形状をもとに再定義されることになるのだろうか。

１つ、人であることの重要な特性として、人道的に行動するということが挙げられる。私たちは共感や思いやりといった意味を込めてこの人道的という言葉を作った。それこそが私たちだ！　もっとも、非人道的に行動できるのもまた人間だけなので、これはかなり意欲的な言葉だともいえる。ただ、ＡＧＩが人道的に振る舞い始めたらどうなるだろうか？　私たちはすでに「人間」を定義し直したことがあるから、また再定義するか、あるいは意識を持つＡＧＩロボットを仲間として歓迎するかのどちらかだ。招かれざる客かもしれないが。

しかし、私たちはおそらく人間を再定義し直すことになるだろう。それが、「人間」の定義が脅かされる事態が起きたときのいつものやり方だからだ。これは種差別的かもしれないが、私たちは、機械でできている人間という可能性も包含するように人間の定義を変えることを（それが良いことにせよ悪いことにせよ）少なくとも数世代の間は、精神的に受け入れられないのではないか。きっと機械だとわかっている存在は、我が子やエドナおばさんと同じカテゴリーではなく、掃除機や電卓と同じカテゴリーに入れたくなるだろう。ある程度の敬意ははらうだろうし、それが「生きている」と表現することもあるだろうが、それがいくら人間のような外見をしていて人間のように話したり考えたり感じたりするとしても、私たちはそれを人間とは言わないのではないか。それが私の予想だ。

第五部
ここからの道
ジャン＝リュック・ピカードの物語

「スタートレック」に登場するジャン＝リュック・ピカードは、24世紀に生きるフランス人だ。それは人類が破滅的な戦争、伝染病、そして壊滅的な結果を招きかけた異星人との遭遇など、新進気鋭のSF作家が考えつきそうなあらゆる存続の危機を経験した後の世界である。

人類は持ち前の粘り強さと楽観主義によって全てを乗り越え、困難な時代が過ぎ去った後のより良い世界で繁栄していた。

貧困のない社会。疾患も根絶された。ただ、死のみが残っていた。それからクリンゴン人も。そう、クリンゴン人はまだいた。

ジャン＝リュック・ピカードは成長するにつれ、自分が生まれついての探検家であることに気づく。彼は人間が持ちうる最良の、崇高な志を秘めていた。丘の先に、水平線の先に、そして太陽系の先に何があるのかを知りたいと思う飽くなき探究心である。

西暦2305年に生まれたジャン＝リュックは、家族経営のワイナリーと決別して宇宙艦隊アカデミーに入学し、皆を驚かせた。彼は新しい世界を探索し、新たな生命体、新たな文明と出会うことを求めていたのだ。

宇宙艦隊アカデミーを優秀な成績で卒業したあと、彼はとんとん拍子に出世していき、宇宙艦エンタープライズ号の船長にまでのぼりつめた。

2365年、定常任務中であったエンタープライズ号は20世紀の地球で作られた宇宙船が漂流しているのを発見する。中には何世紀も前に冷凍保存された1人の地球人が乗せられており、エンタープライズ号は彼らを収容し、蘇生させた。そのうちの1人、ラルフ・オッフェンハウスはかつて裕福な金融マンだった。彼は1994年に不治の病の末期であるという宣告を受け、自分を冷凍保存して医学が発達した未来で蘇生措置を受けることを決断したのだ。なんと、彼のクレイジーな計画は成功したわけだ！

予想どおり、蘇生された直後のオッフェンハウスは周囲の状況を理解できなかった。お抱えの銀行家に何度も連絡を取ろうとして失敗した後、彼とピカードはこんなやり取りをする。

ピカード艦長：今は24世紀だ。物的な欲望は、もはや存在しない。

ラルフ・オッフェンハウス：では何が生き甲斐だ？

ピカード艦長：ミスター・オッフェンハウス、生き甲斐は自らを磨くことだ。自分を豊かにして楽しめばいい。

22 進歩の発明

進歩は続くのだろうか？

新たな時代は、いくつかの新しい技術が呼び水となって始まる。これらの技術はあまりにも強力な変化をもたらすため、人類全体を、身体までも変容させる。あまりにも大きな変化なので、人間性は新たな、全く予想もつかない方向へと舵を切ることになる。

この方向転換が、人生のあらゆる面を根本から変える。1つ2つの技術は変化を起こす触媒のようなもので、物語の幕開けを告げるだけだ。物語の終わりではない。第三の時代のことを考えてみよう。きっかけを作った触媒は、文字と車輪だった。これらは、それぞれが金字塔といっても良い成果であったが、それらがさらに大きな変化を引き起こし、壮大な物語が始まった。文字と車輪がきっかけで国民国家が出現し、国民国家が法律を与え、法律が裁判所を作り、裁判所が弁護士を作り出した、という具合だ。国民国家はまた帝国を生み出し、帝国は軍隊の移動を楽にするために道路を敷設した。道路は市民の移動も促進した。市民が移動することで文化の混合がおきた。文化の混合はファッションや食に変化をもたらし、それがさらに様々な変化を生み出した。

こうした二次的、三次的、四次的効果は、文化のあらゆる側面に波及していく。社会のどの部分に、どのように変化の波は打ち寄せていったのだろうか。戦争への影響は？　芸術への影響は？　家族生活への影響は？　宗教への影響は？　経済や政策や教育などへの影響は？　車輪と文字はこれら全てを変えた。直接変えたこともあれば、別の何かを変え、それが結果としてこれらを変えたこともあった。

第二の時代もそれは同じだ。このときの触媒は農業だった。それが、都市と分業をもたらした。しかしこのときも無数の波が起きた。都市には壁が必要で、壁を作るには労働者が必要で、労働者は報酬が必要で、それには税金が必要で、それには収税吏が必要で、そこから官僚制が生まれ……といった調子だ。第一の時代は言語と火から始まった。それが、私たちの狩猟方法を変え、食べ物を変え、住む場所を変え、共に生きるやり方を変えた。こうした変化が更なる変化を呼んだ。

私たちの時代ではどうなのだろう？　第四の時代は最終的に何をもたらすのだろうか？　触媒となるのはAIとロボット工学だ。それは生産性を向上し、富を拡大し、知識の獲得を加速し、寿命を延ばし、そして私たちがこの本で論じてきたことを可能にする。私たちがこの本でカバーしきれなかった他のたくさんのこともたらすだろう。

1つ例を見てみよう。AIによる自動運転車が実現すれば、おそらく交通というものに変化が訪れる。人が車を所有しなくなるかもしれない。必要なときだけ車がやってきてあなたを乗せ、目的地に着けばあなたを下ろしてどこかへ行くからだ。これが本当なら、駐車場も家の車庫も必要なくなるから、世界中の都市の構造が変わるだろう。あるいは、個人が車を所有することは変わらず、その代わりに移動中も仕事ができるように車の内装をオフィスのように作り替えるかもしれない。あるいは、ホームシアターシステムを乗せ、移動中に映画鑑賞を楽しめるようにするかもしれない。

これはほんの一例だ。ＡＩとロボットは他にも数え切れないほどの変化をもたらすだろう。社会のあらゆる部分にインパクトを与え、おそらくほぼ全てが、より良い方向に（と私は信じている）変わっていく。

それぞれの時代が人類を新たな進路へ導いてきたのなら、今回私たちはどういう進路をとるのだろうか。

第四の時代の人生はどのようなものだろう？
私たちはより長生きになっているのだろうか？
まだ戦争や飢餓はあるのだろうか？　私たちは余暇で何をするのだろう？
人間関係はどう変わるのだろうか？
一層長くなる人生をどう過ごすのだろうか？
バーチャルリアリティはどのように活用されるのだろうか？
新しい技術を使って身体能力をアップグレードさせるのだろうか？
病気を撲滅し、ひょっとして究極の敵である死をも克服するのだろうか？

どういう落とし穴が潜んでいるのだろうか？
プライバシーはなくなるのだろうか？
デザイナー・ベビーは優生学を復活させるのだろうか？
遺伝子の面でも持てるものと持たざるものが生じるのだろうか？

これらは今後私たちが経験するＡＩ、ロボット、そして技術の爆発的発展の二次的、あるいは三次的効果について考えたときに浮かんでくる問いのごく一部だ。世界全体が変わらざるを得ないだろう。私たちは新たな時代の夜明けに立ち会おうとしているのだ。ここからは、第四の時代に入った世界がどのようになるかを見ていこう。

20世紀中盤は、未来に夢中な時期だった。しかもただの未来ではなくて、素晴らしくきらびやかな、自動化された未来だ。物事はどんどん良くなり、科学は私たちを苦しめるあらゆる事に解決策をもたらすだろう。しかし、21世紀に入ってしばらく経った今では、物語はそこまでバラ色には見えない。未来がより薄暗く、より危険なものに見えてきている人もいるだろう。そういうわけで、私たちが過去数世紀にわたり享受してきた進歩が、第四の時代でも続くのかどうか、と問うのは悪くない。

この本を通して、私は進歩が起きるために必要な要件についていくつか触れてきた。想像力、時間の感覚、知識を蓄積し広げるシステムなどだ。しかしこれらは進歩が起きるための必須条件に過ぎない。進歩を実際にもたらすものは何だろうか？　どういうメカニズムで、物事がより良くなっていくのだろうか？　そしてそのメカニズムは壊れることはあるのだろうか？　私たちは進歩することが当たり前だと思っているが、生命体の中ではこれは他に類を見ない概念だ。現代を生きるツチブタや樫の木やゾウリムシが、１万年前の同類よりも長く、より幸せな暮らしを送っているとは考えにくい。人間にとっても進歩は比較的新しい概念だ。もしあなたが１１６３年のフランス（ノートルダム寺院の建設が始まった年だ）に生まれていたなら、80歳まで生きたとしても、生きている間にほとんど何の変化も起きず、ノートルダム寺院ができあがるのを見届けることなく死んでいったことだろう。なぜ、世の中は変化していくのだろう。言語を獲得してから農業を発明するまでに９０００年もかかったのに、最初のコンピュータからiPhoneの誕生までには60年しかかからなかったのはなぜだろうか？　なぜ、ノートルダム寺院を完成させるのには１８２年もかかったのに、エンパイアステートビルを建てるには４１０日しかかからなかったのだろう？　なぜならば、私たちは進歩、すなわち物事をよりよくする方法を発明したからだ。

世界は「より良く」なっている

重要なのは「より良くする」という部分だ。それが、進歩の中でも特に興味深いところだ。時々躓くことはあるものの、全体としてのトレンドは常に上向きだ。物事は、今の方が前よりも良くなっている。今朝のニュースを聞いた人はにわかに信じられないと思うかもしれないが、本当のことだ。シンプルな思考実験でこれを確認することができる。いつでも良いので、過去のある時点を選ぼう。20年前でも、100年前でも、1000年前でも、1万年前でも結構だ。好きなところを選んでほしい。それから、頭の中の地球儀を回して、地球上のどこかの地点を選ぼう。それから、あなたが進歩したかどうか知りたい項目を選ぼう。平均余命でもいいし、乳児の死亡率でもいいし、教育へのアクセス、個人の自由、生活水準、女性の地位、自治、なんでもいい。ごくわずかの例外を除いて、あなたが選んだその項目は、あなたが選んだその時点よりも今の方がずっと良くなっている。今が1950年だったとしても同じだ。1950年は、それまでの時代に比べれば最高だった。1900年も、1800年も、1700年も同じだ。おそらく2100年も同じだろう。進歩が起こるということ自体が、私たちの種の特徴をよく表している。進歩は協力、誠実さ、慈善の心がなければ起こらないからだ。無私無欲さと、共感も必要だ。

進歩は、より良いだけでなく、より繁栄した世界をもたらした。繁栄は良いことだ。様々な良いことと関連する。より良い教育、より近代的なヘルスケアシステム、クリーンエネルギー構想、より良い公共サービス、より堅牢なインフラ、児童労働の減少、森林面積の拡大、持ち家率の向上、貯蓄率の向上、学歴の向上、インターネットスピードの向上など。

しかし、なぜいつもそうなのだろう？　なぜ私たちは数百年にわたって、世界のあらゆる場所で、あらゆる分野でノンストップに進歩し続けてきたのだろう？　進歩が起こるのは、文明と技術が共生関係にあるからだ。文明は進歩を可能にするインフラである。技術は人間の能力を増幅させるために必要な知識だ。どちらかが向上すると、反対側も伸びる。過去数世紀の技術の進歩は文明の比類なき進歩をもたらし、またそれが技術の進歩の原動力となった。

私たちはすでに技術や、それがある期間ごとに倍になるという魔法のような力について考えてきた。ここでは、進歩を語る上で技術と対等なパートナーである文明にスポットライトを当ててよう。まず、文明とは何だろうか？　ウィリアム・ダラントとアリエル・ダラント夫妻は共同で、結婚生活の半世紀以上を捧げて11巻からなる大著『文明の話』を書き上げた。この本は文明の定義で始まるのだが、これ以上の定義を私は見たことがない。

文明とは、文化の創造を促進する社会の秩序である。文明は4つの要素から構成される。経済的根拠、政治組織、道徳的規範、そして知識や芸術の探求だ。混沌と不安が終わったときに文明が始まる。恐怖を克服し、好奇心と積極性が解き放たれると、人は自然な衝動に突き動かされて人生を理解し、彩ろうとする。

文明は進歩をいろいろなやり方で推進する。文明は知識の発展に必要な安定した基盤となり、また繁栄をもたらすことで、人が自給自足のために人生の全てを費やさずに済むようになる。文明は私たちの行動の規範や、モチベーションのもととなる報酬を定める。文明によって情報は自由に流れるようになり、丁寧な議論が始まり、争いは解決する。文明は法典、貨幣制度、科学探究、そして教育システムだ。私たちが文明を持つから、文化を発展させることができる。文化があるから、シェイクスピアのロミオとジュリエットや、ベートーベンの第9や、ミケランジェロの聖母子像や、J.K.ローリングのハリーポッターシリーズや、リン＝マニュエル・ミランダによるハミルトンが生まれたのだ。

私たちは長い道のりを経て文明にたどり着いた。そしてこの旅はまだ終わらない。スウェーデン人医師ハンス・ロスリングいわく、「人は、世界がより良くなっていっていると考えると同時に、まだ十分ではないという考えも持たなければならない」。残念なことに世界をむしばむ恐ろしい残虐行為や不正行為は後を絶たないが、それでもほとんどの世代は、世界をもといた所より少し良い場所にしていく。この蓄積、何世紀にもわたり積み重なった複利効果が、私たちを今のこの場所までつれてきた。

文明はなくなることはあるのだろうか？　ある。文明は、世代から世代へとつないでいかなければならない。これを一度でも怠れば、私たちはまた野蛮人へ逆戻りだ。私たちは思っている以上に原始的な自分たちに近い。ウィリアム・ゴールディングが悪魔ベルゼブブの名を『蠅の王（Lord of the Flies）』と英訳し、文明のもろさや、私たちの野蛮な部分がどれほど簡単にあらわになるかを描いた著作のタイトルにしたのには意味がある。私たちの中には未だに原始的な性質が潜んでいる。子どもにナイフとフォークを使わせず骨付きチキンを手づかみで食べさせていると攻撃性が上がり、反抗的になるのもおそらくそのためだろう。骨付きチキンにかぶりつくという行為が、私たちの内なる野蛮性を目覚めさせ、ＤＮＡに刻み込まれた遠い昔の記憶を呼び起こすのではないだろうか。

文明は失われうるとはいえ、人類史を通して強靭な存在であり続けた。その影響力に波があったことは間違いないが、長期的には上向きだった。文明と進歩がどれほど密接に絡み合っているか、強調してもしすぎることはない。歴史上、文明が繁栄したところには科学的、物質的進歩の物語がある。

たとえば2500年前の古代ギリシア。文明が花開き、民主主義が生まれた。哲学が進歩し、法律が強化された。そしてその時代にどれほど多くの進歩が見られたことか。エラトステネスが地球の周囲の長さを計算した。ヒポクラテスが科学に基づく医学の基礎をつくった。テオプラストスが植物を分類し、命名した。エウパリノスが壮大な地下導水路を作り、アルキメデスがかの有名な水をくみ上げるスクリューを作った。アナクシマンドロスが生命は海の中で誕生したと予想した。これらはほんの一握りの例だ。

3世紀後、中国で文明が爆発した。漢王朝が強力な官制をひっさげ中国を統一し、芸術と文化が飛躍的に発展した。この場所で、数学と科学の分野に驚くべき進歩が見られた。その中には、地球上の他の場所では2000年後まで再現できなかったものもあった。

さらに3世紀後のローマでは何が起きただろうか。ローマは法律と優れた政府をもつ、文明の典型例となった。パクス・ロマーナは数百万人に繁栄と安寧をもたらした。そしてこの時代のローマ人は道路を敷設し、港を作った。これらは非常に進んだ技術で作られていたため、今日でもまだ使われている。

700年早送りすると、そこは世界のあらゆる文化に蓄えられていた知識を全て集約しアラビア語に翻訳しようとしていたイスラム黄金時代だ。北アフリカと中近東のイスラム人はそれに取り組んでいる間にも、代数、幾何、三角法、そして初歩的な微積分学を大いに発展させた。これらが世界の他の場所で確立するのは1000年も先のことだ。

近代に入ると、数世紀前から今日に至るまで、生活のあらゆるところに文明は波及してきた。この時期私たちが過去に類を見ない進歩を遂げたことは、決して偶然ではない。文明と進歩の力強い歩みが今後弱まる気配も理由もない。技術が発展していく限り、人間の生産性は向上し、またそれによって文明も発展していくだろう。

でも、とあなたは思うかもしれない。それは諸刃の剣ではないか？　技術の発展によって、政府も抑圧を強められるようになるのではないか？　技術的ブレークスルーが起こるたびに、悪と破壊の力も増大していくのではないか？　技術は破壊者にも力を与えてしまうのではないか？　19人の男たちが、25ドル相当のカッターをちらつかせて2億5000万ドル相当の飛行機を乗っ取り、何千人もの死と2兆5000億ドル相当の経済損失を世界にもたらしたのではなかったか？

確かにそうだ。ほとんどの技術は中立で、良い目的にも悪い目的にも使えてしまう。ダイナマイトは山にトンネルを通す時に便利だが、人を殺すこともできる。冶金は剣を作ることにも、鋤を作ることにも使える。ただ、幸運なことに、大多数の人間は破壊より創造を好む。現代社会がこれを証明しているだろう。世界が存在しているのも、ほとんどの人間が大体いつも正直に生きているからだ。オンラインショッピングで買い物をした人のうち2割がクレジットカードの支払いを拒否したらどうなるだろう。「確かに荷物は届いたけれど、中にはレンガしか入っていなかった」などと言い張る者が次から次へと現れたら。そんなことが起これば、クレジットカードはあっという間にこの世から消滅する。クレジットカードが存在していられるのは、ほとんどの人間が正直だからだ。つまり、ごく少数の人間が破壊的であっても、ほとんどの人間がそれを補って余りあるほどに建設的に生きている。

私たちは、総じて、技術を良いことのために使う。インターネットが良い例だ。確かに、良からぬことをする奴らも中にはいて、そういった話はよく聞く。しかし、一歩引いて大局を見渡せば、そこには20億人の人々が助け合う世界が広がっている。インターネット上に溢れる掲示板には、誰かが投げかけた質問に、全く見ず知らずの人間が忙しい日々の合間を縫って回答を投稿している。数多くの支援団体や交流会、有用な情報もインターネット上に存在する。それらは全て、誰かが無償で作り上げたものだ。彼らがそれでもやるのは、他のほとんどの人と同様、思いやりがあるからだ。コメディアンのパットン・オズワルトはこう言っている。

もし人間が生まれつき性悪だったら、私たちは今ここにはいないよ。大昔に、互いを生きたまま食いあっていたことだろう。そういうわけだから、暴力、偏見、心の狭さ、恐怖、あるいはありがちな女性蔑視、憎しみ、無知を目の当たりにしても、目をそらすことなく頭の中でこう言ってやればいい。「善はいつだって数で勝るんだ」と。

インターネットを予見した人は誰もいなかった。私たちは偶然出くわしたのだ。インターネットは今や、当初の目的とはかけ離れたところで使われている。DARPA（アメリカ国防高等研究計画局）は、世界がファイル共有サービスやコミュニケーションネットワークを必要とする時が来ると見越してインターネットをつくったわけではなかったが、結果として私たちはそういう風に使っている。そしてそれを一度手にし、何ができるかわかってくると、誰も予期していなかった驚くべきことが色々と起こり、私たちの良い一面が露わになった。たくさんのプログラマーが書いたコードを誰もが自由に使えるように共有するオープンソースという動きは誰も予想しなかった。クリエイティブ・コモンズやそのほかの権利体系が確立し、多くの人が自らの創作物を自由に共有できるようになるとは誰も想像していなかった。誰も、人が無報酬しかも匿名で創り上げるウィキペディアを予想できなかった。

進歩はこれからも継続するのだろうか？　もちろんだ、技術が発展し続ける限り。それが、生産性を上げる方法なのだから。人類史を通して、私たちは向上した生産性を、世界をより良くするために使ってきた。1万年にわたり、善は悪を打ち破ってきた。

前にも紹介した、技術が2のべき乗で向上していくという性質は、一見分かりにくいが重大な意味を持つ。もし本当に技術が倍、倍、倍と良くなっていくのであれば、私たちはいつか、あらゆる純粋に技術的な問題を解決できるということになるからだ。問題が純粋に技術的なものなら、そこには技術的な解決法があることが示唆されるから、技術力が2のべき乗で向上していけば私たちはいつか必ず解決法を見つけられるはずだ。そして私たちは倍加の威力を過小評価しがちであるから、私たちがこうした問題を予想よりも早く解決できることも大いに考えられる。

ただし、誤解しないでほしい。世の中には、技術的ではない問題というのが山のようにあるのだ。少しだけ例を挙げるならば、嫉妬、憎しみ、人種差別、強欲など。結局は、私たちの課題はより良い人間になることであって、技術はそれを間接的にしか手助けしてくれないし、時には痛みを伴うこともあるだろう。しかし、純粋に技術的な問題の方に関しては、私たちはそれに対する技術的な解決法を生み出すことができる。

私たちが解決できる技術的問題とは、どのようなものだろうか？　次はそれを見ていこう。

23　第四の時代の暮らし

飢餓、貧困、疫病

飢餓、貧困、そして疫病という3大課題に、人類は常に苦しんできた。あまりにも苦しめられ続けたので、私たちはそれが避けられないものだと考えがちである。しかし、本当にそうなのだろうか？　それとも実は技術的な問題であって、解決できる日は近いのだろうか？

まず、飢餓については、その核となる部分は技術的問題だ。私たちは飢餓に苦しむ必要などない。ただ、終わらせられていないというだけだ。

第二の時代の始まりに農業が発明された頃、人類の90％が人類全体を食べさせるため農業に携わっていた。そして、それが1万年ほど続いた。１８００年の米国でも、人口の80％が農業に従事していた。それが１９００年には40％へと半減した。それからわずか30年で、さらに半減して20％になった。次に半分になったのは25年後の１９５５年で、10％まで下がった。そこからさらに2度半分になり、今日の農業従事者は2％台だ。これが、技術の力だ。

それなのに、世界には8億人の飢えた人々がいる。その多くは子どもだ。実際、世界の5歳以下の子どもの死因の50％は飢えや栄養失調だ。１日25セント程度で発展途上国の飢えている人間を1人食べさせることができる。つまり、年間700億ドルほどで地球上の飢えている人全員のお腹を満たすことができるのだ。この額は、全世界で1年間に消費されるペットフードの額とほぼ同じである。

私たちが餓えを克服できないのは、増え続ける人口を地球が支えきれなくなりつつあるからだ、というのはよくある誤解である。実際の理由はそうではない。人類は、耕作に適した土地の1／3程しか農作物の生産に利用していない。しかも、かなり非効率的に使っている。例えば中国は、米国に比べて1エーカー（約63m四方の正方形の面積）あたりの収穫高が極めて高い。その主な理由は、中国は米国と同じくらいの面積だが人口は3倍も多く、一方で耕作に適した土地は米国の1／6しかないため、より効率よく農作物を作らなければならないからだ。私たちの地球は莫大な量の食料を作り出すことができる。実際、米国で捨てられている食料だけで世界中の飢えている人々のお腹を満たすことができるほどだ。

もう1つ、飢餓の問題に関してよくある解説は、それが分配の問題だというものだ。「そう、食料は十分にある。ただ政治的な理由で、本当に必要としている人々に届かない」という理屈だ。しかしこれも大筋で間違っている。確かに世界には食料が武器のように利用され、特定の集団によって食料へのアクセスが禁じられているような地域もあるが、それは世界中で起こっている飢餓の2％しか説明できない。

10億人近い人が飢えている今、唯一の理由というものは存在しない。しかし、他を圧倒する最大の理由があって、それは貧困だ。世界で飢えに苦しむ人の79％は、食料の純輸出国に住んでいる。どうしてそんなことが起こるのだろうか？　こうした国で人々が飢える理由は、そこで作られる食料が、自国民が払える額よりもずっと高値で国際市場において取り引きされるからだ。今の時代、人は食べ物がないから飢えるのではなく、お金がないから飢えるのだ。だから、問題の本質は、食料が概して高すぎて、多くの人々が貧しすぎて買えないところにある。よって、解決策は、食料のコストを下げ続けることだ。

幸運なことに、私たちはＡＩやロボットといった技術を使い、食料の値段を大幅に下げて飢餓を終わらせることができる。ＡＩはどこで何を育てるか、そしてどこで売るかなど、驚くほど適確な提案をしてくれるだろう。それに加えて、私たちはより良い種子を作ることもできるし、灌漑、施肥、輪作などの有益な情報を広めることもできる。スマートフォンがあれば、あらゆる農家が10年以上前の農家よりも効率良く農業ができる。収穫率は上がり、コストは下がる。全て技術のおかげだ。

考えてみれば、私たちは農業に思ったほど技術を投入してこなかった。農作物を育てる方法は、農業が発明されてからの1万年間で根本的には変わっていない。土に種を植え、雨が降ることを祈り、少し待って、収穫する。しかし私は、人類がいつか食料を製造するようになり、このような従来のやり方は一般的ではなくなるのではないかと睨んでいる。3Dプリンターでおいしくヘルシーで安い食材を作り出せるとしたら、そうしない理由があるだろうか？

将来、人類はみなベジタリアンになるかもしれない。正確に言えば、ヴィーガン（完全菜食主義者）だ。これは、人工肉がより安く、よりおいしく、より環境にやさしくなることによって起こる。人工肉のステーキが本物のように肉汁たっぷりで、あなたがそれまでに食べたことのあるあらゆるステーキよりもおいしかったら、そして健康に良い成分がたっぷり入っていたら、誰が「本物」の肉を買うだろうか？　断っておくが、私はステーキが大好物だ。そんな私でもこういう未来を信じている。そのうち、私たちは本物の動物を食べるという行為を野蛮、あるいは汚らわしいとすら思うようになるのではないかと思う。いずれ、人工肉のステーキを本物のステーキに似せて作ることも止めるのではないだろうか。私たちはすでに動物の原形を留めていない肉に慣れているし（ホットドッグやハンバーガーやチキンナゲットなどが良い例だ）、昔ながらの形をした肉を食することは、より原始的だった時代を思い出す居心地の悪い経験でしかなくなるかもしれない。

人工肉が普及すれば、牛、豚、山羊、羊、鶏、七面鳥などの数は激減するだろう。馬を移動手段や農業の補助として使わなくなったときにも同じ事が起こったが、馬には少なくとも個性があるから今でも飼われている(訳注)。私は牧場で育ったから断言できるが、牛をペットとして飼ってもあまり楽しくない。ジャンプしてフリスビーをキャッチすることもできなければ、膝の上で丸くなって喉をゴロゴロ鳴らすこともできない。

もし、飢餓の原因が貧困であるならば、その諸悪の根源である貧困を私たちはどうにかできるのだろうか？　私は、貧困が過去の物になる日は近いと思っている。貧困も技術的な問題だ。人工知能やロボット工学を始めとした多くの技術は、世界のいたるところに繁栄をもたらし、誰も置いてけぼりにはならないはずだ。前に述べたように所得不平等は生じるかもしれないが、貧困はほぼ確実に撲滅されているだろう。なぜそこまで楽観的になれるのかって？

過去2000年ほどの人間の平均所得をグラフに表してみると、ほとんどの間は底辺を這う真っ平らな線になる。そして1700年頃に突然急激に上向き、その後はロケットのように急上昇し続けるグラフになる。その上昇傾向、つまり平均所得の増大があるときどこかで止まると考える理由は、私には思いつかない。この本で長いこと論じてきたのはまさに、どうしてそうなっているのか、どのように科学的手法が産業革命の引き金となり、かつてないイノベーションの時代をもたらしたかということだ。

それでも貧困はまだなくならない。貧困率が大幅に減ったことは確かだ。しかし世界全体の1人当たりの平均所得が1日30ドルであるときに、10億人もの人々が1日2ドルのお金で生きている。彼らが貧困から抜け出す道はあるのだろうか？

1900年頃から貧困率を比較していくことで意味のある議論をすることも可能だが、その頃の貧困率は今の貧困率とほとんど関係がないので、1980年まで早送りしてしまおう。当時の世界人口は40億人、その半分は今の価値に換算して1日2ドル以下で暮らしていた。1990年にはその割合が35％へと減少した。その年、国連は次の25年間で貧困率を半減させるという目標を設定した。そして、世界はその目標に予定よりも5年早く到達した。そこで

訳注：米国ではペットとして馬を飼うことが珍しくない（2017年年の統計では、米国の約260万世帯が、計760万頭の馬をペットとして所有している）

2010年に国連は、「2030年までに貧困を根絶する」と新たな目標を設定した。今のところ、達成できそうな雰囲気だ。現在、貧困層は世界の12％、10億人をわずかに下回るくらい存在する。この集団は「底辺の10億人（ボトム・ビリオン）」と呼ばれており、彼らを貧困層から脱出させることは重要な課題である。

そして、たとえ私たちが、現在の定義に基づく貧困を根絶したとしても、まだやるべき事は残されている。なぜなら、今問題にしているのは、1日2ドル以下で生活している人たちのことだ。年に換算するとおよそ700ドル、4人家族なら年間3000ドル程度ということになる。だから、2030年の目標を達成したら、次のゴールは、全員を1日3ドル以上で暮らせるようにすることで、そうすれば生活は目に見えて良くなるはずだ。そうやって、やがては現在の世界の中央値である1日10ドルまで引き上げていくべきなのだ。

これはかなりの無理難題に思える。具体的に何をすればそれを達成できるのだろうか？　生産性を上げることだ。1日12時間働いている人は、労働時間を倍にして収入を倍にしようとしてもできないから、仕事の効率を上げるしかない。そして、それはもちろん、技術によって可能になる。生産性を上げることで世界の最も貧しい人々も貧困から抜け出せる。そして技術の進歩のスピードを考えると、これは予想よりも早い時期に可能になるだろう。携帯電話について考えてみよう。1994年に携帯電話を保有していたのは、世界中の成人のうち1％にすぎなかったが、2020年までに、6歳以上の人間の90％は携帯電話を持つようになるだろう。携帯電話は強力な技術であり、情報伝達のスピードを上げることで、労働効率を何倍にもできる。インターネットもそうだ。１９９７年にインターネットにアクセスできていたのは世界人口の１％だが、今やその割合は50％に達する。すぐに１００％近くになるだろう。莫大な量の知識に自由にアクセスすることを可能にし、また商品の新たな購入／販売チャネルを生み出すインターネットは、人間が行う仕事を何倍も効率化してくれる。

ＡＩがあれば、スマートフォンに世界一の名医を搭載することもできる。世界一の教育者もだ。機械工、セラピスト、配管工、パーソナルトレーナー、栄養士、そのほか何でもだ。文明の偉大な贈り物である莫大な量の知識は、完全無料で誰でも利用可能なものになる。インターネットそのものも強力だが、ただ情報にアクセスできるということと、そうした知識の頂点に立つ人工知能へアクセスできるということは意味が違う。人はＡＩからの情報提供を元に決断を下すようになり、地球上のあらゆる人が、それまでの人類よりも賢く思慮深くなれる。ＡＩは、貧しい人も裕福な人と同じ知識にアクセスできるようにする。知識は力だ。あなたの人生をよりよくする原動力だ。イノベーションはボトム・ビリオンに彼らが必要とするツールを与え、貧困から脱出させ、世界が蓄える巨万の富を分かち合うことを可能にする。

私たちの3番目の課題である疾病も、技術的な問題だ。疾病がなければならない理由などない。疾病が存在するのは、単に私たちが撲滅する方法をまだ知らないからだ。そして私たちは、疾病を根絶できるということに少し自信を持っても良いと思う。なぜそこまで楽観的になれるのかって？

史上最悪の伝染病、天然痘について考えてみよう。この災厄は人類を1万年にわたり苦しめてきた。20世紀だけでも4億人の命が失われている。この数は、これまで人類が経験してきた全ての戦争による死者の合計を上回る数だ。そんな悲惨な病があったのだ。そして、私たちはそれを根絶した！　エドワード・ジェンナーが１７９０年に天然痘に対するワクチンを開発したのだ。これは画期的なことだった。というのも、感染症の原因が病原体であることを示したルイ・パスツールが生まれる前のことだったからだ。つまり私たちは、天然痘が病原体によって引き起こされるということを知るよりも前に、石器時代に毛が生えた程度の技術で、ワクチンを手に入れたのだ。

それでは、今日の技術を使ったら何ができるかを考えてみよう。私たちは宿敵である病原体をバラバラに分解してその本質を明らかにすることができる。そして将来はコンピュータの中で病原体をモデル化し、短時間で無数の治療法を試せるようになるだろう。さらに、私たちはヒトゲノムのことをより深く理解し始めていて、既に患者一人ひとりにカスタマイズした治療法を開発し始めている。最後に、ビッグデータだ。私たちは数え切れない患者たちと病気との闘いの歴史を研究し、治療法確立の手がかりとなるわずかな情報もそこから引き出すことができる。医師より正確な診断と治療ができるＡＩの開発を目指すアリ・パーサ博士は「今から２〜３年後に人間が機械より正確に診断できているとは思えない」と語る。

ＡＩ、増え続けるデータ、そして値下がりを続けるセンサーは極めて強力な組み合わせになる。ブレークスルーは急速に、しかも劇的な形で訪れるだろう。例えばウイルスは、確かに小さくて狡猾だ。ウイルスは彼らがやるべきたった１つのこと、すなわち宿主を利用して自分を複製することにかけては、恐ろしく効率良くできるように進化してきた。とはいえ彼らは私たちがやることに対抗する戦略など立てられはしない。何せ、彼らは私たちのゲノムも解読できないのだ。ウイルスにできることは、自らの遺伝子に変異が偶然入り、私たちの目をかいくぐれるようになることを待つことだけだ。それが彼らの唯一の作戦である。一方、私たちの医学に関する知識は年々増えていく。最終的にどちらが勝つだろうか？

これは机上の空論ではない。既に多くの素晴らしい技術が実用化されているし、もうすぐ実用化されるものも多々ある。目の不自由な人や弱視の人でもある程度見えるようになる眼鏡が既に開発されている。ヨーロッパでは電波を使った高血圧治療が進められている。脳でコントロールできる義肢も開発された。静脈や動脈を３Ｄプリンターで造形できるようになる日は近いし、肝臓などの移植用臓器も10年以内には造形できるようになっているはずだ。リハビリテーション用のロボット義肢は、アシストする力を徐々に弱くすることで、患者が自分で手足を動かす感覚を徐々に取り戻せるようにする。医師が世界中の患者をバーチャルで診断することを可能にするテレプレゼンスロボットは既に実現している。人間の手ではできないような手術もコンピュータ制御のレーザーでやられている。オランダの会社は、有効成分を体内の特定の場所に運び、放出できる薬剤を開発した。こうしたブレークスルーを挙げていけばきりがない。

疾病に残された日はそう長くはないだろう。しかし、本当の課題はまだある。中でも重要な課題は、疾病そのものではなく、業界を取り巻く経済的環境だ。ペニシリンなどのよく使われる重要な薬が現在びっくりするほど安く手に入るのは、運が良かったからにすぎない。かたや、C型肝炎の治療は10万ドルもする。つまりこうした医療は、金持ちは受けられても貧乏人は受けられないということだ。私たちはまだ、医療をうまく公正に提供する良い方法を知らない。医療費は米国の連邦支出の1／5近くを占めており、1人当たり医療費は年間1万ドルにも達する。この国が外れ値であることは間違いないが、世界の医療費は平均してGDPの10％を占めており、みな医療費を支払うために苦労している。ただしこれも永久に続く問題ではないだろう。時間が経つにつれ、性能は上がりコストは下がっていくというのが、技術の特徴だからだ。

無料のクリーンエネルギー

あなた（正確にはあなたの体）は常時およそ100ワットの力で動いている。つまりあなたが消費しているエネルギーは、明るめの電球1つ分くらいということだ。あなたの精神機能、筋肉、各臓器の機能、体温の維持などといったあらゆることは、案外少ないエネルギーで賄われているわけだ。もし、あなたが無人島に着のみ着のままで放り出されたら、100ワットでできることの限界が身にしみるだろう。1800年以前、蒸気機関が実際に使われるようになる前は、ほとんどの人が人間にできる仕事量の限界を正確に把握していたに違いない。なぜなら、彼らは毎日それに直面していたからだ。

現代では、人は自分自身が作り出す100ワット以外の恩恵も受けている。電力やガソリンなど、様々な形で供給されるエネルギーを使うからだ。米国人を例に取れば、常に1万ワット余分なエネルギーが与えられている計算だ。このエネルギーが、私たちに自由時間をもたらし、温度がコントロールされた部屋でくつろいだり、ある場所から別の場所へと高速で移動したりすることを可能にする。このエネルギーが私たちのコンピュータを動かし、道の敷設や食料の収穫を可能にし、そのほか幸運にも私たちが当たり前のように享受している、日々の奇跡の原動力となっている。私たちの生活水準は、利用できるエネルギー量に依存する。世界中のあらゆる人が多少なりとも外部エネルギーによる恩恵を受けながら暮らしている。もしあなたが今中国に住んでいたら、あなたは自分でつくり出す100ワットの他に、2500ワットのエネルギーを利用できる。ブラジルなら2000ワット、インドなら1000ワットだけだ。国によっては、貧しいために1人当たり追加で数百ワットのエネルギーしか利用できないところもある。

今のところエネルギーは高価なので、私たちはみな使用量を減らそうと頑張っている。例えば、アメリカン航空がSkyMallという通販カタログを機内から撤去したところ、カタログの重さ分機体が軽くなったために年間35万ドルもの燃料費が浮くようになったという。私たちは多大なエネルギーと時間と費用をかけて、どうすればエネルギー消費を抑えられるか明らかにしようとしているわけだ。しかし私たちのゴールは、惑星全体として、クリーンかつ持続的で公正なやり方でエネルギー消費を増やすことだ。それを可能にする唯一の方法は、安価、あるいは無料の新たなクリーンエネルギーの供給源を見つけることだ。これが人類全体の繁栄への最短ルートである。

私は、これが達成可能だと思っている。その理由は単純で、エネルギーは宇宙で最も豊富にあるものだからだ。化石燃料は有限で不足しているが、エネルギーはあらゆる場所に存在する。私は確かな情報筋から「$e=mc^2$」、つまりごくごく小さい物質ですら豊富なエネルギーを蓄えていると聞いたことがある。そうしたエネルギーをクリーンで環境に優しい形で放出させるには技術が鍵となる。技術が前にも述べたように「倍加」することを考えると、ほぼ無料で無尽蔵にある、数十の潜在的エネルギー源のうちどれか1つくらいは、遅かれ早かれ秘密が暴かれて地球に電力を供給し始めるものと思われる。

私たちを取り巻くエネルギー源は尽きることはなく、その一つひとつがいくつかの技術的ブレークスルーによって私たちの星全体を変えられる状態にある。例えば、ハリケーン1つには、米国で使われるエネルギー1年分を十分に賄えるエネルギーが含まれている。私たちはただ、それをどうやって取り出すかを考えればいいだけの話なのだ。また、私たちは潮汐によって毎日海面が盛り上がったり下がったりする、なんとも便利な星に住んでいる。潮汐は、おそらく私たちが使い切れないほどのエネルギーを持っているはずだ。私たちはただ、その一部だけでも回収する方法を見つければ良い。私たちが住む惑星の中心にはドロドロに溶けた、太陽の表面よりも熱い核がある。もし私たちがそのほんの一部だけも採取することができれば、誰もが罪悪感なしに窓を開けたままエアコンをつけることだって可能になる。私たちのはるか頭上では常に時速320㎞の風が吹いていて、多くの企業がそのエネルギーを取り出す方法について研究を進めている。太陽のミニチュアを作り出し、それが放出する無限のエネルギーを利用しようとする核融合炉が、中国や欧州などで建設されつつある。それから、もちろん太陽もある。太陽は年間400万エクサジュールという天文学的な量のエネルギーを私たちに浴びせてくれている。私たちは一体、何エクサジュール使っていると思う？　500だ。つまり私たちは、太陽が分け与えてくれる400万エクサジュールの中から500エクサジュールをどのように回収するかだけを考えればいいのだ。これは、この上なく技術的な問題だ。

私たちはどれくらいのエネルギーを欲するのだろうか？　地球上に住む人間全員に平均的な米国人が消費しているのと同じ量のエネルギーを供給するには、年間5000エクサジュールが必要だ。現在の米国での年間エネルギー生産量の50倍が必要になる。これは怖気付くような量ではあるが、これまでに見てきたいくつかのエネルギー源をみれば、不可能ではない。

この分野では大きなブレークスルーが期待できると思う。というのも、経済的インセンティブが存在するからだ。太陽光エネルギーなどのクリーンエネルギーが劇的に値下がりしてきているのは、利潤動機があったことと、エネルギー生産ではわずかな改良も富につながるためだ。この構造が今後変わると考える理由はない。

戦争の終焉

第四の時代の戦争はどうなっているだろうか？　私たちは、第二部の12で論じたようなＡＩ兵器によって戦争が増える時代に突入するのだろうか？

私はそうは思わない。逆に、国家間の組織化された戦闘はなくなる時期にさしかかっていると思う。ばかばかしいほどに楽観的な予測だと思われるかもしれない。たしかに、国が軍事力を誇示しているニュースを聞かない日はないくらいだ。

組織化された戦闘は世界最古の都市ができた頃からずっと続いている。記録がある過去５０００年の間で、戦争がなかった時代はわずか２００年間ほどだ。だから、戦争がなくなると主張したかったら、どういう根本的な変化によって戦争がなくなるのか、証明しなければならないだろう。

まず、私たちは実際どれだけ暴力的なのだろう？　動物界の他の生き物と比べると、人間は互いを傷つけ合う性質が群を抜いて強いように思える。また、多くの人は、今の私たちが太古の世界で無邪気に暮らしていた祖先の狩猟採集民よりも暴力的だと、直感的に考えている。しかしどちらの推測も誤りだ。動物種ごとに種内での暴力による死亡率を比べてみると面白い結果が見られる。地球上で最も不誠実で残忍な動物種はミーアキャットだ。ミーアキャットの５匹に1匹は、他のミーアキャットによって殺される。まるで、映画「パージ」（訳注）の世界を生きているようだ。猿やキツネザルなども同じくらいタチが悪い。ランキングを下っていくと、ライオンの13％は他のライオンによって殺され、オオカミの10％は他のオオカミによって殺される。ヒグマ同士の殺し合いは、10％にわずかに届かない頻度で起こっている。そして、より平和的な動物たちが現れる。私たちと似たような行動をとることもある類人猿では2％ほどだ。

では、人間はどうなのだろうか？　まず、今の人間がどこまでやれるのかを知る意味で、地球上で最も平和な場所をみることから始めよう。経済平和研究所の世界平和度指数によれば、その場所は2位にだいぶ差をつけて、アイスランドということになる。アイスランドの人口は33万人を少し上回る程度だ。最近のアイスランドにおける死亡者数は年間2000例ほどである。よって、もしアイスランドに住んでいるのがミーアキャットであれば、2000例のうち400例が殺人ということになる。類人猿であれば、40例だ。それではアイスランドに住んでいる人間は実際どうなのだろうか？　たったの2例だ。殺人が1件も起こらない年もあるが、直近の12年間の、殺人による死亡者数の合計は25例だ。そして、アイスランドは戦争による死者を出したことがない。これが、今日の平和な文明の最たる例だといえるだろう。死亡者数の0・1％が殺人ということは、類人猿よりも95％も少ない。私たちもそこまで行けて当然だ、そうだろう？　アイスランド人は他の国の人間よりも生物学的に平和なわけではなく、文化的

訳注：2013年に第1作が公開されたアメリカのスリラー映画シリーズで、1年のうち1日だけ殺人を含めたあらゆる犯罪が合法化される世界が舞台

に平和なのだから。

　では、アイスランド以外ではどんな具合だろうか？　明らかにより暴力的ではあるが、あなたが考えているほどではないかもしれない。世界中の年間の死亡者数はおよそ6000万人で、そのうち45万人が殺人だ。戦争で死亡する人の数はかなり変動が激しいが、15万人だと仮定しよう（過去50年間の大まかな平均値だ）。すると、暴力による死者数は合わせて60万人。6000万人のうちの1％ということになる。そして、その数は減り続けている。考古学的推定によれば、古代の人類は殺人鬼ミーアキャット並の頻度で殺し合っていたようだから、人間は残虐だった古代から現代のアイスランド人に至る道のりで、劇的な進歩を遂げたということになる。

　ただ、戦争で年間15万人も死亡しているというのはかなり多い。私たちは本当に将来、戦争をしなくなるのだろうか？　私は希望を持つに足る理由があると思っている。

　まず、最も重要なのは経済的理由だ。戦争はもはや国家にとって利益を生むものではない。富は手で触れられない形で保管されるようになってきているから、戦場で略奪できるものも特にない。武器商人は確かに戦争でもうけているが、国が戦争で利益を上げられなくなったら、戦争は終わる。現代の豊かな国々は、互いに戦争を仕掛ける経済的余裕がないのだ。例えば、東京が地震で壊滅的な被害を受けたら、再建するには10兆ドルかかるという試算がある。そんな東京が破壊されるかもしれないリスクを負ってまで、日本がどこか他の国と戦争をするだろうか？　ニューヨークや北京やロンドンやパリを再建するコストも似たようなものだ。非対称戦争においては、豊かな国のほうが貧しい国よりも失う物が大きい。破壊するには大した金がかからないが、破壊される側の価値が天文学的に高くなっているからだ。世界全体が豊かになるにつれ、戦争はますます経済学的にあり得ない選択肢となっている。

ただし、爆弾で破壊されるのは財政面だけではない。世界の国々は貿易でつながり合っている。貿易相手国同士が戦争に踏み切ることはほとんどない。ビジネスに打撃を与えるし、ビジネスは極めて大きな波及効果をもたらすからだ。世界の金融システムは互いに依存しあう巨大な一枚岩を形成しており、その中で戦争することは自殺行為に等しい。好戦的な国が平和を愛する同盟国を戦争に引きずり込むことで悪名高い軍事同盟は消滅しつつあり、貿易に加えて平和も支持する経済同盟で置き換えられつつある。

次に、戦争を助長する条件が消滅しつつある。1人当たりGDPが低い国ほど戦争に踏み切る確率が高いので、貧困を終わらせれば戦争もなくすことができる。食糧不足も戦争の予測因子だから、飢餓を終わらせることができれば、戦争も減らせる。非識字や教育の欠如は貧困や戦争との相関が認められているが、幸運なことに学歴も識字率も向上している。民主的平和論によれば、民主主義国家同士が戦争を起こすことは極めて稀であり、今や民主主義が世界を席巻している。第二次世界大戦が終わった頃、民主主義国家はわずか10ほどであったが、今は100以上の国が民主主義をうたっている。戦争をスポーツだと捉えているきらいがあった君主国は消えつつある。

そして3つ目に、世界の文化が変容してきている。現代では、人は戦場での功績ではなく、経済的な功績によって評価されるようになっている。ナショナリズムは衰退しつつある。国が情報の流れをせき止める力はどこでも失われつつあり、国が情報を独占したり物語をねつ造したりすることは困難だ。政府による公式のストーリーが正しいと頭から信じている人はもはや地球上にはいないので、政府が戦争を始める口実を作りだすこともほぼ不可能である。ニュース専門チャンネルはリアルタイムで戦争の悲惨さをテレビに映し出し、インターネットは両側の苦しみを余すところなく伝える。多くの人が海外旅行をするようになっていること、そして国籍や人種、宗教の違いを超えた結婚が増えていることも平和に寄与している。政府はより透明性が高くオープンになっており、50以上の国がオープンガバメント・イニシアチブを実施、推進している。

　コミュニケーションがかつてないほど簡単に取れるようになったことも、平和に貢献している。ホワイトハウスとクレムリンをつないだホットラインが冷戦の緊張を解いたのだから、60億の携帯電話によるコミュニケーションがどれほど大きな役割を果たせることか。ソーシャルメディアによって人々は組織化して政府に要求を突きつけられるようになってきた。英語が世界第二の言語になった今、言語の壁は低くなってきている。ＡＩがベースの同時通訳も実現しつつあり、コミュニケーションの障壁はさらに取り払われつつある。

　このリストはまだまだ続く。納得できない人も多いかもしれない。私がここに挙げた全体的なトレンドに合わない例を見つけて胡散臭く思う人もいるだろう。しかし、もう一度このリストを読み返し、書かれていることと反対のことが戦争を生み出す要因にならないかチェックしてみるといい。民主主義がない世界を想像してみよう。多くが飢餓状態にある。多くは貧困層だ。ナショナリズムが台頭している。経済的に完全に孤立している。国がニュースをコントロールしている。国民は教育を受けていない。インターネットもない。などなど。こんな世界だったら、一触即発ではないか？　私たちはこれとは正反対の世界を作り出そうとしている。これが平和に繋がらないことがあるだろうか？

確かに、戦争を終わらせるにはまだ長い時間がかかることだろう。軍需産業はいまだに世界の3大産業の1つだ。ちなみに、皮肉なことに残りの2つは食品と医薬品である。米国では、アイゼンハワー大統領がかつて忠告した通りのことが起きている。永遠に続く、利潤動機によって突き動かされる兵器業界だ。ヘンリー・フォードはかつて、「戦争で誰が利益を得ているか教えてくれ。そうしたら私は戦争をやめる方法を教えてあげよう」と言った。そういうわけだから、第四の時代に入っても軍備費は減らず、AIを搭載した殺人ロボットみたいな新しいより良い兵器を作り続けることになるだろう。この先も長い間、国々は多大な富を致死的兵器の備蓄のために使い続けるだろう。変わることといえば、いつそれを使うべきか、という計算の方だ。それは今まで以上に高くつく、危険な提案になるだろう。

第四の時代に到来する様々な進歩とは裏腹に、すぐにはなくならない2種類の破滅的な暴力行為が存在する。1つ目は、アンネシュ・ベーリング・ブレイビク（訳注1）や、ティモシー・マクベイ（訳注2）や、ツァルナエフ兄弟（訳注3）のような人間が決していなくならない、ということだ。9・11の犯人のような人々は常に存在する。他人を痛めつける大量殺人を企てるような頭のおかしい悪人がこの世からいなくなる日は遙か彼方だろう。この問題に関しては簡単な答えはないが、実際問題、個人がこれまでにない規模で大量破壊を起こすことが可能になってきている。また、内戦、クーデター、暴動も起こり続けるだろう。こうしたことは、遠い将来、全ての国家が繁栄し、全ての国の全ての人々が同じシステムを信用するようにならない限り、解決できないだろう。

新たな余暇

先に、ケインズが将来は週15時間しか働かなくなると考えていたと書いた。しかし、歴史が導くところでは、私たちは必要以上に働き続けるだろう。基本的なニーズを満たすためではなく、ふくれあがり続ける欲を充たすためだ。そうはいっても、第四の時代にも余暇の時間はあるはずだ。今よりも多いかもしれない。

新たな余暇を生み出せるところがあるからだ。1つは、個人の労力を節約できる、いわゆる時短デバイスの開発だ。前にも同じことが起こった。少しだけ例を挙げるなら、洗濯機、電気式のアイロン、電気掃除機などだ。それから、携帯電話が普及する前、ちょっとしたことを調整するためにどれほどの時間がかかっていたか考えてみるといい。私が大学生だったころ、もし友達と連れ立ってハンバーガーを食べに行こうとしたら、次のようなプロセスを踏んでいた。寮を訪ねて彼の部屋に行ってみるが、彼はいない。そこでドアに「図書館にいるから、一緒にハンバーガーを食べに行こう」と書いたメモを貼り付けておく。彼がそれに気づいて図書館に来た頃には、私はすでに図書館にはいない。そして図書館の職員は彼に、私が「あっちのほう」に行ったと、漠然とした方角を伝える。もうハンバーガーどころではない。次に彼と私がばったり会えるのは14年後、我が子のリトルリーグの試合を観戦しにいったときだ。

同様に、ＧＰＳがない時代は、車を運転するときはシーツのように巨大な、出版される頃にはすでに内容が古くなっている地図が必携だった。新婚の２人が車で旅行しようと思ったら、１人がハンドルを握り、もう１人は地図とにらめっこしていたものだ。この構図のために地図にはだいたい離婚専門の弁護士の広告が載っていた。

技術はこうした様々な無駄な時間から私たちを解放してくれた。将来一層の効率化が進むと考える理由は山のようにある。例えば、将来信号待ちに費やす時間について考えてみよう。なんと！　自動運転車が最適なルートを走ってくれれば、あなたはその時間を取り返すことができる。家の中でどこに置いたかわからなくなってしまったものを探すのに費やしている時間についてもそうだ。あなたがどこに何を置いたかすべて記憶してくれるスマートホームなら、そんな時間も不要になる。あなたが残りの人生の中で、どの映画を見ようか、どこのレストラン

訳注１：２０１１年にノルウェー連続テロ事件を起こした人物
訳注２：１９９５年のオクラホマシティ連邦政府ビル爆破事件の主犯
訳注３：２０１３年にボストンマラソン爆弾テロ事件を起こした人物

で食べようか、どこの医者にかかろうかと考えている時間の総計について考えてみてほしい。もちろん決断するのはあなた自身だ。しかしＡＩはあなたが思っている以上にあなたのことを知っているから、きっとＡＩの提案をあなたも気に入るようになるだろう。

私たちの時間は、無数のとるにたらない事によってほんの少しずつ削られ続けている。しかし、みんな状況は同じなので、ふだんそのことに気づくことはほとんどない。列に並んだり、書式に記入したり、説明書を読んだり、アップデートをダウンロードしたり。服を試着したり、買ってきた食品をしまったり、待合室で待ったり、役所で煩雑な手続きをしたり。ロボットやＡＩがこうした時間をすべて取り返してくれるわけではないが、かなりの部分が自由時間として戻ってくるだろう。この余った時間をどう使おうか？

この質問に答えるには、最近社会を変えた技術でまだ黎明期ともいえる、インターネットを私たちがどう使っているかについて考えてみるといいかもしれない。この技術を私たちがどう使うことを選んだのかを見ると、私たち自身のことがよくわかる。だいたいはよいことだ。

インターネットが明らかにした、人間の６つの性質

忘れがちなことだが、インターネットがまだ存在しない頃、人々はほとんど何も書いていなかった。私の親の世代について考えてみよう。私の父はアメリカの実業界で１９６０年頃から２０００年までバリバリ働いていた。母は専業主婦で、私たち子どもとともに家にいた。両親

は、その世代の全ての人と同じように、あまり手紙を書かなかった。その時代の人々がEメールの代わりに手紙をたくさん書いていた、という印象は正しくない。手紙を書くという行為は第二次世界大戦直後、電話の性能が上がったことで減少し始めた。AP通信によれば、インターネットが普及するずっと前の1987年に、平均的な家族が受け取った手紙の数は2週間に1通だった。私がその頃両親になぜもっと手紙を書かないのか、と聞いたら、なんて変な質問をするのだろうと思われたことだろう。母は私の額に手をあてて、熱がないか心配したかもしれない。おそらく彼らは、書きたいことが何もないから書かないだけだ、と答えただろう。

しかし実際のところ、この答えは間違いだ。彼らが書かなかったのは、書くためのツールが非常に面倒で使いづらかったからであり、さらに、書いたことを公開する手段もなかったからだ。どうしてそんなことがわかるのかって？　答えは単純、Eメールが発明されたとたん、誰もが書き始めたからだ。どれほどみんなが書いているかって、毎秒200万通以上のEメールが送られているくらいだ。毎秒だ。たった今、あなたがさっきの文を読んでいた間にまた200万通送られた。そして、今また200万通だ。ブログが発明されると、1億人以上の人がブログを書き始めた。商品を評価しレビューできるシステムができあがったら、数えきれないほどの人がそうした。つまり、私たちはみな、何かを言いたいのだ。ツールさえ与えられれば、私たちの表現欲の扉は開かれる。

これはある世代に限った現象というわけでもない。こうした技術を50歳以上のグループが取り入れたのは若い世代よりも後のことだったが、やがて追いついた。2015年には、20歳の米国人の89％がEメールを使っていたが、70歳の88％も使っていた。

他人と関わり合いたい

実は、私たちは単に自分を表現したいだけでなく、他人と関わり合いたいと思っていることもわかった。毎日13億人がフェイスブックにログインする。それぞれには平均して150人のフェイスブック上の友達がいる（興味深いことに、150というのは人が安定的な関係を維持できる人数であるダンバー数と一致する）。人は数えきれないほど投稿し、ステータスを更新し、その結果全体で1兆以上の「いいね」が生まれている。世の中にはいいねと思えることが随分たくさんあったものだ。さらに、フェイスブック以外の数多くのサイトでも人はつながりあっている。つながる理由は共通の興味を共有するため、新たな人と出会うため、恋人を見つけるためなど、様々だ。インターネットは誰も予想しなかった方法で社会的相互作用を促進している。

互いに助け合いたい

つながりあうだけでなく、私たちは助け合いたいと思っている。インターネット上には、人々が何の見返りも期待せずに他人を助けている場面がごまんとある。今度ポートランドに家族旅行するのだけれど、現地で何をするのがおすすめか、などと質問を投稿すれば、1ダースくらいの人が議論に加わってくれるだろう。何かの病気と診断されたときは、インターネット上を探せば支援コミュニティが間違いなく存在する。プライベートで問題を抱えている？　手を差し伸べ、アドバイスしてくれるグループがいくつもある。彼らはみな、ほぼ純粋に利他的な動機で助け合っている。

クリエイティブでありたい

私たちがこれほどクリエイティブだったと誰が予想しただろうか？　インターネットは私たちの創造性の扉も開いた。フェイスブックには毎秒5万枚の写真がアップロードされている。YouTubeには毎日数百万の動画がアップロードされている。iTunesストアでは3000万曲の楽曲が提供されている。明らかになったことは、思った以上にたくさんの人が写真家であり、映像作家であり、ミュージシャンであったということだ。私たちはただ、創造するツールと成果物を共有するツールを持っていなかっただけなのだ。そのツールを手に入れたとたん、私たちのなかにくすぶっていた創造力が一気に解放された。これは前代未聞のことだ。この大衆化の流れが明らかにしたことは、私たちはみなクリエイティブで、芸術は少数の天才だけのものではなかったということだ。

影響力を持ちたい

インターネットは多くの人に世界をよりよくしようという動機や力を与える。社会貢献がインターネットの規範だ。様々な署名活動が新たに起こっては拡散し、資金調達や啓発活動などのチャリティーが行われ、私たちの集団としての強い怒りはまとまりのある行動として現れる。インターネットがない時代にこうしたことをやろうと思ったら、どれほど大変だっただろうか。私たちは自分の人生を意味のあるものにしたいという強い欲求があり、インターネットがそれを可能にしているのだ。

真実を知りたい

インターネットがあなたをある種の情報の殻に閉じ込め、都合の良い事実しか見えなくするという懸念もよく聞かれる。確かにそういう側面もあるだろう。しかし、そうではない面があることも覚えておいて損はない。例えば１９８０年、あなたの毎日の情報源は新聞と、3局しかないテレビのニュース番組しかなかった。しかもテレビのニュースは1日1時間しかなく、どの局も基本的に同じニュースしか流さない。それしかなかった。私たちはみな、ほんの一握りの人々の意見や見解をありがたがって聞いていたわけだ。インターネットによって、あらゆる文言についての事実確認が行われるようになり、すべての虚偽が暴かれ、糾弾されるようになった。知りたいことはすべて、検索窓に入力して何度かクリックするだけで目の前に現れる。毎秒10万件を優に超えるウェブ検索が行われているということは、世界中に今この瞬間、まだ知らないことを知りたいと思っている人間がそれだけいるということだ。すばらしい知識の大衆化であって、これは紛れもなく良いことである。

以上が、過去20年間で明らかになった人間の6つの性質だ。第四の時代の幕開けに合わせて開花した私たちのこうした特長が、これからの時代を通して満開にならないと考える理由はないだろう。人工知能は真実を見極めたり、他者とかかわりあったり、創造性を発揮したりといったことを可能にする新たな方法を提供してくれるだろう。

こうしたことはインターネットがインフラを提供したからこそ可能になったもので、今の私たちはこれが先端技術だと思っているが、きっとすぐにこんな混沌としてあちこち噛み合っていなかった技術をよく使っていたな、と振り返る日が来るだろう。インターネットのように巨大で無限の可能性を秘めたものを人間が満足に扱うには、ＡＩのように進んだ何かが必要だ。そして、その到来はもうすぐだ。

ところで、余った時間を人は超リアルなバーチャル世界に没入して過ごすと考えている人々もいる。どこかがおかしい私たちの現実よりもずっと好ましく、愛情や承認欲求や達成感など社会的なニーズを全て満たしてくれて、何も危険なことが起こらない、抗い難い世界。考えてもみなさい、と彼らは言う。いつだって人間はいろいろ飲んだり吸ったりして現実から逃避しようとしているではないか、と。今あるオンラインのバーチャル世界の人気が、その魅力を物語っている。その多くは、ユーザーが滞在した延べ時間が１００万年を超えている。今の私たちが持っているローテクの、リアリティがあるとはとてもいえないコンピュータでもこの人気ぶりなのだから、将来実現するかもしれない完全没入型のバーチャルリアリティであればどれほどの人気を博すことか。

このシナリオが本当になった場合の結末は簡単に予想できる。友情の終焉、結婚の終焉、育児の終焉。終わるといっても、物理世界での話だが。出生率は下がり、社会的交流も少なくなる。人間が皆チェックアウトしてしまった世界。みな点滴で栄養を供給され、起き上がることすらない。脳とバーチャル世界が直接インターフェースで接続されているので、何もかもがこの上なくリアルに感じられる。

こんなドラマチックな展開はSF作品としては面白いかもしれないが、こんなことが起きるとは思えない。ペーパーレスの時代にかつてないほど紙が消費されているように、インターネット時代にも思わぬ成果が現れた。人々はオンラインで出会うと、だいたいリアルでも会おうとするのだ。つまり、デジタルの出会いが、物理体験に繋がるわけだ。なぜだろうか？　なぜ私たちは、現実の体験の方を好むのだろうか？　どうやら、人工的には再現することができない、手で触れることのできない質的な何かが「リアル」の中にふんだんに含まれているようだ。フェイクの世界は、「本物っぽい」だけなのだ。

では、私たちは技術を使って世界からいなくなろうとするだろうか？　仲間との関係を絶ってまで？　私はその反対、つまり人間は先ほど紹介した6つの特長を活かす機会をもっと欲するという説を支持するエビデンスのほうがずっと多いと思っている。今日のインターネットで起きていることや、そこから浮かび上がる私たちの本質をみれば、私たちに世界からいなくなりたいという欲求があるとは考えられない。明らかに、私たちが世界とより関わり合いたいと思っていることを示している。

新しいあなた

第四の時代の技術の多くは、健康やウェルネスに関連している。これは予想通りといったところだ。世界のヘルスケア関連の支出は7兆ドルを超えているのだから、ビジネスチャンスの塊といえる。しかし、医療の分野でこれほど多くの進歩が見られているのにはもっと大きな理由があって、それは私たちの体が機械のように振る舞うからだ。心臓には弁やチャンバーがあり、私たちは同じような構造をした、同じように機能する人工心臓を作ることができる。体のどこかが機能しなくなったら、私たちは技術の力で機能不全に陥った、あるいは摩耗したパーツを修理しようとする。

技術で体を治すことはもちろん行われているが、技術を使って体の機能を増強するという試みについてはどうだろうか？　あなたにもし選択肢が与えられたら、あなたはより良く、より強く、より速くなるように体をアップグレードしたいだろうか？「600万ドルの男」シリーズ(訳注)の主人公、スティーブ・オースティンのサイボーグの足と自分の足を取り替えて、時速96km（100m3・7秒）で走れるようになりたいと思うだろうか？　侵襲的な医療措置を受けて、筋肉を増強したいと思うだろうか？

訳注：1970年代の米国のテレビドラマ

こうした問いのうちいくつかは簡単に答えられる。人工臓器はどうだろう？　私たちはすでに人工の心臓を実現している。ペースメーカーや人工心臓を装着している人は人間ではない、などと言う人はいない。聞くところによれば、将来、顕微鏡レベルの小さなマシンが血流に乗って体内を泳ぎまわっては、悪くなったところを修復してくれるようになり、私たちは若く健康なままでいられるようになるそうだ。こんな、肉眼で見えないような小さな存在も嫌がる人がどれだけいるだろうか？　私たちはすでに、医者によくわからない薬剤をたくさん投与されているではないか。

高機能の人工耳を作れたとしたらどうだろうか？　人はそんなものを欲しがるだろうか？今ついている健全な耳を、新しいバージョンと取り替えたいと思うだろうか？　もちろん！明確な線引きができないすべり坂論のような話で、結末は簡単に予測できる。過去を振り返ってみよう。眼鏡は視力を矯正した。それは「神からの授かりもの」と呼ばれた。ベンジャミン・フランクリンは遠近両用眼鏡を開発した。それについて誰も文句は言わなかった。次に実現したのはコンタクトレンズだ。これは、実際目の中に突っ込むものである。これについても、だじゃれというわけではないが誰も目くじらを立てたりしなかった。それから、レーシックが登場した。ついに、私たちは人間の眼球を切り開き、形を変えるまでになったのだ。こうして一歩一歩進んできたわけだが、この技術が途中で拒絶されたことはなかった。見えるということは本当に素晴らしいことなので、誰かを見えるようにできるというときに、「人間性の喪失」のような曖昧でわかりにくい議論が起こることはない。私たちが盲の人でも見られるようになるサイボーグの目を開発できたら、視力が悪い人たちも自分の目をそれと交換しようと思うのではないか。そして、少し乱視気味だというだけの人も取り替えるようになるだろう。やがて、誰もが目を交換するようになる。2km先が見えるようになりたくない人はいるだろうか？　しかも、新しい目は色も選び放題だ。青でも茶でも、タイダイ柄でも。

これがどこまで続くのかは誰にもわからないが、どこかの時点でおそらく私たちは、どこまでが人でどこからが機械なのかと考え始めることだろう。古くさい問いが全く新たな次元で議論されるのだ。人間である、とはどういうことか？　生や死とは何だ？　あなたとは、あなたの体のことなのだろうか？　あなたとは、あなたの脳のことだろうか？　あなたとは、あなたの心だろうか？

そもそも、なぜ生まれるのを待ってから改良を加えようとするのだろう？　最初からよりよい人間を作り出せば良いではないか？　いくつかの企業が、最も賢い胚を親が選べるようになる技術を開発しようとしている。「100個作って、一番良いものを選べばいいじゃない？」。実に魅惑的な考え方だ。オックスフォード大学のジュリアン・サビュレスキュー教授は、これが単純に「良い親の務め」だと言う。これを「合理的なデザイン」とよぶ彼はこう続ける。「例えばアルコール依存症になりやすいとか、サイコパスであるとか、暴力的な気質とかいった性格上の欠点に関してスクリーニングするという話だったら簡単だ。人間は倫理面で優れている子どもを選択する道徳的義務があると主張できる」

これもすべり坂そのものである。有害な遺伝子を持つことがわかっている両親は、すでにその遺伝子を子に伝えないため胚を選択している。そして案の定というべきか、ここでも豊かさに関連した新たな問題が生まれる。富裕層が背の高く、美しく、聡明で、病気にかからない子どもを作り出すようになったら何が起こるだろうか？　彼らはスーパーマンやスーパーウーマンといった新種の人間とみなされるかもしれない。少なくとも、彼ら自身は自らがそういう特別な人種だと考えるようになるかもしれない。

24 死よ、おまえのとげはどこにあるのか

ギルガメシュが悟った答え

人類史上最古の物語はギルガメシュ叙事詩だ。発掘された粘土板のうち最古のものはおよそ4000年前に作られたとされているが、物語自体は口伝のかたちでそれ以前も長きにわたり語り継がれていたに違いない。この物語では、ギルガメシュは王であり、友エンキドゥと共に天の雄牛と闘いを繰り広げる。そしてエンキドゥは死に、ギルガメシュはその時に死の恐怖を初めて味わう。永遠に生きることを誓った彼は、祖先であるウトナピシュティムを探し当て、不死になる方法を尋ねる。ウトナピシュティムは、それは不可能なことだと告げる。ウトナピシュティムとその妻だけが神から不死を与えられ、それは一度きりのことであったと。ただし、海の底に特別な植物が生えていて、それを食べれば若返ることができるとギルガメシュに教えた。ギルガメシュはそれを見つけたが、彼が食べる前に蛇が現れて食べてしまう。やがてギルガメシュは、彼の旅が無意味なものであることに気づき、本当の不死とは人生の与えられた時間の中で何かを成し遂げることだと、もしかしたら、自分が本当に偉大であったなら、永久に人の記憶に残り続けられるかもしれないのだと悟る。

この話をここで持ち出したのには2つ理由がある。まず、人類最古の物語が、死から逃げるという無駄な挑戦をして失敗する内容であったということ。次に、数千年たった今もなお、この物語がその輝きを失わず私たちに訴えかけてくるということ。2015年の終わり頃にこの叙事詩の中のまだ見つかっていなかった20行が新たにイラクで発見され、そのニュースは世界を駆け巡った。

第四の時代を生きる私たちは、ギルガメシュが失敗した所で成功できるのだろうか？　私たちは既に、人間の意識を機械にアップロードすることで不死を達成するという可能性について探ったが、肉体を長持ちさせることはできるのだろうか？　第五部の22で私は、純粋に技術的な問題は解決可能だと主張した。死は技術的な問題なのだろうか？　私はそうだと思っている。今や多くの医師が、老化を疾患に分類することを提唱している。単なる意味変化に見えるかもしれないが、老化と死にまとわりついている運命論を取り去り、論点を治療法の探索という方向に持っていくための視点の変化ともいえよう。あなたが老化するのは有限個の理由によるもので、その一つひとつはよくある技術的な問題のように見える。なぜ、体のパーツやシステムが時を経て劣化したとき、修理や交換ができないのだろう？

なぜ私たちは老いて死ぬのだろうか？　科学者らは、そこには半ダースくらいの理由があると考えている。DNAは変異することがあり、それが癌の原因となる。あるいは、ミトコンドリアに異常が生じると、あなたの体全体がだめになる。それから、時が経つにつれ体内に「ごみ」が蓄積していくという理由もある。あなたの体はゲームのテトリスのようなものだ。うまくいったものは全て消えて、間違えたものは積み上がっていく。アルツハイマー病患者の脳にみられるプラークはその一例だ。

それから、細胞分裂に関連する理由もある。ときに細胞は分裂しすぎたり、分裂をやめたりする。こうしたことでパーキンソン病などが起こる。また、老化のもう1つの原因は、テロメアが消えることだ。テロメアは染色体DNAの端に存在する反復配列で、DNAの劣化を防いでいる。あなたの体内でDNAがコピーされるとき、新たに作られるDNAはきっちり端から端までコピーできず、毎回わずかに短くなっていってしまうのだ。まぁ、このことは最初は特に問題にならない。あなたの体は賢いので、それぞれのDNAの鎖の両端に無意味な繰り返しをたくさんくっつけている。その繰り返し配列こそがテロメアだ。しかし、細胞が分裂を続けると、やがてテロメアが完全になくなってしまう。ここまでくると、すっかり短くなってしまったDNAから重要な配列が削られ始めるので、細胞は分裂できなくなる。

ただ幸運なことにこれには解決法が存在する。テロメラーゼという酵素があって、それを活性化させると、テロメアを伸長させてくれるのだ。人間では、テロメラーゼは細胞が活発に分裂している胎児期までしか活性化されていない。残念なことにテロメラーゼは多くのがんでも活性化されており、そのため癌細胞が「不死化」していることも、癌の撲滅が困難である一因だ。ちなみに、ロブスターはテロメラーゼを常に発現しているので、実はロブスターは年を取らない。50年生きたロブスターと5年しか生きていないロブスターの内臓はほとんど見分けがつかないくらいだ。

年をとらないというのはどういうことなのだろうか？　まず、年を取らない＝不死というわけではない。ただ、アクチュアリーによる計算では、どうやら６５００年くらいは生きられるようだ。それくらいの長さを生きると、何らかの珍しいアクシデントがあなたを襲うということだ。例えば、グランドピアノがビルの窓を突き破り、道を歩いているあなたの上に落ちてくる、といったような。こんな世界では、死は今以上に悲劇的なものになるだろう。事故死はあなたの人生の残り40年を奪うのではなく、４０００年くらいを奪うことになるからだ。

私たちが老化の終焉に立ち会えるのはいつになるだろうか？　そこまで一足飛びで到達する必要もないだろう。平均余命が毎年1年以上ずつ延び始めたら、私たちはもう達成できている。25年以内に可能だと主張する人もいる。ＡＧＩなら25分でこの問題を解決してくれるかもしれない。むしろ、こっそり解決したうえで、私たちに教えるべきではないと結論づけて、内緒にしておくかもしれない。

あなたは永遠に生きたいだろうか？　古い禅の祝言に「祖父死父死子死（祖父が死に、父が死に、子が死ぬ）」というものがある。これのどこが祝言なのかというと、この死ぬ順番が変わることこそが悲劇だからだ。４人の子を持つ親として、私も子どもより長生きすることになったら悲惨だと思う。しかし、それ以外の面では、私は別に死ななくてもいいと思っている。私は40代だが、既に首筋に死神の冷たい吐息を感じる瞬間がある。そして、今日のアクチュアリーが作る生命表に基づくなら、私が今日まで生きてきた日数と、今日から死ぬまでに残された日数では、後者が短いという方に誰もが賭けることもはっきりとわかっている。それなのに、私は人生を12回くらい繰り返さないと足りないほど、やりたいことだらけだ。つまり重要なことは、永遠に生きることではなく、自分の死のタイミングや死に方を自分で選択でき、思い通りの死を迎えるということだ。自分の人生を支配し、ジュリアス・シーザーのように「私は十分長く生きたし、十分成果も出した」と言えるまで生きられるとしたら、素晴らしいことではないか？

また、私たちに寿命があるからこそ、限りある人生の中で様々な選択をし、優先事項を決めたりするのだと論じる者もいる。老化がなくなった世界では、物事の延期の仕方も次元が変わるだろう。「うーん、何世紀かたってからやろうかな」と先送りするのが当たり前になるかもしれない。また、新たなアイデアや進歩に道を譲るため、老人は死ぬべきだと主張する者もいる。１６００歳台とか、１８００歳台とかの人がそこら中にいて、あらゆることに口出しをしていたらどうだろう？　さらなる進歩、ひいては高度な文明への道を邪魔するのではないだろうか？　また、死こそ生命が若く生き続ける秘訣なのではないかという説もある。死んだ皮膚が剥がれ落ちるように、世界も老人を削ぎ落としていくのかもしれない。地球上には長い間生命が存在してきたが、その生命は常に若く新しいものと入れ替わり続けてきた。ほとんどの生命体は生後数日、数ヶ月、あるいは数年しかたっておらず、故にこの惑星は常に若いエネルギーで満たされてきたとも言える。

しかし、死から逃げ果せられるかという問い自体、再考すべきかもしれない。ひょっとすると私たちはギルガメシュと同じミスをおかしているのではないか。永遠に生きられるようになる若返りの草を見つけたと思うたびに、蛇にとられてしまうのだ。寿命を劇的に延長することが不可能な理由についてはいくつか優れた考察がなされている。医学の進歩によって乳児の死亡率は減少し、多くの疾患は治療可能になり、人々が活動的に過ごせる期間は長くなったが、実は寿命の最大値は増えていないのだ。現在、世界には100歳以上の人が40万人いる。そのうち110歳の誕生日を迎えられるのは400人だけだ。たったそれだけだ。115歳まで生きられたのはこれまでに40人だけ、そして120歳の誕生日を迎えたことが確認されたのは1人だけだ。100歳に到達する人の割合は増え続けても、125歳まで生きられる人はゼロのままだ。端的に、起こりえないということだ。こうした老化に関する問題を解こうとしても、新たな問題が生じるだろう。私たちは2万個の遺伝子をもっており、それぞれができることには限界がある。情報処理の分野がいくら進歩しても、時折コンピュータを再起動しないといけないのと同じで、複雑なシステムは完璧にはなれないのかもしれない。

生物化学者であり、その全ゲノム配列が解読された最初の人であるクレイグ・ヴェンターは、老化を克服することはできないと考えている。

私たちがそこに至るとは思えない。私は生物学の現実についてわりと良く知っている。永遠に生きたいと思ったら、生きている間に何か有用な事をすることだ。

まさに、ギルガメシュが悟った答えと同じである。

25　失敗するとしたら？

私たちはリスクを正しく判断できない

病、貧困、飢餓、戦争がない世界は人類の古くからの願いであって、私たちがもうすぐ達成できそうな世界だ。その根拠は単純かつわかりやすい。技術は人間の労働の効率を何倍にもしてくれるので、資産は永遠に増え続ける。富の分配方法がたとえ不公平であったとしても、最も持たざる者ですら過剰に持っているというほど、豊かな世界となるだろう。技術を使い、私たちはあらゆる技術的問題を解決するだろう。病を駆逐し、大量のクリーンエネルギーを作り、私たちが直面しているあらゆる問題を解決することになるだろう。

それでもなお人々は、世界中から聞こえてくるニュースに圧倒され、しばしば未来を不安視する。人は、殺人事件の被害者になる確率とか、家に強盗が押し入る確率とかいったことを実際よりも多く見積もりがちだ。これはメディアのせいだという説がある。たしかに6時のニュースで「CMの後は、水道水に含まれる何があなたの寿命を縮めているかについてお伝えします！」などと煽っているばかりでは、良い影響はないだろう。しかし、原因はもう1つある。私たちは、ある種のリスクを正しく評価することが非常に苦手なようにできているのだ。

たとえば、あなたはサメに咬まれるより、ニューヨーカーに咬まれる確率のほうが10倍高い。北米国では、ヘビに殺されるよりもシャンパンのコルクで死ぬ可能性のほうが圧倒的に高いし、米国では、クマに襲われて死ぬ人よりも自動販売機に殺される人のほうが多い。だが人は普通、そうは思わない。私たちは本能的にガラガラヘビからはとびすさって逃げようとするが、自動販売機から逃げようとは思わない。そして、民間航空機が数十年にわたり安全に運行しているにもかかわらず、私たちは自動車のほうが飛行機よりも安全だという誤った考えを直感的に信じてしまう。

過剰に注意深いことは人間にとっては有利な性質でもある。私たちの祖先が生きた時代、怖がりであることは美徳だった。岩をクマと間違えて逃げることのほうが、クマを岩と間違えてそこに立ち止まることよりもずっと良い結果をもたらしたからだ。恐怖に対する認知バイアスは必ずしも悪いものではない。

それでは、私たちが未来について心配すべきことはどんなことだろうか？　誰の目にも明らかな懸念材料は生物学の分野にある。病原体を合成しようとする人がいたら、それを止めることはほぼ不可能だ。CRISPR-Cas9を用いたゲノム編集はとても簡単かつ安価で、小学生でも酵母を改変して赤色にできるキットが１００ドルで売られている。既存の病原体も十分に悪質なのに、そういった病原体のそこここをつまんで縫い合わせれば、もっと極悪なものだって作れるだろう。人種標的兵器（特定の民族的バックグラウンドの人にだけ症状をもたらすような病原体）を作り出すことだって可能かもしれない。また、人間の改変という話は、どれほど注意深くやったとしても、これまでにさんざん論じてきた文化的課題だけでなく、種の存続の危機をはらむものだ。最後に、生物学にまつわるより抽象的な問題も心に留めておかねばなるまい。私たちが人権という概念を構築できたのは、人間とは何かが明快だったからだ。しかし、例えば臓器を採取するためにクローン人間を医療機関で育てることになったりしたら、どうなるだろうか？

映画「ガタカ」は遺伝的に持つ者と持たざる者がいる未来を描いている。私たちはひょっとすると遺伝子主義とでもいうような、ある者が他の者より能力だけでなく道徳的価値まで優れているとする新しい主義を生みだそうとしているのかもしれない。もし、病院でお金を払えばゲノムをアップグレードできるといわれたら、あなたはどうするだろうか？

懸念リストはまだまだ続く。薬剤耐性菌、気候変動、人口過密、大規模なソーラーフレアで地球にある半分の電子機器と全ての人工衛星がだめになること。水不足、あくどい核保有国、頭がおかしい国のリーダーたち。機能不全に陥っている政府、歪められたニュース、誰かに都合よく作り上げられた「事実」、目に余る不寛容さ。インターネット上の会話は、相手をこき下ろすコメントの応酬ばかりだ。アイデンティティ政治（特定のアイデンティティをもつ集団を代弁する政治）は、人々が自身の重んじる価値観に対する正当な議論に背を向けて殻に閉じこもるようになると権勢をふるう。まだまだある。テロ、所得不平等、難民問題、宗教過激派。今日の世界は進むべき方向を見失い、混乱のなかで炎上しているような状態ではないか。こんなふうに物事を眺めたら、どんな楽観主義者でも少しは不安になって当然だ。しかし一歩引いてみれば、野蛮だった人類が長い道のりを経て文明社会を築くまでに成し遂げた多くのことに比べれば些細なことだと思い直すだろう。人類史の中では、世界人口が１０００ペアくらいまで減少したことがあった。数百ペアしかいなかったと考える者もいる。私たちは首の皮一枚でつながった絶滅危惧種だったのだ。私たちがどれほど危うい状況にいたか想像してみてほしい。私たちは、今直面している脅威よりもずっと深刻な脅威を乗り越えてきた。今、私たちの前にクマはいない。越えるべき岩があるだけだ。

26　第五の時代

ユートピアからヴェルトピアへ

宇宙は計り知れないほど広い。それ自体はきっとあなたにとって何ら新しいニュースではないだろう。しかし、こう考えてみたらどうだろうか。砂を1粒指先に乗せて、夜空に向けてその腕を真っ直ぐに伸ばし、その状態で指先の砂粒を見る。すると、その1粒の砂はその先の宇宙にある3万個の銀河をあなたの視線から遮っているのだ。

1977年にNASAはボイジャー一号を打ち上げ、広大な宇宙空間へと送り込んだ。様々な科学機器の他に、ボイジャー一号は銀河の中に存在する他の生命体によって見つけられ、解読してもらえるようにと金メッキされたディスクを搭載していた。そのメッセージは怖がらせようとしているわけではなく友好的なもので、他の友好的な存在と出会いたいという精神で作製された。そのディスクは私たちの文化のことも少し紹介している。音楽や芸術など、私たちがどういう存在なのかを説明するには欠かせないものだ。

1990年にはボイジャー一号は地球から約65億kmの、太陽系の端に近い部分を飛行していた。ボイジャー計画に最初から関わっていた天文学者カール・セーガンは、ボイジャー一号のカメラを最後に地球に向けさせ、その距離からの地球の写真を撮影するようＮＡＳＡに働きかけた。ミッションの中では予定されていなかったことだ。

その写真を私たちはペイル・ブルー・ドットと呼ぶ。ボイジャーがいた場所からみた地球は非常に小さい青い点で、広大な漆黒のキャンバスの中に浮かぶ唯一の物体だ。その薄い点は見えづらく、写真を丹念に探さなければ私たちの星は見つからない。

この小さな青い点は、２つの大切なことを教えてくれる。まず、私たちの好奇心に限界はなく、志はいくらでも大きく持てるということ。私たちは宇宙の秘密を解き明かしたいと思い、存在するかわからないものに向けて、いつ届くかわからないメッセージを送る。次に、ペイル・ブルー・ドットが示したことは、私たち人類はみな運命共同体であって、その中で「私たち」と「彼ら」を分かつ隔壁をどれだけつくっても、我々が住む限りなく広がる闇の中ではちっぽけなことだということだ。私たちはみな、果てしなく続く宇宙の夜の中に孤独に浮かぶ小さな点の上に住んでいる。私たちには、私たちしかいない。

私たちの種としての大きな課題は、人間として一致団結し、私たちがみな運命共同体であることを自覚することだ。ジャック・ケネディはボイジャー打ち上げの10年以上前に既にこのことに気づいており、「私たちに共通する最も基本的なことは、私たちがみなこの惑星に住んでいるということだ。私たちは同じ空気を吸っている。私たちはみな、子どもたちの未来が大切だと思っている。そして、私たちはみな、いつかは死ぬ」と言った。

私たちの物語は、一番目の技術である火を支配したことで始まった。そこから全く予期しなかった、その時代の私たちにはおそらく理解不能であったことが起きた。言語を獲得したのだ。そこから、私たちは都市を造り、農作物を栽培し、文字を開発し、文明を発明した。その過程で私たちは内なる野蛮さを抑えこむ、あるいは付け入る隙を与えさせない方法を学んできた。しかし、私たちの善意は希少性という原則による制限を受けてきた。必要なものが十分になかったのだ。食糧は足りない、薬も足りない。教育も足りない。しかし、私たちは技術という強力なトリックを身につけた。技術は人が欠乏を克服し、奇跡を起こす力を与える。

それが、今の私たちがいるところだ。第四の時代という素晴らしい時代の始まり。私たちに、この惑星に住むあらゆる人の生活を向上させる新たな力を与えてくれる時代。それは人類全体にとって最大の利益であろう。全ての人が夜になったら居心地の良い布団で平和に眠り、健康で様々な機会に恵まれる暮らしを送れるようになるなら、私たちが苦しんでいる社会問題や、最後まで残った野蛮さや欲深さの名残は徐々に消失していくだろう。

第五の時代には何が起こるのだろう。私たちは危険を顧みずに他の星へと旅立つのだろうか？　生命がいない惑星へ探査機を送り、ナノロボットを放ち、その星にある物を分子レベルで変換し、新しく理想的な生命のゆりかごを作り出すのだろうか？

私たちが地球外生命体を検出できない理由については諸説あるが、その中に知能はほぼ必ず自滅する、という説がある。1966年にカール・セーガンが興味深いアイデアを打ち立てた。星の間でのコミュニケーションを実現できるくらいの頃になると、文明は1世紀以内に自滅するか、自分の自滅的な行動を抑制することを学んで数10億年にわたり生き続けるか、という二者択一の岐路に立たされるのではないか、というのだ。

セーガンが正しければ、私たちはその岐路に立っていることになる。正しい道を選び10億年クラブに仲間入りすることができるかは私たち次第だ。この賭けに勝つには、破壊力が増していくよりも早く知恵を積み上げていかなければならない。セーガンはこの現状をうまく表している。「この広漠たる空間の中で私たちがひっそり暮らしていることを考えると、外から何ものかが手を差し伸べて助けてくれるとは思えない。すべては私たち自身にかかっている」。

私は、私たちのことを、心の底から、自信をもって、100%信じている。私たちにならできる！　私はまた、人間に生得の価値があると思っているので、宇宙へと進出していくことを願っている。宇宙もまた、私たちが来ることを待っているのではないか。そして、10億の惑星それぞれに10億の人間が住み、皆が安全で健康で豊かな生活を送り、それぞれのポテンシャルを最大限発揮して生きることを望んでいる。

しかし、他の惑星について話す前に、まずこの星でそれを実現しなければならない。昔は、人類全体が安全で健康で豊かな暮らしを送るというのは手の届かない望みだった。そのような不可能な世界のことを私たちは「ユートピア」と呼ぶ。それはまさしく「どこにもない場所」という意味だ。存在しないが、存在したらいいのにと望む場所。

16世紀や17世紀に書かれた最も古いユートピア小説を読むと、著者らが夢見た世界がその時代にはどれだけ奇異なものに見えていたか、想像することしかできない。ユートピアという言葉はトマス・モアが出版した1516年の小説『ユートピア』から来ているのだが、その中には全ての人に信仰の自由が認められている世界が登場する。１６０２年に書かれた「太陽の都」は、合法な奴隷制度が存在しない場所についての話だし、１６９９年に書かれた「テレマックの冒険」では立憲政治によるユートピアが描かれている。確かに奇抜なアイデアと思わないか？　宗教の自由は内紛をもたらすし、奴隷制と絶対君主制は数千年にわたり存在していた制度だった。

19世紀になり、さらに奇抜なアイデアがちりばめられたユートピア小説が多く書かれた。義務教育、男女平等、政府によるセーフティネット、予防医療。しかしこうしたアイデアはもはや奇抜でも何でもないだろう。現代社会はそれらを実現する道をひた走っている。そして実現した暁には、私たちはきっともっと奇抜なアイデアを考えつくにちがいない。いつの日か朝起きて、今いるこの世界以上によい世界など想像もつかない、といえるようになるまでは。そして、私はそんな日が来ると固く信じている。

その日まで、私たちは「どこにもない場所」、ユートピアのさらに先を目指そうではないか。今までとは違う、新たな思考を刺激する新しい名前が必要だ。意欲的で自信に満ちた、ただ願うだけではない言葉。「ユートピア」が存在しない世界という意味なら、「実在する場所」を意味する「ヴェルトピア」はどうだろう。私たちが協力したら作り上げられるような場所だ。

私たちはそのような世界を実現し、人類全員が機会に恵まれ豊かさを享受できる第五の時代をもたらす力も持っている。私たちならその未来を作ることは可能だし、ひょっとすると自分たちもそこで生きられるかもしれない。それはもはや根拠のない夢ではなく、実現可能なことだ。問題は、やれるかやれないかではなく、やるかやらないかなのだ。

謝辞

この本を書いている間、常に私をサポートし励まし続けてくれた家族に感謝したい。また、私のエージェントであり良き友でもある、フォリオリット社のスコット・ホフマンにも感謝したい。おそらく彼にとって私との最初のミーティングは共通の友人に対する義理を果たすためだったのだろうから、結果として意気投合したことには私と同じくらい驚いたに違いない。彼は最高のエージェントであり、最高に容赦しないポーカーの相手だ。また、出版社アトリアのピーター・ボーランドにも感謝しなければならない。この本を出版してくれたことももちろんありがたく思っているが、それ以上に彼が熱心に編集してくれたことに感謝している。彼は原稿を毎回注意深く、思慮深く読んでくれ、「平凡だ」という言葉はほとんど使わずに、思いやりのあるアドバイスをしてくれた。それから、ピーターと一緒に苦労してこの本を読み通してくれたショーン・デロンにも感謝している。彼のコメントをもとに変えた部分が山のようにあり、それが結果として内容をとても良くしてくれた。

次に、ピーターに原稿を送る前にそれを読み、有意義なアドバイスをしてくれたロバート・ブルッカーにも感謝したい。それから、エリス・オーグルズビーと昼食を共にしながら話したことはこの本の様々なところに生かされている。スコットに私を紹介してくれたサニ・ブラウンにも感謝を述べたい。そして、おしゃべりを通じてこの原稿に影響を与えてくれた、あるいは新たな情報をくれた、マイケル・ブレンド、ショーナ・バトラー、ナンシー・ジョルダノ、ジェフ・ハーバート、デイヴィッド・ハーマン、ゴーディ・ホルターマン、ブレット・ハート、プリシラ・ジョーンズ、スティーブ・レーニア、ジェイソン・レドリー、ハワード・ラブ、ジョシュア・マクルーア、ケヴィン・スタンバー、スティーブン・ウルフラムに感謝したい。

また、この本に様々な影響を与えてくれた、クリス・アンダーソン、ジョシュア・ベア、クリスティーナ・ベリー、ジム・コナリー、クリスタ・ハーバーストック・コルソン、カリーン・ダン、メラニー・ダンハム、パメラ・B・アーウィン、デイヴ・パノス、ピーター・ハンズマン、ジェイソン・ホートン、スティーブ・ボーマン・ジェンセン、ファティン・クワズニー、マイク・レンパー、ドリュー・マクファーソン、パトリシア・アン・ナイト・メイヤー、オレンシア・D・メイソン、ナンシー・ムーリス、アン・セフルナとロン・セフルナ、ケイト・シンプソン、メタ・ジェーン・スミス、ジェス・トンプソン、そしてエド・ワッサーにも感謝している。

人類の歴史とAIの未来

発行日　2019 年 4 月 30 日　第 1 刷

Author	バイロン・リース
Translator	古谷美央
Book Designer	國枝達也
Publication	株式会社ディスカヴァー・トゥエンティワン 〒102-0093　東京都千代田区平河町 2-16-1 平河町森タワー 11F TEL　03-3237-8321(代表)　03-3237-8345(営業) FAX　03-3237-8323 http://www.d21.co.jp
Publisher	干場弓子
Editor	堀部直人　渡辺基志
Marketing Group Staff	清水達也　井筒浩　千葉潤子　飯田智樹　佐藤昌幸　谷口奈緒美　蛯原昇　安永智洋　古矢薫　鍋田匠伴　佐竹祐哉　梅本翔太　榊原僚　廣内悠理　田中姫菜　橋本莉奈　川島理　庄司知世　谷中卓　小木曽礼丈　越野志絵良　佐々木玲奈　高橋雛乃　佐藤淳基　志摩晃司　井上竜之介　小山怜那　斎藤悠人　三角真穂　宮田有利子
Productive Group Staff	藤田浩芳　千葉正幸　原典宏　林秀樹　三谷祐一　大山聡子　大竹朝子　林拓馬　松石悠　木下智尋
Digital Group Staff	伊東佑真　岡本典子　三輪真也　西川なつか　高良彰子　牧野類　倉田華　伊藤光太郎　阿奈美佳　早水真吾　榎本貴子
Global & Public Relations Group Staff	郭迪　田中亜紀　杉田彰子　奥田千晶　連苑如　施華琴
Operations & Accounting Group Staff	小関勝則　松原史与志　山中麻吏　中澤泰宏　小田孝文　福永友紀　小田木もも　池田望　福田章平　石光まゆ子
Assistant Staff	俵敬子　町田加奈子　丸山香織　井澤徳子　藤井多穂子　藤井かおり　葛目美枝子　伊藤香　鈴木洋子　石橋佐知子　伊藤由美　畑野衣見　宮崎陽子　並木楓
Proofreader	株式会社鷗来堂
DTP	株式会社 RUHIA
Printing	中央精版印刷株式会社

ISBN 978-4-7993-2462-2